汽车客户关系管理

主　编　张峰玉　李治国　蔡秋娥
副主编　唐　玲　赵　晖　王　冰
　　　　李琼竹　孙建云　彭艺洁
参　编　成钰琛　王小春

北京理工大学出版社
BEIJING INSTITUTE OF TECHNOLOGY PRESS

版权专有 侵权必究

图书在版编目(CIP)数据

汽车客户关系管理 / 张峰玉,李治国,蔡秋娥主编. -- 北京:北京理工大学出版社,2024.2
ISBN 978-7-5763-3669-6

Ⅰ.①汽… Ⅱ.①张… ②李… ③蔡… Ⅲ.①汽车企业-销售管理 Ⅳ.①F407.471.5

中国国家版本馆 CIP 数据核字(2024)第 047874 号

责任编辑：多海鹏　　**文案编辑：**多海鹏
责任校对：周瑞红　　**责任印制：**李志强

出版发行 /	北京理工大学出版社有限责任公司
社　　址 /	北京市丰台区四合庄路 6 号
邮　　编 /	100070
电　　话 /	(010)68914026（教材售后服务热线）
	(010)68944437（课件资源服务热线）
网　　址 /	http://www.bitpress.com.cn
版 印 次 /	2024 年 2 月第 1 版第 1 次印刷
印　　刷 /	涿州市新华印刷有限公司
开　　本 /	787 mm×1092 mm　1/16
印　　张 /	15.5
字　　数 /	326 千字
定　　价 /	89.00 元

图书出现印装质量问题，请拨打售后服务热线，负责调换

前言

随着汽车产业不断向价值链高端攀升，客户关系管理的重要性日益凸显。它不仅是企业赢得市场竞争、实现持续发展的关键，也是企业塑造品牌形象、提升客户满意度与忠诚度的核心。为了满足职业院校对汽车客户关系管理教材及辅助资源的需求，我们联合多家汽车企业共同编写了本书。本书紧密对接汽车后市场领域，围绕客户全生命周期管理，为广大汽车行业从业者、学习者提供一份全面、系统、实用的学习资料。

本书紧密结合汽车企业客户服务相关岗位实际，引入企业客户开发管理、客户维系管理、客户流失管理、客户恢复管理等典型工作任务，融入行业新技术、新模式、新标准，分6个项目18个工作任务进行呈现。为满足学习者需求，本书与课程同步进行开发，在学银在线平台上配备了对应课程资源，并提供详尽的学习微课、典型案例、操作视频、虚拟动画等资源。

此外，本书还注重实用性与操作性，即不仅在理论上进行了深入剖析，还提供了大量实用的工具、方法与技巧，帮助读者在实际工作中更好地运用客户关系管理的理念与方法。同时，本书还结合当前汽车行业的发展趋势与未来展望，对汽车客户关系管理的未来发展进行了深入探讨，为读者提供了有价值的参考与借鉴。

由于编者水平和经验有限，书中难免存在缺点和疏漏，恳请广大读者批评指正。

编　者

目 录

模块 1　客户关系建立 ... 1

项目 1　搜集与区分客户 ... 2
- 任务 1-1　客户关系认知 ... 3
- 任务 1-2　客户信息采集 ... 17
- 任务 1-3　客户信息整理 ... 32
- 任务 1-4　客户分级管理 ... 44

项目 2　挖掘与招揽客户 ... 55
- 任务 2-1　客户价值分析 ... 56
- 任务 2-2　招揽活动策划 ... 71
- 任务 2-3　招揽活动执行 ... 84

项目 3　客户关怀与服务点检 ... 95
- 任务 3-1　黏性产品分析 ... 96
- 任务 3-2　关怀活动设计 ... 110
- 任务 3-3　服务流程点检 ... 120

模块 2　客户关系维系 ... 137

项目 4　客户满意与忠诚管理 ... 138
- 任务 4-1　调研因子设计 ... 139
- 任务 4-2　CSI 满意度调查分析 ... 154
- 任务 4-3　NPS 调查方案设计 ... 167

项目 5　投诉处理与跟踪回访 ... 181
- 任务 5-1　投诉预判与准备 ... 182
- 任务 5-2　投诉分析与处理 ... 192
- 任务 5-3　案件跟踪与回访 ... 203

模块 3　客户流失与挽回 ... 214

项目 6　客户流失与恢复管理 ... 216
- 任务 6-1　流失客户识别与区分 ... 217
- 任务 6-2　流失客户挽回 ... 228

参考文献 ... 240

模块1　客户关系建立

项目1　搜集与区分客户

项目概述

客户是企业的生命之源，客户关系管理是企业构建以客户为中心的服务体系的必由之路。然而，并非所有客户都能为企业带来利润，因此对客户进行价值区分至关重要。将宝贵的时间、精力和财力集中在高价值客户身上，提升客户满意度，并剔除负价值客户，是企业持续发展的关键所在。因此，明确企业的客户类型以及最有价值的客户群体，进而便于企业进行客户区分管理，是企业必须解决的重要问题。

学习目标

知识目标	能力目标	素质目标
1. 能解析客户细分理论； 2. 能描述客户区分指标与方法； 3. 能进行 CRM 系统功能操作； 4. 能描述客户分析、分类的画像方法	1. 能根据客户信息数据，完成客户特征分析与画像； 2. 能运用分析软件，设置客户标签，记录个性化需求	1. 认同并始终执行"以客户为中心"的服务理念； 2. 有良好的环保、服务、质量意识和社会责任感； 3. 有较强的沟通表达能力、创新能力和协作能力； 4. 对品牌忠诚度高，发现、分析和解决问题能力强

学习框架

```
客户全生命周期
├─ 模块1 客户关系建立
│   ├─ 项目1 搜集与区分客户 ─┬─ 客户关系认知
│   │                        ├─ 客户信息采集
│   │                        ├─ 客户信息管理
│   │                        └─ 客户分级管理
│   ├─ 项目2 挖掘与招揽客户
│   └─ 项目3 客户关怀与服务点检
├─ 模块2 客户关系维系
│   ├─ 项目4 客户满意与忠诚管理
│   └─ 项目5 投诉处理与跟踪回访
└─ 模块3 客户流失与挽回
    └─ 项目6 客户流失与恢复管理
```

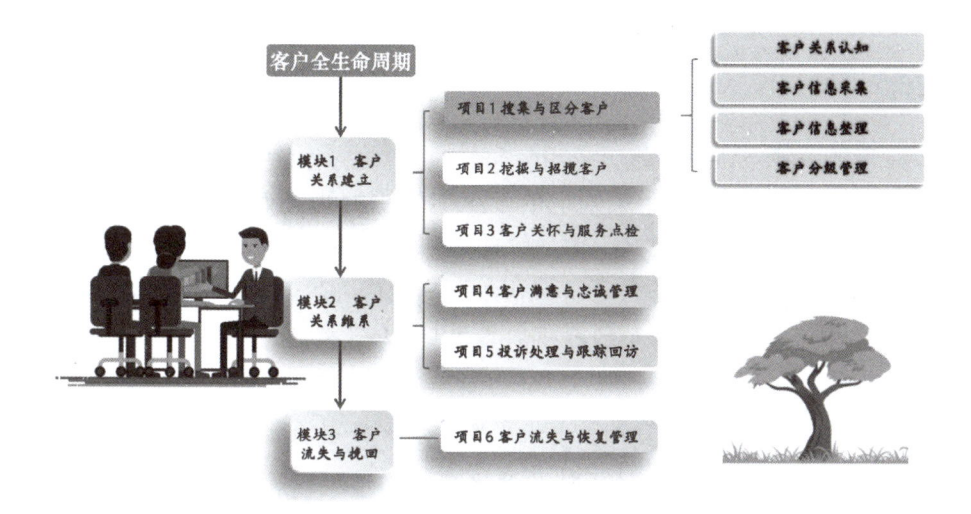

任务1-1 客户关系认知

任务背景

在数字化时代变革和市场竞争加剧的背景下，消费者需求不断变化，企业面临的竞争压力也随之加大。为了保持竞争优势，企业需要具备强大的客户关系管理能力，以提供个性化服务并有效提高客户满意度和忠诚度，帮助企业在竞争中脱颖而出，获得更多的发展机会。图1-1-1所示为汽车企业架构图。

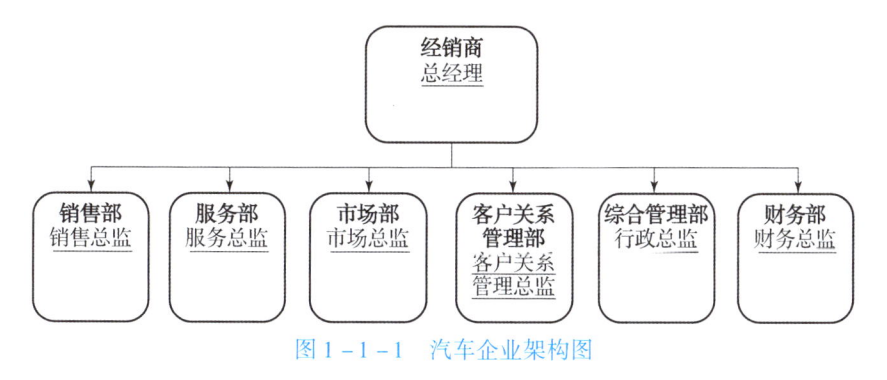

```
            经销商
            总经理
   ┌────┬────┬────┼────┬────┬────┐
  销售部 服务部 市场部 客户关系 综合管理部 财务部
  销售总监 服务总监 市场总监 管理部 行政总监 财务总监
                    客户关系
                    管理总监
```

图1-1-1 汽车企业架构图

任务描述

某品牌4S店正在进行人员招聘计划，岗位包括销售顾问、服务顾问、客服专员和机修工等。张鹏是一名汽车专业毕业班的学生，对客服专员岗位非常感兴趣，但对该

项目1 搜集与区分客户 3

岗位的工作内容缺乏清晰的认识。因此，需要撰写一篇关于客服专员岗位的文案，帮助张鹏了解该岗位的职责、要求、日常工作及职业发展等信息，以便确定自己是否适合这个岗位。

任务准备

（一）课前热身

掌握客户关系管理认知相关知识的学生能够更好地理解客户需求，明确课程学习的目的和意义，为后续的学习和实践打下坚实的基础，使他们更好地适应行业的要求。现在，让我们从客户关系的认知开始，通过扫描二维码，观看系列微课来深入了解这个领域。

微课
客户关系认知

（二）任务分析

在开始研究客服专员岗位之前，首先需要通过各种渠道获取相关信息，以便对这个岗位有更深入的理解。以下是具体的准备步骤：

1. 查阅招聘广告

通常可以在各大求职网站、公司官网或社交媒体上找到客服专员的招聘广告，认真阅读这些广告，了解这个岗位的基本职责、要求、日常工作以及职业发展等信息。

2. 搜集资料

搜集有关客服工作的案例、文章、报告等资料。这些资料将为你提供宝贵的实践经验，帮助你更好地理解客服工作的实际情况。

3. 整理信息

将从各种渠道获取的信息进行整理和分类，包括将信息按照客服专员的主要特点、工作内容、能力要求等方面进行归纳总结。

4. 制定大纲

根据整理好的信息，制定一个详细的大纲，明确每个部分的内容和结构。这将为你的文案撰写提供一个清晰的框架。

任务实施

根据任务描述，对照下方的要求完成"客服专员岗位认知"任务。

步骤一：客服专员岗位的职责和要求

提示：准确描述客服专员的职责和要求，包括接听电话、接待来访客户、处理客户投诉、回访客户等工作的具体内容，以及沟通能力、语言表达能力、服务意识等方面的要求。

岗位职责	岗位要求

步骤二：客服专员日常工作流程及内容

提示：准确描述客服专员的日常工作流程，包括接待客户、记录客户需求、处理问题、反馈跟进等环节，并强调细节把控和时间管理等方面的技巧。

工作流程	工作内容

步骤三：客服专员发展路径和职业规划

提示：分析客服专员的职业发展方向和发展空间，包括可以晋升为客服经理、客服总监或者转向其他相关岗位的可能性，并强调该岗位对个人成长和发展的帮助。

发展路径：

职业规划：

步骤四：面试岗位介绍话术

_____
_____
_____
_____
_____
_____
_____

步骤五：展示话术成果，完成模拟面试

任务评价

小组指派代表汇报本小组工单完成情况及展示成果，并完成客服专员岗位认知任务评价表1-1-1。

表1-1-1　客服专员岗位认知任务评价表

	评定指标	权重	评价				
			第1组	第2组	第3组	第4组	第5组
总体评价	1. 清晰阐述客服专员的主要职责 （职责的理解、要求，素质的理解）	5					
	2. 描述客服专员日常工作内容和流程 （工作流程熟悉度、工作内容掌握度）	7					
	3. 职业发展路径和职业规划 （发展路径了解度、职业规划合理性）	15					
	4. 面试岗位话术成果 （逻辑清晰、易于理解）	8					
	5. 模拟面试环节表现 （展示风采及应变和反应能力）	5					

续表

	评定指标	权重	评价				
			第1组	第2组	第3组	第4组	第5组
过程评价	1. 计划完整，准备充分，执行有序	3					
	2. 相关信息、数据记录完整、整洁	4					
	3. 面试岗位介绍话术合理、恰当	7					
	4. 言行举止规范到位	4					
	5. 能抓住任务内容的关键	7					
	6. 对任务内容分析全面、合理	7					
	7. 小组分工合理，合作能力强	7					
	合计						
主要收获	（本组在本任务训练过程中的主要收获或经验）						
问题与建议	（本组在任务完成过程中所遇到的问题、原因分析及改进建议）						

知识链接

（一）客户认知

1. 客户的含义

在我国古代，"客户"一词被用来指代流落异乡的人或租赁别人土地为生的人。到了近现代，这个词被商家用来泛指与其有往来关系的主顾。

在20世纪80年代末期，当"客户"一词重新回到西方企业管理学术界的视野时，它承载了更为特殊的背景。在这个时期，全球范围内的企业竞争日益加剧，传统市场营销活动的同质化现象越来越明显，其效果也日益降低，许多曾经优秀的企业面临老顾客严重流失、新顾客难以获取的困境。深入分析这些企业的失败原因，可以发现它们都是因为未能得到顾客的认可和支持而被抛弃。这促使许多有识之士认识到，在竞争趋于同质化的环境中，"经营产品"和"经营品牌"的生存空间越来越狭窄，唯有"经营顾客"才能使企业在营销手段上制胜。

当企业的产品之间质量相差不大、品牌实力不相上下时，顾客为什么会选择你而不选择别人呢？这涉及企业如何正确看待顾客的问题。在传统观念中，企业与顾客之间是一次性交易活动，顾客只是产品或服务的使用者。而将"顾客"看作是"客户"，虽然只是一字之差，但客户更强调一种服务关系、一种长期往来关系以及对顾客前所未有的重视。麦肯锡咨询公司的创始人马文·鲍尔说过："我们没有顾客，我们只有客户。"那么，什么是客户呢？

【典型案例】

"客户"的由来

在古代，有一个以制作手工艺品而闻名的小村庄。这里的生活平静而简单，勤劳的村民们日出而作、日落而息。他们制作的精美手工艺品吸引了远方的商人前来交易。有一天，一个名叫李明的年轻商人来到了这个村庄，他被这里的手工艺品深深吸引，决定在此建立自己的商铺，将这些独特的产品销售到更远的地方。李明在村庄中心租下了一间铺面，正式开始了他的商业生涯。

动画
"客户"的由来

随着时间的推移，李明的商铺生意越来越兴隆。他非常注重与大家的关系，总是耐心倾听他们的需求，提供优质的服务和产品。他深知，只有让大家满意，自己的生意才能长久发展。

李明经常与大家交流，询问大家对产品的看法和建议；他还经常举办各种活动，让大家感受到家的温暖。这些举措赢得了大家的信任和喜爱，他们纷纷成了李明的忠实拥趸。

从更广泛的视角来看，客户不仅仅是企业产品的使用者或服务的消费者，他们也是企业的重要资产和资源。客户是企业实现长期成功和持续增长的关键因素之一，因为他们对企业的产品或服务有持续的需求和购买力。客户不仅代表着企业的市场份额和销售额，还代表着企业的声誉和品牌形象。

在现代营销观念中，企业需要将客户视为合作伙伴，通过建立长期、稳定、互惠互利的关系来实现双赢。客户不仅仅是企业的服务对象，更是企业的合作伙伴和利益相关者。企业需要关注客户的满意度和忠诚度，通过提供优质的产品与服务来满足客户的需求和期望，以赢得客户的信任和支持。

因此，客户的含义已经超越了传统的范畴，扩展到包括所有与企业有直接或间接关系的个体或组织。这些个体或组织不仅对企业的产品或服务有需求和购买力，还对企业的声誉和品牌形象有重要的影响。在竞争激烈的市场环境中，企业需要将客户视为最重要的资产之一，通过建立长期、稳定、互惠互利的关系来实现持续增长和成功。

2. 客户的构成

在汽车行业，客户的构成具有特定的含义和重要性。以下是客户构成的几个主要组成部分：

（1）终端消费者：这是汽车行业的核心客户群体，包括购买汽车的个人或家庭。这些消费者通常关注车辆的性能、品牌、价格、燃油效率以及安全性等方面。

(2) 企业客户：在汽车行业，企业客户通常指购买汽车用于企业运营的公司或组织。这些客户可能更关注车辆的可靠性、油耗和售后服务，以维持其业务运营。

(3) 渠道成员：在汽车行业中，渠道成员通常指的是经销商、代理商和批发商等，他们负责将汽车销售给终端消费者和企业客户，同时也是汽车制造商的重要合作伙伴。

(4) 内部客户：在汽车制造商或经销商的内部，存在多个业务部门和职能机构，这些部门之间的相互协作和沟通构成了内部客户关系。例如，销售部门需要与市场部门密切合作，以制定并执行有效的营销策略。

此外，在汽车行业中，还有其他利益相关者，如物流服务商、金融服务商、保险提供商、维修服务商等。这些服务商为汽车行业提供重要支持，同时也是客户的重要组成部分。

对于汽车行业来说，深入了解客户构成及其需求至关重要。通过对不同类型客户的细分和定位，企业可以制定针对性的营销策略和产品服务，以满足市场需求并保持客户忠诚度。同时，建立良好的客户关系管理机制，有助于提升客户满意度和口碑，进一步促进业务增长。

3. 客户的类型

在汽车行业中，客户分类的标准可以包括以下几个方面：

(1) 购车类型：根据客户购买的车型，可以将他们划分为不同的类别。例如，购买豪华轿车的客户可能对车辆的性能和品质有更高的要求，而购买经济型轿车的客户可能更注重价格和实用性。

(2) 购车用途：根据客户购买车辆的用途，可以将他们划分为不同的类别。例如，购买商务车的客户可能更注重车辆的舒适性和安全性，而购买运动车的客户可能更注重车辆的运动性能和驾驶体验。

(3) 年龄和性别：客户的年龄和性别也可以作为分类的标准。例如，年轻客户可能更注重车辆的外观设计和科技配置，而中年客户可能更注重车辆的性能和品质。

(4) 职业和收入：客户的职业和收入也可以作为分类的标准。例如，职业人士可能更注重车辆的品质和品牌形象，而普通消费者可能更注重车辆的价格和实用性。

(5) 购买历史和行为：客户的购买历史和行为也可以作为分类的标准。例如，经常购买高端车型的客户可能对车辆的性能和品质有更高的要求，而首次购车的客户可能更注重车辆的价格和实用性。

总之，汽车行业客户分类标准可以根据不同的维度进行划分，包括购车类型、购车用途、年龄和性别、职业和收入、购买历史和行为等。通过对客户进行分类，企业可以更好地了解客户需求和行为特征，制定更加精准的营销策略和服务计划，提高客户的满意度和忠诚度。

（二）客户关系认知

古人曰：客户关系者，乃商贾与客之交情也。犹如古之贾人，视客如亲，竭诚以待，互信互惠，此之谓也。古人有云："得民心者得天下"，同理，得客心者得商道。善待客户，犹善待民心，皆为商家之道也。

1. 客户关系的含义

客户关系理论可以追溯到20世纪初，当时工业革命正在如火如荼地进行，企业开始意识到与客户建立良好关系的重要性。早期的客户关系主要是以销售为导向的，销售人员通过与客户建立信任和关系来促进销售增长。

随着技术的不断进步和社会环境的变化，客户关系逐渐发展成为一个更加广泛的概念。在20世纪80年代，随着消费者权益运动的兴起，客户开始更加关注自身权益和需求，企业也开始更加重视客户的需求和反馈。

【典型案例】

马车的秘密

在古代，有一个繁荣的马车制造村落，各家马车商为了争夺市场，纷纷亮出自己的特色和优势。其中，飞马马车和疾风马车是村里的佼佼者，他们制造的马车都备受赞誉。

飞马马车坚信，只要马车的质量上乘，自然会吸引客户。他们专注于工艺和速度，力求打造最完美的马车。然而，他们忽略了与客户的交流，没有真正了解他们的需求。而疾风马车则采取了不同的策略。他们认为，除了马车质量外，与客户的关系同样关键。为了更好地服务客户，疾风马车派出销售员小王主动接触潜在客户。小王不仅展示了马车的优点，还深入了解每位客户的具体需求。他承诺可以根据客户的个性化需求定制马车，并提供全方位的服务支持。

随着时间的推移，飞马马车的客户开始流失，业务逐渐下滑。这时，他们意识到，仅仅依靠产品质量是不够的。于是，飞马马车决定调整战略，借鉴疾风马车的经营理念。最终，两大家族决定合并，共同为客户提供卓越的马车和服务。这个故事流传开来，成为当地广为人知的佳话。

客户关系是指企业为了实现其经营目标，主动与客户建立起的一种联系。这种联系可以包括交易关系、通信关系，为客户提供特殊的接触机会，或者为了双方的利益而形成某种买卖合同或联盟关系。这种关系的建立不仅是为了实现商业交换，更是一种基于相互信任的合作伙伴关系的建立。

随着互联网技术的发展，移动应用程序成了企业与客户建立关系的一个重要渠道，企业可以通过开发应用程序来提供更好的用户体验和服务，增强与客户的互动和沟通，从而更好地满足客户需求，提高客户满意度和忠诚度。

因此，对于企业来说，建立良好的客户关系是非常重要的。企业需要不断优化客户关系管理流程，提高客户服务水平，加强与客户的沟通和互动，以实现长期的商业成功和可持续发展。

2. 客户关系的形成

客户关系形成流程图如图1-1-2所示。

这个流程图可以视作一个典型的汽车行业客户关系发展模型。然而，实际的客户关系发展过程可能因企业策略、市场环境等因素而有所差异。

```
潜在客户识别  →  接触与沟通  →  介绍与推荐  →  购车手续办理
```

潜在客户识别	接触与沟通	介绍与推荐	购车手续办理
通过市场调研、广告宣传、社交媒体等渠道，寻找对汽车产品或服务有潜在意向和购买能力的客户群体	通过电话、邮件、社交媒体等方式与潜在客户进行接触，了解他们的购车需求、预算、用车偏好等信息	根据潜在客户的需求和反馈，向其介绍和推荐适合的车型和配置，并安排试驾体验，以进一步增强客户的购买意愿	当客户决定购买汽车时，我们需要协助其完成购车手续，包括签订购车合同、支付定金或全款等

车辆交付与售后跟踪	客户维系与发展	会员计划与积分奖励	品牌大使与推荐者
交车后提供优质的售后服务，包括维修保养、事故处理、咨询解答等，以提高客户的满意度和忠诚度	通过定期回访、节日祝福、优惠活动等方式与客户保持联系，了解他们的需求和反馈，为后续的销售和推荐提供依据	通过会员计划或积分奖励等方式将忠诚客户转化为成员，为客户提供优惠维修保养、免费检测、积分兑换等利益相关方案	在客户关系发展的最高阶段，客户成为企业的品牌大使和推荐者。企业会提供专业的培训和咨询，并举办品牌活动等

图1-1-2 客户关系形成流程

在汽车行业中，客户关系的发展通常从潜在客户的识别开始。汽车销售团队会通过市场调研、广告宣传、社交媒体等多种渠道，积极寻找那些对汽车产品或服务有强烈兴趣和购买能力的人，将其确定为潜在客户。

接下来，销售团队会通过电话、邮件、社交媒体等方式与潜在客户进行接触，了解他们的购车需求、预算、用车偏好等信息。在接触过程中，销售团队会向潜在客户介绍与推荐适合的车型和配置，以及相应的优惠政策和服务。

如果潜在客户对产品感兴趣并前往汽车展厅进行试驾，销售团队会提供专业的试驾服务和详细的车型介绍，以进一步增强客户的购买意愿。一旦客户决定购买汽车，销售团队会协助客户完成购车手续，包括签订购车合同、支付定金或全款等。在合同签订后，销售团队会根据合同约定，安排车辆交付、办理上牌手续等事宜，确保客户能够顺利地提车和使用车辆。

购车后，汽车销售团队会提供优质的售后服务，包括维修保养、事故处理、咨询解答等。这些服务旨在提高客户的满意度和忠诚度，使客户成为重复购买客户和忠诚客户。

在这个过程中，汽车销售团队也会努力将初次购买客户转变为重复购买客户，将重复购买客户转化为忠诚客户。为了实现这一目标，销售团队会通过定期回访、节日祝福、优惠活动等方式与客户保持联系，了解他们的需求和反馈。

在汽车行业中，把忠诚客户转化为成员通常是通过会员计划或积分奖励等方式实现的。这些计划旨在为客户提供一套利益相关的方案，如优惠维修保养、免费检测、积分兑换等。通过这些计划，企业可以增强与客户的联系，提高客户的忠诚度和满意度。

最后，把成员转化为拥护者是汽车行业客户关系发展的最高阶段。在这个阶段，企业与客户建立了紧密的合作关系，客户成了企业的品牌大使和推荐者。为了实现这一目标，企业通常会为客户提供更多的支持和激励，如提供专业的培训和咨询、举办品牌活动等。

3. 客户关系的类型

在汽车行业中，客户关系的主要类型包括以下几种：

（1）买卖关系：在此种关系中，汽车销售商与客户之间的接触较为有限，主要停留在低层次的销售人员之间。销售商在客户心中的知名度较低，双方除了交易之外的沟通较少，客户对销售商的信息了解也较为有限。客户主要购买销售商按照自身标准生产的汽车产品，维护这种关系的成本与关系创造的价值均较低。无论是销售商损失客户还是客户失去这个购车渠道，对双方业务影响不大。

（2）优先供应关系：随着双方交易的增多，汽车销售商与客户的关系可以发展成为优先供应关系。在这种关系水平上，销售商需要投入更多的资源来维护客户关系，主要包括给予重点客户销售优惠政策、优先考虑其购车需求、建立客户服务团队、加强双方人员之间的交流等。

（3）合作伙伴关系：当双方的关系上升到企业高层管理者之间，销售商与客户之间的交易长期化，双方就汽车产品与服务达成高度一致的认知时，双方进入合作伙伴阶段。在这个阶段，双方对关系的背弃都需要付出巨大的代价。

（4）战略联盟关系：汽车销售商与客户之间建立了长期、稳定、互惠互利的战略联盟关系。这种关系通常建立在大量交易基础上，销售商与多个客户之间都建立了战略联盟关系。战略联盟有助于巩固销售商与客户之间的合作关系，提高客户的忠诚度和满意度。

汽车行业中不同类型的客户关系需要不同的维护方式和投入。汽车销售商需要根据实际情况选择合适的关系类型并制定相应的策略来维护和发展客户关系。

（三）客户关系管理认知

客户关系管理（CRM）是一种以客户为中心的企业管理策略，旨在建立长期、稳定的关系，提高客户满意度和忠诚度，进而提高企业竞争力。作为初学者，我们可能不太清楚 ERP（Enterprise Resource Planning，企业资源计划）软件，这种著名的管理软件来自美国的高德纳咨询公司（Gartner Group Inc）。高德纳咨询公司在 1990 年提出了 ERP 管理思想，并于 1999 年提出了 CRM（Customer Relationship Management，客户关系管理）概念。

当时由于 ERP 系统本身功能方面的缺陷以及 IT 技术发展的局限，企业在面对地域分散而特征各异的客户时，往往感到无能为力。然而，20 世纪 90 年代末期，随着互联网应用的日益普及，客户信息处理技术得到了长足发展。结合新经济需求，高德纳咨询公司提出了 CRM 这一管理思想，并推出了相应的 CRM 系统。

- **注解：客户关系管理（CRM）**

CRM 不仅是一个软件，它是一种客户管理的方法，更是一种综合的企业经营管理理念与策略。通过优化业务流程、强化企业与客户间的互动沟通，CRM 可以提升客户体验与忠诚度，并更好地满足客户需求。同时，CRM 还可以帮助企业降低成本、提高效率、增加收益，进而提高市场竞争力。因此，客户关系管理已经成为企业运营和竞争不可或缺的一部分。

1. 客户关系管理的内容

在汽车行业中，客户关系管理（CRM）是一个至关重要的组成部分，它贯穿于整个客户生命周期，包括售前、售中和售后。

（1）客户信息管理：通过收集和管理客户的基本信息，包括购车历史、维修记录等，企业可以更好地了解客户的需求和偏好，为提供个性化的服务和产品打下基础。

（2）销售管理：客户关系管理可以优化销售流程，包括潜在客户的开发、销售计划的制定、车辆展示、试驾、报价、谈判等环节。通过了解客户的需求和反馈，企业可以提高销售效率和效果。

（3）市场营销管理：客户关系管理可以帮助企业制定有效的市场营销策略，包括市场调研、产品定位、促销活动等，以吸引新客户、保留老客户以及将已有客户转为忠实客户。通过了解客户的需求和偏好，企业可以制定更加精准的市场营销策略。

（4）客户服务管理：客户关系管理需要建立完善的客户服务体系，包括客户服务标准、服务流程、服务质量等，以提高客户服务水平和满意度。在汽车行业中，客户服务包括维修保养预约、配件供应、技术咨询、投诉处理等环节。通过了解客户的反馈和需求，企业可以提高客户服务质量和效率。

（5）客户关怀与维护：客户关系管理需要对客户进行关怀与维护，包括定期回访、节日祝福、礼品赠送、活动邀请等环节。通过加强与客户的联系和沟通，企业可以增强客户的满意度和忠诚度。

（6）个性化服务能力：客户关系管理可以提供个性化的服务，根据客户的特定需求和偏好，提供灵活和个性化的服务。这不仅能满足客户的需求，也可以提高企业对客户的满意度。

（7）数据分析能力：客户关系管理具有数据分析能力，可以收集和分析客户数据，包括购车行为、维修记录等，以更好地了解客户需求和行为，为制定营销和服务策略提供支持。

（8）多场景应用：客户关系管理可以与其他系统整合，如OA、财务、ERP等，实现企业核心业务全流程管理。这使得企业能够更好地整合资源，提高工作效率和管理水平。

2. 客户关系管理的战略

客户关系管理战略是一种以客户为中心的经营理念，旨在建立和维护与客户的长期关系，提高客户满意度和忠诚度，以实现企业的长期稳定发展。通过深入了解客户需求、提供个性化的服务和产品、建立专业的客户关系管理团队、优化客户服务流程、实施客户忠诚计划以及不断改进和创新等方式，企业可以有效地实施客户关系管理战略，提高企业的竞争力和市场占有率。

汽车企业客服部门的组织架构如图1-1-3所示。

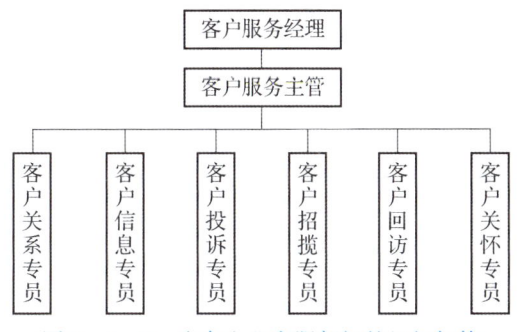

图1-1-3 汽车企业客服部门的组织架构

(1) 客户服务经理：

岗位作用	客户服务经理是整个客户服务团队的核心，负责制定和执行客户服务策略，监督团队成员的工作质量和效率，确保客户满意度和忠诚度的提高
岗位职责	• 负责制定和执行客户服务策略，确保客户满意度和忠诚度的提高。 • 管理和监督客户服务团队，确保团队成员的工作质量和效率。 • 及时处理客户投诉和问题，协调资源，确保问题得到妥善解决。 • 收集和分析客户反馈，以改进产品和服务。 • 与其他部门协调，确保客户需求的顺利满足

(2) 客户服务主管：

岗位作用	客户服务主管是客户服务经理的助手，负责监督和协调团队成员的工作，确保高标准的服务质量和效率
岗位职责	• 监督和协调客户服务团队，确保高标准的服务质量和效率。 • 管理和培训团队成员，提高他们的技能和能力。 • 识别和解决客户问题，处理投诉，确保客户满意度。 • 与其他部门合作，提供跨部门的解决方案。 • 收集和分析客户反馈，提出改进建议

(3) 客户关系专员：

岗位作用	客户关系专员主要负责维护和建立客户关系，提供个性化的服务和解决方案，提高客户满意度和忠诚度
岗位职责	• 负责维护和建立客户关系，提供咨询和解答问题。 • 收集和分析客户数据，了解客户需求和行为。 • 协调资源，提供个性化的服务和解决方案。 • 跟进客户满意度，提高客户忠诚度。 • 与其他部门合作，提供跨部门的解决方案

(4) 客户信息专员：

岗位作用	客户信息专员负责收集、整理和存储客户信息，提供数据支持和洞察，以支持销售和营销决策
岗位职责	• 负责收集、整理和存储客户信息，确保信息安全、准确。 • 分析客户数据，识别客户需求和行为模式。 • 提供数据支持和洞察，以支持销售和营销决策。 • 保护客户隐私，遵守相关法规和公司规定。 • 与其他部门合作，提供数据支持和信息共享

(5) 客户投诉专员：

岗位作用	客户投诉专员负责处理和解决客户投诉，提供跨部门的解决方案，确保问题得到妥善解决
岗位职责	• 负责处理和解决客户投诉，确保问题得到妥善解决。 • 收集和分析投诉数据，识别问题和改进机会。 • 与其他部门协调，提供跨部门的解决方案

(6) 客户招揽专员：

岗位作用	客户招揽专员负责寻找和吸引潜在客户，扩大客户群体，提高品牌知名度和吸引力
岗位职责	• 负责寻找和吸引潜在客户，扩大客户群体。 • 制定和执行招揽策略，提高品牌知名度和吸引力。 • 分析市场趋势和竞争对手动态，调整策略，以适应市场变化。 • 与销售团队协调，提供支持和帮助，以实现销售目标。 • 收集和分析客户反馈，改进产品和服务

(7) 客户回访专员：

岗位作用	客户回访专员定期回访客户，了解客户需求和满意度，及时调整和改进产品和服务
岗位职责	• 负责定期回访客户，了解客户需求和满意度。 • 收集和分析客户反馈，及时调整和改进产品和服务。 • 与销售和客户服务团队协调，提供跨部门的解决方案。 • 管理和分析客户数据，识别客户需求和行为模式。 • 提供支持和帮助，提高客户满意度和忠诚度

(8) 客户关怀专员：

岗位作用	客户关怀专员负责关心客户的生活和健康状况，提供关怀和支持，提高客户满意度和忠诚度
岗位职责	• 负责关心客户的生活和健康状况，提供关怀和支持。 • 了解客户需求和偏好，提供个性化的服务和解决方案。 • 与其他部门协调，提供跨部门的解决方案。 • 收集和分析客户反馈，改进产品和服务。 • 提供支持和帮助，提高客户满意度和忠诚度

这些岗位之间需要密切协作和配合，以确保整个客户服务流程的顺畅进行。客户服务经理与主管需要监督和管理整个团队的工作，客户关系专员需要与客户建立和维

护良好的关系，客户信息专员需要提供数据支持和分析方案，客户投诉专员需要解决客户的问题和投诉，客户招揽专员需要吸引更多的潜在客户，客户回访专员需要定期回访客户以了解需求和满意度，而客户关怀专员则需要关心客户的生活和健康状况。通过相互协作和配合，这些岗位共同为客户提供高质量的服务和产品。

课后测试

【选择题】

1. 在汽车行业中，客户构成的哪一部分是核心客户群体？（ ）
   A. 企业客户　　　　　　　　B. 渠道成员
   C. 终端消费者　　　　　　　D. 内部客户

2. 在汽车行业中，客户分类的标准可以包括哪些方面？（ ）
   A. 购车类型　　　　　　　　B. 购车用途
   C. 年龄和性别　　　　　　　D. 职业和收入

3. 在竞争激烈的市场环境中，企业需要将客户视为什么？（ ）
   A. 一次性交易对象　　　　　B. 合作伙伴
   C. 内部员工　　　　　　　　D. 服务对象

4. 在汽车行业中，哪个群体可能更注重车辆的性能和品质？（ ）
   A. 年轻客户　　　　　　　　B. 中年客户
   B. 职业人士　　　　　　　　D. 普通消费者

5. 在汽车企业客服部门的组织架构中，属于客户服务主管管理的人员有哪些？（ ）
   C. 客户关怀专员　　　　　　B. 客户关系专员
   C. 客户招揽专员　　　　　　D. 客户回访专员

【判断题】

1. 在汽车行业中，企业只需要关注一次性交易对象的需求和期望。（ ）
2. 在汽车行业中，内部客户是重要的利益相关者之一。（ ）
3. 在竞争激烈的市场环境中，客户的满意度和忠诚度并不重要。（ ）
4. 在汽车行业中，不同类型的客户可能有不同的购车用途和需求。（ ）
5. 客户关系管理可以提供个性化的服务，根据客户的特定需求和偏好，提供灵活和个性化的服务。（ ）

【填空题】

1. 在汽车行业中，_____是核心客户群体。
2. 根据购车用途，客户可以划分为不同的类别，例如购买_____的客户可能更注重车辆的性能和品质。
3. 在汽车行业中，_____和_____是重要的利益相关者之一。
4. 根据客户的年龄和性别，年轻客户可能更注重车辆的_____设计和科技配置。
5. 在汽车行业中，客户关系的主要类型包括_____、_____、_____和_____。

任务1-2　客户信息采集

任务背景

在当今这个市场环境日新月异的情况下，客户信息采集对于企业来说具有至关重要的地位。通过这一过程，企业能够精确、全面地了解客户的真实需求和行为模式，进而优化产品设计和提升服务体验。此外，基于客户信息的精准营销策略也能够提高营销效果，帮助企业在激烈的市场竞争中占据优势。因此，客户信息采集不仅有助于提升企业的市场竞争力，同时也是优化决策、推动创新发展和维护良好客户关系的关键工具。

任务描述

近两年，某汽车快修美容店的业务取得了快速的增长。为了持续这种良好的势头，并实现连锁经营的扩张计划，店老板决定在其他尚未开设分店的区域进行客户需求调查，想通过调查了解潜在客户群体的需求、意见和期望，以便做出明智的决策。请完成这个需求调查的思路设计，并提出对客户信息采集的相关建议。

任务准备

（一）课前热身

汽车行业中的客户信息采集至关重要，它有助于企业深入了解客户需求，有针对性地提供产品和服务，提高客户满意度和忠诚度，优化产品设计，改进营销策略，以及预测市场趋势，从而增强企业的市场竞争力。如何进行信息采集呢？请通过扫描二维码，观看"客户信息采集"系列微课。

微课
客户信息采集

（二）任务分析

（1）选择客户类型：选择一个潜在客户类型，例如高端轿车消费者、电动汽车用户等。

(2) 分析潜在客户的特征：

购买能力	分析该类型客户的购买能力，包括经济状况、购买预算等
决策权	分析该类型客户的购买决策权，即是否有权决定购买产品或服务
主要需求	分析该类型客户的主要需求和偏好，包括对产品或服务的功能、价格、品牌等方面的需求

（3）收集客户信息：利用"来电（店）客户信息收集表"或"意向客户跟踪进度管控表""客户需求调查表"，收集潜在客户的个人信息和购买意愿等。

（4）分析客户信息：将收集到的客户信息进行分析，包括购买能力、决策权和主要需求等方面的分析。

（5）提出客户信息采集的建议：根据调查过程和结果，提出客户信息采集的建议，包括改进调查问卷、优化数据收集方式等。

注意事项：

在选择客户类型时	应该考虑该类型客户的代表性和广泛性，以便获得更准确的分析结果
在收集客户信息时	应该保证客户的隐私和信息安全，避免侵犯客户的合法权益
在分析客户信息时	应该结合定性和定量分析方法，以获得更全面和准确的分析结果
在提出客户信息采集的建议时	应该结合实际情况和可行性，以实现改进和优化的目标

任务实施

根据任务描述，对照下方的要求完成"客户需求调查表"任务

步骤一：来电/店客户信息采集

提示：利用"来电（店）客户信息收集表"，完成客户信息的收集，并将相关主要信息分析结果记录到本栏。

序号	主要信息	信息分析结果
1	例：拟定车型	了解客户拟定的车型可以帮助销售人员更好地满足客户需求，提高客户满意度，节约时间和成本，以及建立良好的客户关系

步骤二：意向客户信息采集

提示：利用"意向客户跟踪进度管控表"，完成客户信息的收集，并将相关主要信息分析结果记录到本栏。

序号	主要信息	信息分析结果

步骤三：保有客户信息采集

提示：利用"保有客户管理卡"，完成客户信息收集，并将相关主要信息分析结果记录到本栏。

序号	主要信息	信息分析结果

步骤四：分析客户定位

提示：根据"MAN"原则，任意选择客户类型，分析潜在客户特征。

序号	客户类别	购买能力（M）	决策权（A）	需求（N）
示例	高校教师	××高校的讲师年薪为20万元，具备购买××车型的能力	高校教师不受相关政策、体制的影响，购买车型具有自主决策权	高校没有福利分房政策，教师均是商品房，离校区远，购买需求旺
1				

项目1　搜集与区分客户　19

步骤五：展示客户需求调查成果，小组代表分享

任务评价

小组指派代表汇报本小组工单完成情况及展示成果，并完成客户需求调查任务评价表1-2-1。

表1-2-1 客户需求调查任务评价表

	评定指标	权重	评价				
			第1组	第2组	第3组	第4组	第5组
总体评价	1. 全面考虑目标客户的各个方面 （定位全面性、信息完整性、分析准确性）	5					
	2. 采集客户信息完整度 （工作流程熟悉度、工作内容掌握度）	7					
	3. 信息分析反映客户特征和需求 （分析准确性、信息完整性）	15					
	4. 采集信息准确性 （客户基本信息、意向客户、保有客户）	8					
	5. 汇报客户需求调查成果表现 （展示风采、清晰传达）	5					
过程评价	1. 计划完整，准备充分，执行有序	3					
	2. 相关信息、数据记录完整、整洁	4					
	3. 介绍话术合理、恰当	7					
	4. 言行举止规范到位	4					
	5. 能抓住任务内容的关键	7					
	6. 对任务内容分析全面、合理	7					
	7. 小组分工合理，合作能力强	7					
	合计						

续表

评定指标		权重	评价				
			第1组	第2组	第3组	第4组	第5组
主要收获	（本组在本任务训练过程中的主要收获或经验）						
问题与建议	（本组在任务完成过程中所遇到的问题、原因分析及改进建议）						

知识链接

（一）客户信息的重要性

在当今竞争激烈的商业环境中，客户信息的重要性不容忽视。它不仅是企业决策、客户分级、客户沟通和客户满意度的基础，更是企业赢得市场、提升竞争力和实现长期发展的关键。

【典型案例】

王五的布店

在古代的一个小村庄里，有一位名叫王五的布商，他经营着一家布店，出售各种华丽的丝绸和棉布。尽管王五的布店有着不错的口碑，但近年来，随着竞争对手的增多，生意逐渐受到了影响。为了重振旗鼓，他开始深入了解客户的需求和偏好。

动画
王五的布店

王五通过与客户的交流，了解他们的购买习惯、对布料的偏好以及价格敏感度等信息。他发现，村里的妇女们喜欢质地柔软、色彩鲜艳的丝绸，而男人们则更倾向于结实耐用、价格实惠的棉布。此外，他还注意到，村里的年轻人与老年人对布料的花纹和图案有着不同的喜好。

为了更全面地采集客户信息，王五采取多种多样的方式，对客户的需求和偏好有了更深入的了解。他将这一信息用于改进商品和服务，比如：增加年轻人喜欢的时尚元素、推出更适合老年人的舒适款式等。渐渐的，王五的布店重新焕发了生机，客户们纷纷称赞他的布料质量上乘、款式新颖，并且服务周到。在口碑的传播下，王五的生意越来越兴旺。

下面，我们将进一步探讨客户信息在这些方面的具体作用。

1. 企业决策的基础

客户信息是企业制定市场策略、产品策略和销售策略的重要基础。通过对客户数据的收集和分析，企业可以深入了解市场趋势、消费者偏好以及竞争对手的行为，从而做出更加明智和精准的决策。例如，企业可以通过分析客户的购买历史、消费能力和需求变化，来确定新产品的开发方向、定价策略以及推广渠道。同时，客户信息还可以帮助企业评估不同市场细分的潜力和风险，为企业制定长远的发展规划提供有力支持。

此外，客户信息还有助于企业评估市场营销活动的效果。通过对营销活动后的客户反馈和数据分析，企业可以了解活动成功与否，从而调整和优化营销策略，提高营销投入的回报率。

2. 客户分级的基础

客户信息是企业进行客户分级的重要依据。通过对客户数据的分析，企业可以识别出不同客户群体的价值和潜力，从而实现资源的优化配置。高价值客户通常需要更多的关注和服务，而低价值客户则可能只需要基本的维护。通过对客户的分级，企业可以更加有针对性地制定服务策略，提升服务效率和质量。

客户分级还有助于企业识别潜在的增长机会。通过对客户信息的深入挖掘，企业可以发现那些具有潜力的客户群体，从而为他们提供更多的优惠和服务，促进他们成为高价值客户。

3. 客户沟通的基础

客户信息是企业与客户建立紧密和有效沟通的关键。了解客户的需求和痛点，可以确保企业在与客户交流时更加有针对性，从而提升客户满意度和忠诚度。通过对客户信息的分析，企业可以预测客户可能的反应和行为，从而提前做好准备，确保沟通的顺畅和有效。

此外，客户信息还可以帮助企业建立个性化的沟通策略。不同的客户有不同的需求和偏好，通过对客户信息的了解，企业可以为每个客户提供更加个性化的沟通方式和内容，增强客户对企业的信任和忠诚度。

4. 客户满意的基础

客户信息是提升客户满意度的重要基础。通过对客户数据的分析，企业可以更加准确地把握客户的需求和期望，从而提供更加符合客户期望的产品和服务。这不仅有助于提升客户满意度，还能够增强客户对企业的信任和忠诚度，为企业创造持续的价值。

同时，客户信息还可以帮助企业及时发现和解决客户问题。通过收集客户的反馈和意见，企业可以了解产品或服务的不足之处，从而及时进行改进和优化。这种持续改进的态度和行动，有助于提升客户满意度和忠诚度，为企业赢得良好的口碑和声誉。

（二）采集客户信息的原则

在企业的经营和管理过程中，采集客户信息是一项至关重要的任务。为了确保采集到的客户信息准确、有效且符合法律法规，企业需要遵循一系列原则来指导这一过程的实施。以下是采集客户信息时应遵循的四个主要原则。

1. 动态原则

客户信息是不断变化的，客户的需求、偏好和行为模式可能会随着时间的推移而发生变化。因此，采集客户信息时应遵循动态原则，即定期更新和审查客户信息，以确保其准确性和时效性。企业可以通过定期与客户沟通、收集反馈和观察市场趋势等方式，及时了解客户信息的变化，并根据这些变化调整自己的经营策略和服务方式。

2. 重点原则

在采集客户信息时，企业应遵循重点原则，即重点关注那些对企业决策和业务发展具有重要影响的客户信息。这些信息可能包括客户的购买历史、消费能力、需求偏好等。通过优先收集和分析这些重点信息，企业可以更加准确地把握市场趋势和客户需求，从而制定更加有效的市场策略和产品策略。

3. 专职原则

为了确保客户信息采集的准确性和专业性，企业应设立专门的部门和人员负责这一工作。这些专职人员应具备相关的专业知识和技能，能够熟练掌握客户信息采集的方法和技巧。同时，企业还应为这些人员提供必要的培训和支持，以确保他们能够持续提高自己的专业水平和工作效率。

4. 安全原则

在采集客户信息时，企业应高度重视客户隐私和数据安全。客户信息是企业的重要资产，也是客户信任的基础。因此，企业应采取严格的安全措施来保护这些信息免受泄露、滥用和盗取等风险。这包括建立健全的信息安全管理制度、使用加密技术保护客户信息、限制员工对客户信息的访问权限等。通过遵循安全原则，企业可以赢得客户的信任和支持，为企业的长期发展奠定坚实的基础。

（三）采集客户信息的内容

在采集客户信息时，企业需要关注多个方面的内容，以确保获得全面而准确的客户信息。以下是采集客户信息时通常需要考虑的三个方面，即描述类信息、行为类信息和关联类信息，如图1-2-1所示。

图1-2-1 采集客户信息时需考虑的三个方面

1. 客户信息采集的内容

客户信息的采集包括多个方面，以下是其中一些基本内容：

1）描述类信息

描述类信息是关于客户基本属性和特征的描述，通常包括客户的姓名、性别、年龄、职业、联系方式等基本信息。这些信息是客户身份识别的基础，有助于企业建立客户档案和进行初步的客户分类。通过描述类信息，企业可以对客户群体进行初步分析，了解不同客户群体的特点和需求差异，为后续的市场策略和产品策略提供参考。

2）行为类信息

行为类信息是关于客户购买行为、消费习惯和使用偏好的信息。这包括客户的购买历史、购买频率、购买金额、购买渠道、购买偏好等。通过分析行为类信息，企业可以深入了解客户的消费行为和需求特点，从而制定更加精准的市场策略和产品策略。同时，行为类信息还可以用于预测客户的未来行为，为企业制定个性化服务方案提供依据。

3）关联类信息

关联类信息是指与客户直接或间接相关的信息，如客户的家庭成员、社交关系、兴趣爱好等。这些信息有助于企业更全面地了解客户的背景和需求，从而提供更加贴心和个性化的服务。例如，了解客户的家庭成员情况可以帮助企业推荐适合全家人的产品或服务；了解客户的社交关系可以帮助企业拓展客户群体和增加市场份额；了解客户的兴趣爱好可以帮助企业为客户提供更加有趣和富有吸引力的产品或服务体验。

2. 客户信息采集的方向

在采集客户信息时可以从图 1-2-2 所示的七个方面进行。

基本信息：姓名、身高、体重、出生日期、性格特征、身份证号码、家庭住址、电话等

消费情况：消费的金额、消费的频率、每次消费的规模、消费的档次、消费的偏好、购买渠道与购买方式的偏好等

事业情况：单位名称、地点、职务、年收入，对目前单位的态度，事业目标是什么，最满意的个人成就是什么等

家庭情况：已婚或未婚，结婚纪念日，如何庆祝结婚纪念日、兴趣专长及嗜好、有无子女等

人际情况：亲戚情况、朋友情况、邻居情况、对人际关系的看法，以及近期社交圈子是哪些

教育情况：最高学历、所修专业、主要课程，在校期间所获奖励、参加的社团、最喜欢的运动项目等

个性情况：参加俱乐部或社团情况，是否有宗教信仰，喜欢看哪些类型的书，总讳哪些事、重视哪些事，待人处事的风格等

图 1-2-2 客户信息采集的方向

通过对这些信息的收集和分析，企业可以较为全面地了解客户的需求和偏好，为后续的营销和服务提供数据支撑。例如，通过分析客户的购买记录和评价，可以了解客户对产品的需求和期望，从而为企业改进产品和服务提供依据；通过分析客户的社交信息和教育信息，可以了解客户的社交圈子和文化背景，从而为客户提供更加个性

化的服务和产品。

（四）收集客户信息的途径

在当今信息时代，了解和掌握客户需求、行为和偏好，有助于企业制定有针对性的营销策略，提升客户满意度和忠诚度。以下是几种客户信息收集途径。

1. 线上渠道

随着互联网的普及，线上渠道已成为企业收集客户信息的重要途径。对于汽车行业而言，企业可以通过官方网站、社交媒体平台（如微博、微信等）以及汽车论坛等渠道，了解客户的购车意向、车型偏好、使用反馈等信息。通过分析客户的在线行为数据，可以更准确地定位目标客户群体，制定针对性的营销策略。

2. 线下渠道

线下渠道同样具有较高的客户信息收集价值。汽车企业可以通过实体展厅、试驾活动、车展等形式，与客户进行面对面的交流，了解客户的实际需求和购车决策过程。此外，与汽车相关的活动和社区也是获取客户信息的良好场所，如汽车俱乐部、车友会等。

3. 客户关系管理系统（CRM）

客户关系管理系统是企业专业化管理客户关系的工具。在汽车行业中，CRM系统可以整合线上和线下的客户数据，帮助企业全面了解客户的购车历史、维修记录、服务需求等信息。通过CRM系统，企业可以实现个性化的销售和售后服务，提高客户满意度和忠诚度。

4. 数据挖掘和分析技术

数据挖掘和分析技术可以帮助企业从海量客户数据中挖掘有价值的信息。对于汽车行业而言，通过对客户的购车行为、使用习惯、维修记录等进行分析，企业可以更准确地了解客户的实际需求和偏好，从而制定更加精准的营销策略和服务方案。

5. 第三方数据服务提供商

第三方数据服务提供商为企业提供专业的数据采集、整理和分析服务。在汽车行业中，第三方数据服务提供商可以提供市场调研报告、竞品分析报告以及消费者行为分析等服务。通过与第三方数据服务提供商的合作，可以快速获取更全面的市场信息和客户数据，从而更好地制定市场策略和产品规划。

企业应充分利用多种途径收集客户信息，实现客户数据的丰富和全面。以汽车行业为例，通过线上渠道了解客户的购车意向和偏好，通过线下渠道与客户进行面对面的交流，利用CRM系统整合客户数据并提供个性化的服务方案，借助数据挖掘和分析技术深入了解客户需求，以及与第三方数据服务提供商合作获取更全面的市场信息和客户数据。这些途径的有机结合将有助于汽车企业更好地了解客户需求，提高客户满意度和忠诚度，从而在激烈的市场竞争中脱颖而出。

（五）客户信息分析的方法

1. 了解"MAN"原则

"MAN"原则是一种广泛应用于市场营销活动中客户分析方法，它代表了金钱

(Money)、决策权（Authority）和需求（Need）。这三个因素是潜在客户的重要特征，有助于更好地了解客户的购买能力、决策权及主要需求。如图1-2-3所示。

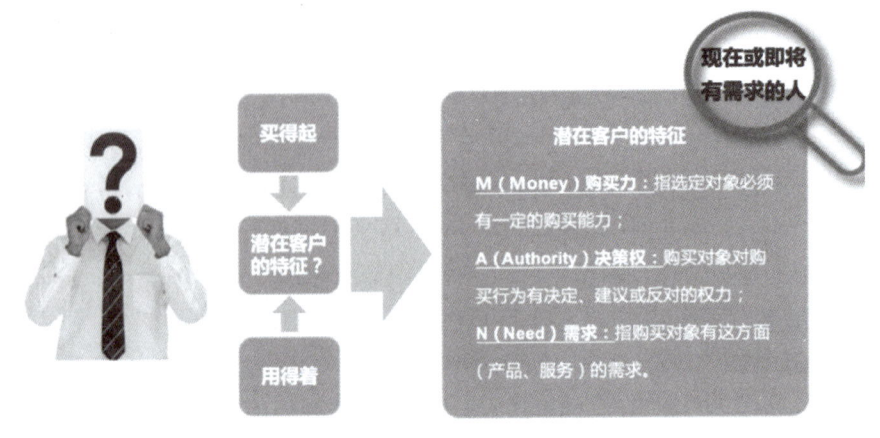

图1-2-3 "MAN"原则

（1）购买力（Money）：客户的购买能力通常取决于他们的收入水平、财务状况和购买预算。了解客户的经济状况可以帮助汽车销售人员确定客户是否有能力购买心仪的汽车。通过询问客户的收入、职业和财务状况，汽车销售人员可以更好地了解客户的购买能力，从而为他们推荐适合的车型和付款方案。

（2）决策权（Authority）：在家庭决策中，通常有一位主要决策者，如夫妻或家庭长辈。了解客户在家中的地位和决策影响力可以帮助汽车销售人员确定与哪位家庭成员沟通更为有效。通过与客户的交流，销售人员可以了解家庭决策流程和最终决定权所在，从而更好地为目标客户制定销售策略。

（3）需求（Need）：客户的需求通常包括对车辆的功能、性能、安全性和价格等方面的要求。通过询问客户对车辆的用途、行驶路线、安全需求和预算等方面的信息，销售人员可以更好地了解客户的需求，并为他们提供满意的购车方案。

【典型案例】

慧眼识珠

在古代，有一位名叫李明的商人，他经营着一家繁忙的丝绸店。李明以他优质的丝绸和敏锐的洞察力而著称，他总能准确地洞察顾客的需求并提供满意的服务。

一天，一位穿着简朴的客人走进店里。他看起来并不起眼，但李明却从他的鞋子中看出了端倪。那双鞋子虽然旧了，但做工精细，鞋底磨损均匀，这暗示着他可能是一个长途跋涉的人。李明热情地接待了这位客人，耐心地展示了各种丝绸，并详细介绍了它们的质地和工艺。

在交谈中，李明发现这位客人对丝绸有着深厚的了解，他对不同种类和质量的丝绸都能一一点评。李明立刻意识到，这位客人并非寻常之辈，他对丝绸的需求可能远超普通顾客。于是，李明决定向他展示店里最珍贵的丝绸，并提供了定制服务。

几天后，这位客人再次光临，这次他带来了朋友和家人。他们一同选购了大量高质量的丝绸，并定制了几套华丽的服装。这时，李明才得知，原来这位客人是一位来自远方的贵族，他正在为即将到来的盛大庆典筹备礼品和服装。李明凭借他的观察力和专业知识，成功地识别了这位贵客，并为他提供了满意的服务。贵族对李明的商店赞不绝口，并在他的社交圈中大力推荐。很快，李明的商店声名远扬，吸引了更多的贵客和顾客。

学习笔记

2. 客户跟踪和管理工具

接下来需要了解如何利用“来电（店）客户信息收集表”和“意向客户跟踪进度管控表”等工具来记录和跟踪客户信息，并能够根据实际情况提出合理的建议和意见。

（1）“来电（店）客户信息收集表”通常用于记录客户的基本信息和通话记录。该表格可以包括客户的姓名、电话、地址、购车意向、购车时间、车辆需求等信息。通过填写该表格，可以轻松地了解客户的基本情况和购车需求，从而更好地了解客户需求和行为。如图 1－2－4 所示。

来电（店）客户信息收集表

特约商名称：__________　　　　________年____月____日　　制表人：__________

顾客姓名	性别	电话	拟购车型	接触方式			顾客车型品牌信息来源							开始时间	结束时间	转接后接待人	预约来店时间
				来店	来电	网络	电视	报纸	广播	网络	杂志	亲友	其他				

销售经理签名：__________

信息	用途
客户姓名	用于记录客户的姓名，以便后续跟进和识别
电话	用于记录客户的联系电话，方便后续电话沟通和跟进
地址	用于记录客户的地址，以便后续寄送相关资料或礼品等
购车意向	用于记录客户是否有购车意向，以及购车类型、预算等初步需求
购车时间	用于记录客户计划购车的时间，以便后续跟进和安排
车辆需求	用于记录客户对车辆的具体需求和要求，如车型、颜色、配置等

图 1－2－4 “来电（店）客户信息收集表”

（2）"意向客户跟踪进度管控表"用于跟踪客户的购车意向和进展情况。该表格可以包括客户的姓名、购车意向、意向车型、购车时间、跟进时间、跟进人、跟进内容等信息。通过该表格，可以了解客户的购车进展情况和销售人员的跟进情况，从而更好地掌握销售机会和管理销售过程，提高销售效率和客户满意度。同时，还可以帮助销售人员及时发现和解决问题，并制定更加精准的营销策略和产品改进计划。如图1-2-5所示。

（3）"保有客户管理卡"是一种用于记录和管理客户数据的表格或系统。它包含了客户的基本信息、购买历史、需求和偏好等详细资料。通过该管理卡，企业能够更好地了解客户，提供更个性化的服务，从而提高客户满意度、忠诚度和留存率。如图1-2-6所示。

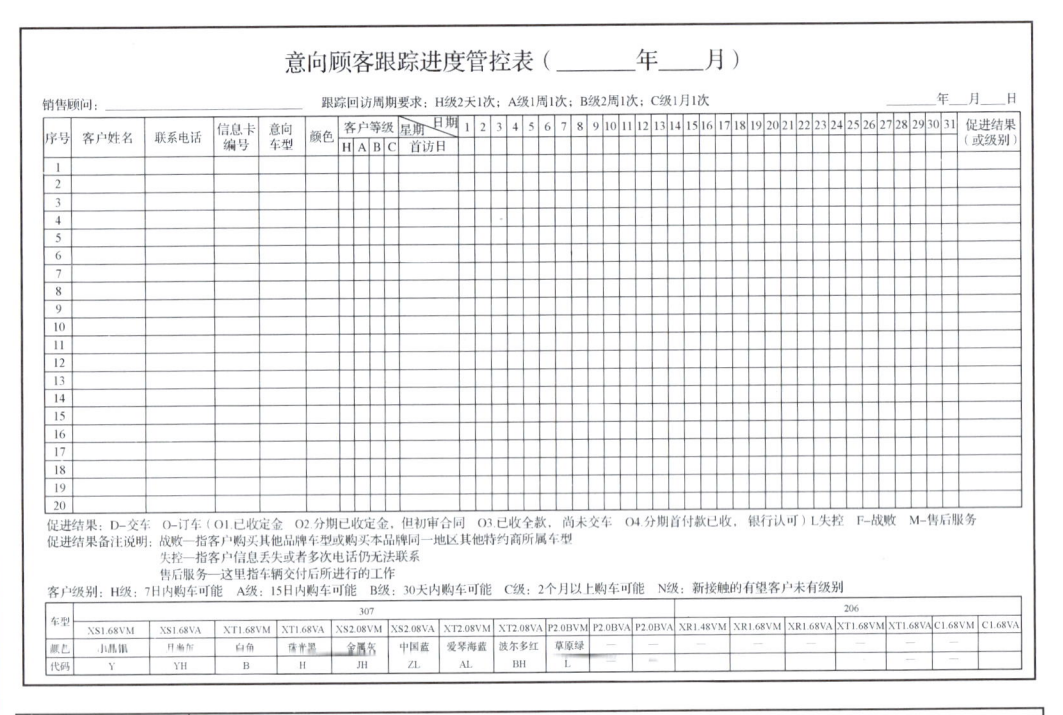

信息	用途
客户姓名	用于记录客户的姓名，以便后续跟进和识别
购车意向	用于记录客户的购车意向和需求，包括车型、颜色、配置等
意向车型	用于记录客户意向购买的车型和具体信息
购车时间	用于记录客户计划购车的时间，以便后续跟进和安排
跟进时间	用于记录每次跟进客户的时间和日期
跟进人	用于记录负责跟进的销售人员或主管的姓名
跟进内容	用于记录每次跟进时与客户沟通的内容和进展情况

图1-2-5　意向客户跟踪进度管控表

学习笔记

保有客户管理卡（B卡）

销售顾问：________ 建卡日期：______年_____月____日 卡号：________

客户资料	客户姓名		男/女	公司/个人	E-MAIL			介绍人	姓名		担当业代	年 月 日	
	地 址		邮政编码		移动电话				电话			年 月 日	
	身份证号码/组织机构代码证号								关系			年 月 日	
	单 位		行业别		联络电话			来源分析	R	B	S	I	E	P
	单位地址		邮政编码		个人爱好		固定电话			车身号码			

车辆编号	出厂日期	牌照号码	领牌照日期			售 价	付款方式	合同编号	车型代号	钥匙号
			年	月	日					

下次预定年/月/日	实际访问			回访结果	经过情形	有无新意向	审核
	年	月	日				
7DC回访							
/ /							
/ /							
/ /							
/ /							
/ /							
/ /							

回访结果：1. 顾客对车辆使用结果（满意、不满意《原因》） 2. 顾客是否在本特约商进行维修保养
3. 顾客对第二项维修保养（满意、不满意《原因》） 4. 顾客决定续保（是、否） 5. 顾客是否决定汰旧换新或增购
回访时间要求：7DC：首保提醒：交车后第一个月回访；生日及开业日祝贺； 续保提醒：交车后每三个月回访一次；交车后第12、24、36、48、60个月同访

图 1－2－6 “保有客户管理卡”

通过该管理卡，企业能更全面地把握客户需求，并提供精确的服务与产品，实现个性化服务及关爱。通过对客户购买历史的深度分析，使企业能够发掘潜在销售机遇，如交叉销售和升级销售，从而提高销售业绩；记录的客户反馈更是可以为企业提供宝贵信息，有助于及时优化产品与服务，提升市场竞争力。

3. 优质客户的识别

1）什么是好客户

“好客户”指的是客户本身的“素质”好，能够给企业带来的利润多、价值多、贡献大，而占用企业的资源少且给企业带来的风险小的客户。“好客户”最起码的条件是能够给企业带来赢利，至少是给企业带来的收入要比企业为其提供产品或者服务所花费的成本高，这样才基本上算是个“好客户”。

菲利浦·科特勒将一个有利益的客户定义为：能不断产生收入流的个人、家庭或公司，其为企业带来的长期收入应该超过企业长期吸引、销售和服务该客户所花费的可接受范围内的成本。一般来说，“好客户”通常满足以下几个条件：

（1）购买欲望强烈、购买力大：客户有足够大的需求量来吸收企业提供的产品或者服务，特别是对企业的高利润产品的采购数。

（2）能够保证企业赢利：客户对价格的敏感度低，付款及时，有良好的信誉。信誉是合作的基础，不讲信誉的客户条件再好也不能合作。

（3）服务成本较低：最好是不需要多少服务或对服务的要求低。这里的服务成本是相对而言的，而不是绝对数据上的比较。

例如，一个大客户的服务成本是200元，净收益是10万元，而一个小客户的服务

成本是10元，但是净收益只有20元，虽然10元的服务成本在绝对数值上比200元小了很多，但相对服务成本却大了很多倍。

（4）经营风险小且有良好发展前景：客户的经营现状是否正常、是否具有成长性、是否具有核心竞争力、经营手段是否灵活、管理是否有章法、资金实力是否足够、分销能力是否强大、与下家的合作关系是否良好，以及国家的支持状况、法律条文的限制情况等都对客户的经营风险有很大的影响。企业只有对客户的发展背景与前景进行全面、客观、远景性的分析，才能对客户有一个准确的判断。

（5）愿意与企业建立长期的伙伴关系：客户能够正确处理与企业的关系，合作意愿高、忠诚度高，让企业做擅长的事，通过提出新的要求，友善地引导企业怎样超越现有的产品或服务，从而提高企业服务水平。

2）怎样寻找好客户

企业怎样寻找"门当户对"的客户呢？企业要想找到"门当户对"的客户，就要结合客户的综合价值与企业对其服务的综合能力进行分析，然后找到两者的交叉点。可分成以下三个步骤：

第一步：企业要判断关系客户是否有足够的吸引力，是否有较高的综合价值，是否能为企业带来大的收益，这些可以从以下几个方面进行分析。

（1）客户向企业购买产品或者服务的总金额。

（2）客户扩大需求而产生的增量购买和交叉购买等。

（3）客户的无形价值，包括规模效应价值、口碑价值和信息价值等。

（4）企业为客户提供产品或者服务需要耗费的总成本。

（5）客户为企业带来的风险，如信用风险、资金风险、违约风险等。

第二步：企业必须衡量一下自己是否有足够的综合能力去满足关系客户的需求，即要考虑自身的实力能否满足关系客户所需要的技术、人力、财力、物力和管理能力等。

对企业综合能力的分析不应从企业自身的感知来确定，而应该从客户的角度进行分析，可借用客户让渡价值（指客户获得的总价值与客户为之付出的总成本之间的差额，让渡价值的大小决定了产品或者服务的竞争力，体现了客户获得的利益）的理念来衡量企业的综合能力。也就是说，企业能够为关系客户提供的产品价值、服务价值、人员价值及形象价值之和减去关系客户需要消耗的货币成本、时间成本、精力成本、体力成本，这样就可以大致得出企业的综合能力。如果是正值，则说明企业有较强的综合能力去满足关系客户的需求；如果是负值，则说明企业满足关系客户的综合能力较弱。

第三步：寻找客户的综合价值与企业的综合能力两者的结合点，最好是寻找那些客户综合价值高，而企业对其综合能力也高的客户作为关系客户。也就是说，要将价值足够大、值得企业去开发和维护的，同时企业也有能力去开发和维护的客户，作为企业的关系客户，如图1-2-7所示。

在图1-2-7中，A区域客户是企业应该重点选择的关系客户群。因为这类客户的综合价值较高，是优质的客户，另一方面企业对其服务的综合实力也较高，也就是说，企业的实力足以去赢得和维系这类客户。因此，A类客户值得企业花费大量的资源去争取和维护。

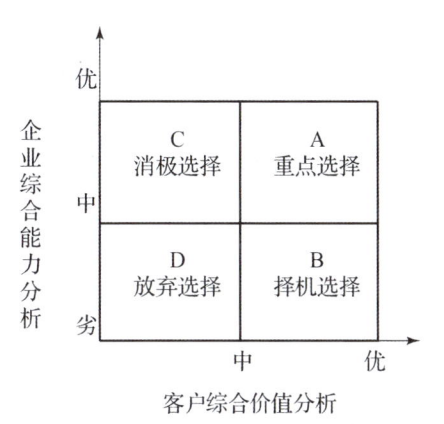

图1-2-7 客户综合价值与企业综合能力分析

B区域客户是企业应该择机选择的关系客户群。因为这类客户的综合价值高，具有非常高的开发与维护价值，但遗憾的是，企业对这类客户的服务能力实在有限，很难为客户提供满意的产品或服务。企业开发这类客户时，将会面临很大的困难，即使开发成功了，如果企业对其服务的综合能力没有提高，则最终也很难长期留住这类客户。

C区域客户是企业应该消极选择的客户群。因为尽管企业对其服务的综合能力较强，但是这类客户的价值实在有限，企业很可能在这类客户上得不到多少利润，甚至还有可能消耗企业的一部分利润。

D区域客户是企业应该放弃选择的客户群。因为，一方面这类客户群的综合价值较低，很难给企业带来利润，如果企业将过多的资源投入到这类客户群上，是得不偿失的，甚至有时候还会吞噬企业的利润；另一方面，企业也很难为这类客户提供长期的具有较高让渡价值的产品和服务。

课后测试

【选择题】

1. 在客户关系管理中，优质客户通常具备哪些特征？（　　）
   A. 需求强烈且购买力高　　B. 对价格敏感且付款不按时
   C. 服务成本低且经营风险大　　D. 经营状况差且发展前景暗淡

2. 企业识别优质客户的主要目的是什么？（　　）
   A. 提高销售业绩和客户满意度　　B. 优化资源配置和降低成本
   C. 增加企业利润和减少亏损　　D. 提高市场占有率和知名度

3. 在寻找优质客户时，企业应考虑哪些因素？（　　）
   A. 客户的经营状况和发展前景　　B. 客户的购买力和忠诚度
   C. 企业的服务能力和产品价值　　D. 客户的口碑和经营风险

4. 为了提升客户让渡价值，汽车企业需要关注以下几点（　　）。
   A. 提供高性能、高品质车辆　　B. 提供经济实惠的车辆价格

B. 提供优质的售后服务　　　　D. 提供优惠的金融方案
5. 客户信息的采集原则有哪些？（　　）
A. 动态原则　　　　　　　　　B. 重点原则
B. 专职原则　　　　　　　　　D. 安全原则

【判断题】
1. 优质客户就是为企业带来最大利润的客户。（　　）
2. 企业应该忽略其他客户，只关注优质客户。（　　）
3. 在识别优质客户时，企业应该考虑客户的经营状况和发展前景。（　　）
4. 优质客户的忠诚度和口碑对企业来说并不重要。（　　）
5. 在寻找优质客户时，企业应只考虑自身的实力和需求。（　　）

【填空题】
1. 在客户关系管理中，优质客户的特征包括_____、_____、_____等。
2. 企业识别优质客户的主要目的是_____、_____、_____等。
3. 在寻找优质客户时，企业应考虑的因素包括_____、_____、_____等。
4. 在客户关系管理中，_____和_____也是识别优质客户的重要因素。
5. 企业应该关注所有客户，因为其他客户也有_____成为优质客户，或者为企业带来_____。

任务1-3　客户信息整理

任务背景

在竞争激烈的市场环境中，企业需要了解客户需求、偏好和行为模式，以制定更有效的市场策略。客户信息整理已成为支持企业战略决策的关键任务，同时也优化了客户关系管理、产品与服务，并提高了营销效果和降低了成本。掌握客户信息的企业能更好地洞察市场趋势，构建竞争优势。

任务描述

某汽车服务企业为了帮助新员工更快地熟悉产品及把握目标客户的心理特征，需要对不同车型的客户群体进行分析，并设计相应的客户画像维度。请为汽车服务企业的销售部门提供一套有效的客户画像维度设计方法。

任务准备

（一）课前热身

在汽车行业，客户信息的整理至关重要。这有助于企业提供个性化服务，进行精准的市场分析和趋势预测，进而优化产品和服务，提高客户满意度和忠诚度，最终增强市场竞争力。如何进行客户信息整理呢？请通过扫描二维码，观看"客户信息整理"系列微课。

（二）任务分析

（1）为了帮助新员工更快地熟悉产品并把握目标客户的心理特征，对于不同车型的客户群体，可以考虑从以下维度进行群体分析：

①人口统计特征：包括年龄、性别、职业、收入水平等，这些因素可以影响客户的购买能力和购买偏好。

②生活方式和价值观：了解客户的生活方式和价值观可以帮助判断他们的购车需求和心理特征，比如追求时尚、注重实用、重视安全等。

③购车目的和使用场景：不同的车型有不同的使用场景和功能，通过了解客户的购车目的和使用场景，可以更好地为目标客户提供合适的产品和服务。

④品牌偏好：有些客户对某些品牌有特殊的偏好，这可能与他们的个人喜好、品牌认知度等因素有关。了解不同车型所对应的品牌偏好可以帮助新员工更好地把握客户的心理特征。

⑤决策过程和购买行为：了解客户的决策过程和购买行为可以帮助新员工更好地为目标客户提供专业的建议和帮助，同时提高客户的满意度和忠诚度。

（2）在汽车行业，针对不同车型的客户群体介绍，除了以上提到的维度，还可以考虑以下方面进行更深入的分析：

①车辆用途和需求：不同的车型有着不同的设计和功能，可以满足客户不同的用车需求。比如，轿车适合城市驾驶，商务用车适合追求舒适和大气，SUV适合家庭使用或越野驾驶等。了解不同车型的用途和功能可以帮助新员工更好地为目标客户提供专业的建议和帮助。

②车辆性能和参数：不同车型的性能和参数各不相同，如加速、制动、油耗、空间等。了解这些参数可以帮助新员工更好地为客户推荐合适的车型，同时也能让客户更加信任他们的专业能力。

③客户购车过程中的关注点：在购车过程中，不同的客户有不同的关注点，比如一些客户更注重价格，一些客户更注重外观和内饰，一些客户更注重安全性能等。了解这些关注点可以帮助新员工更好地为目标客户提供专业的建议和帮助，同时提高客户的满意度和忠诚度。

④市场竞争情况：了解不同车型在市场上的竞争情况可以帮助新员工更好地为客户推荐合适的车型，同时也能提高企业的市场竞争力。比如，一些客户可能会选择购买具有更高性价比的车型，而一些客户可能会选择购买更具有品牌优势的车型等。

这些维度的分析可以帮助新员工更好地了解目标客户的需求和心理特征，从而更好地为目标客户提供合适的产品和服务。

任务实施

根据任务描述，对照下方的要求完成"客户整理清单"任务。

步骤一：确定客户背景信息

提示：

(1) 收集客户个人信息，包括姓名、联系方式等。

(2) 了解客户的职业、家庭状况和收入水平，分析其购买能力和消费习惯。

(3) 了解客户的驾驶经验和需求，例如家庭用车、商务用车等。

(4) 调查客户对汽车品牌的认知和偏好，分析其购买意向和品牌忠诚度。

(5) 确定客户的购车预算和时间计划，评估其购买决策和购买能力。

姓名		性别		出生日期	
现住址				联系方式	
出生地				教育背景	
职业		职务		收入	
公司规模、实力					
车辆拥有情况					
家庭情况					
个人兴趣、爱好					
喜欢的品牌					
其他信息					

步骤二：填写客户基本信息

提示：

(1) 记录客户的购车需求，包括车型、配置、颜色等。

(2) 了解客户的购车目的和用途，例如家庭出行、商务接待等。

(3) 记录客户的购车经验和知识水平，提供相应的购车建议和指导。

(4) 了解客户的购车决策过程和影响因素，例如口碑、价格、售后服务等。

客户购车需求	车型		颜色	
	配置		其他	
购车目的及用途	购车用途			
购车建议和指导				
购车影响因素				

步骤三：完善客户拜访情况

提示：

(1) 安排与客户的面谈或电话交流，了解客户需求和关注点。

(2) 在拜访过程中，记录客户的反馈和建议，及时调整方案和策略。

(3) 在拜访过程中，了解客户的购车计划和预算，为后续跟进提供参考。

(4) 分析拜访结果，总结客户需求和购车时间，制定下一步跟进计划。

历次拜访情况				
沟通情况	时间	地点	参加人物	重要信息提示
第1次沟通				
第2次沟通				
第3次沟通				
第4次沟通				
第5次沟通				
成交可能性判断				
拜访次数	购买力	迫切性	车辆需求	关系接洽	谈判进展
第1次					
第2次					
第3次					
未成交原因	产品　　服务　　替代品　　商务　　纯心理　　其他				
所处阶段	亲密期　　断层期　　冷战期　　修复期　　合好期				

步骤四：设计客户跟进计划

提示：

(1) 根据客户信息和购车需求，制定个性化的客户跟进计划。

(2) 确定跟进的时间、频率和关键里程碑，确保及时沟通与联系。

(3) 设计跟进的内容和方式，包括电话、邮件、拜访和社交媒体互动等。

注意：制定针对不同客户群体的跟进策略，以满足其特定需求；可以应对潜在问题和挑战的预案，确保顺利推进业务关系。

跟进计划	

步骤五：汇报"客户整理清单"任务

提示：

准备详细的客户信息整理报告，包括收集和分析过程及主要发现和建议。

参考信息

车型	主要卖点	主要功能	目标客户群体	客户画像维度
轿车	1. 高效的燃油性能； 2. 舒适的内饰设计； 3. 安全的性能； 4. 优雅的外观	1. 城市通勤； 2. 商务接待； 3. 家庭用车	中产阶层家庭、商务人士、公务员等	年龄层次：中青年； 职业领域：商务、行政； 收入水平：中高端； 家庭状况：有孩子或已婚； 地域特点：城市居民； 购车目的：通勤、商务接待； 生活方式和价值观：注重品质、追求舒适
SUV	1. 宽敞的车内空间； 2. 高离地间隙和四驱系统； 3. 时尚的外观设计； 4. 多功能用途	1. 越野驾驶； 2. 家庭露营； 3. 长途旅行	有户外活动需求的中产家庭、年轻夫妇等	年龄层次：中青年； 职业领域：自由职业者、户外爱好者； 收入水平：中高端； 家庭状况：有孩子或已婚； 地域特点：城市居民、户外爱好者； 购车目的：越野、露营、长途旅行； 生活方式和价值观：追求刺激、注重品质、喜欢户外活动

续表

车型	主要卖点	主要功能	目标客户群体	客户画像维度
MPV	1. 超大的车内空间； 2. 多座位设计； 3. 舒适的内饰配置； 4. 良好的燃油经济性	1. 多人出行； 2. 商务接待； 3. 大件物品运输	有多孩家庭、小型企业等	年龄层次：中青年； 职业领域：小型企业主、多孩家庭； 收入水平：中高端； 家庭状况：有多个孩子或已婚； 地域特点：城市居民； 购车目的：多人出行、商务接待； 生活方式和价值观：注重实用、追求性价比、追求舒适
电车	1. 环保驱动方式； 2. 低噪声和振动； 3. 智能化驾驶辅助系统； 4. 前卫的外观设计	1. 城市通勤； 2. 日常代步； 3. 短途旅行	年轻一代、科技爱好者、城市居民等	年龄层次：年轻人群； 职业领域：科技爱好者、城市居民； 收入水平：中高端； 家庭状况：单身或新婚； 地域特点：城市居民； 购车目的：城市通勤、代步、短途旅行； 生活方式和价值观：注重环保、追求科技感、追求时尚潮流

任务评价

小组指派代表汇报本小组工单完成情况及展示成果，并完成客户整理清单任务评价表 1-3-1。

表 1-3-1 客户整理清单任务评价表

	评定指标	权重	评价				
			第1组	第2组	第3组	第4组	第5组
总体评价	1. 客户跟进计划合理且符合实际情况 （计划合理、可执行、可操作）	5					
	2. 记录客户购车需求完整 （包括车型、配置、颜色）	7					

续表

评定指标		权重	评价				
			第1组	第2组	第3组	第4组	第5组
总体评价	3. 了解客户的购车目的和用途（分析准确性、信息完整性）	15					
	4. 购车决策过程和影响因素定位准确（例如口碑、价格、售后服务）	8					
	5. 汇报客户需求调查成果表现（展示风采、清晰传达）	5					
过程评价	1. 计划完整，准备充分，执行有序	3					
	2. 相关信息、数据记录完整、整洁	4					
	3. 介绍话术合理、恰当	7					
	4. 言行举止规范到位	4					
	5. 能抓住任务内容的关键	7					
	6. 对任务内容分析全面、合理	7					
	7. 小组分工合理，合作能力强	7					
合计							
主要收获	（本组在本任务训练过程中的主要收获或经验）						
问题与建议	（本组在任务完成过程中所遇到的问题、原因分析及改进建议）						

知识链接

（一）信息整理的原则

在市场调研中，数据的收集和整理是一项至关重要的任务。为了确保调研结果的可靠性和有效性，必须遵循一系列基本原则，才能确保调研数据的准确性和有效性，为企业制定科学的市场策略提供有力支持，如图1-3-1所示。

图 1-3-1　信息整理原则

1. 真实性原则

真实性原则是最为关键的原则之一。在收集和整理市场调研数据时，必须确保数据的来源可靠、收集方式科学、数据录入无误，以避免产生任何虚假或误导性的数据。

2. 简明性原则

简明性原则在市场调研中同样占据着重要的地位。在与客户交流时，需要用简明扼要的方式表达信息，避免使用冗长和复杂的描述，这样不仅可以提高沟通效率，还有助于更好地理解客户的需求和意见。

3. 相关性原则

相关性原则要求我们在收集和整理信息时，必须确保信息与调研主题或问题紧密相关。无关的信息可能会干扰调研结果，因此需要避免引入。只有与主题紧密相关的信息，才能真实反映市场的趋势和客户的需求。

4. 完整性原则

完整性原则在市场调研中至关重要。在整理信息时，需要确保信息完整，不遗漏任何重要细节。例如，在收集客户信息时，需要全面收集客户的年龄、性别、职业、购车时间、车型选择、保养情况等细节信息，只有这样才能更全面地了解客户的需求和行为特征，从而为后续的市场分析和产品开发提供有力支持。

5. 可追溯性原则

为了确保信息的可靠性和准确性，可追溯性原则是必要的。在收集和整理数据时，需要记录数据的来源和时间戳等信息，以便后续的查询和验证，这样可以提高数据的可信度，并避免因数据来源不明而引发争议或误解。

6. 及时性原则

及时性原则对于市场调研来说也非常重要。随着市场的不断变化，客户的需求也在不断演变。为了反映最新的市场动态和客户需求，必须及时更新调研数据，这样可以帮助企业制定适应市场变化的市场策略。

7. 统一性原则

统一性原则可以提升信息的可读性和可比性。在整理信息时，需要确保信息的表达方式统一，如采用统一的格式、分类方式和表达术语等，这样可以方便阅读者快速理解数据，提高工作效率。

【典型案例】

孙膑的计谋

战国时期，齐国与魏国交战。齐国军队由大将田忌率领，孙膑为军师。为了了解魏国的军队动态，孙膑派密探收集军情，密探带回了大量的消息，包括魏军的部署、兵力、装备等。

孙膑接过这些军情，他开始整理，先将消息按照重要性进行了分类，将紧急、重要的消息排在前面；又将不同时间收集到的消息进行了对比，找出了其中的变化和趋势；最后进行了深入的分析，推测魏军的动向和意图。通过这些整理方法，孙膑准确地判断出魏军的弱点，提出了"围魏救赵"的计策，最终助齐国赢得了胜利。

动画
孙膑的计谋

（二）信息整理的方法

在市场调研数据收集和整理过程中，我们不仅需要掌握数据本身，还需要结合汽车行业的特性来深入分析。

1. 比较法

在收集和整理市场调研数据时，需要对不同来源的数据进行比较和分析。例如，比较不同品牌汽车的销售数据，分析各品牌的市场份额和增长趋势。通过比较法，可以找出各品牌之间的差异和一致性，从而为产品定位和市场策略提供依据。

2. 核对法

在整理信息时，核对和验证不同来源的数据至关重要。例如，在分析汽车质量时，需要对比不同评测机构对同一款车型的评价结果，确保数据的准确性和一致性。核对法在汽车行业中应用广泛，它有助于避免因错误信息导致的决策失误，以提高数据的可靠性。

3. 佐证法

佐证法，即可以通过其他相关信息来佐证某一数据的准确性。例如，在评估某款新车的性能时，可以参考其他权威评测机构的数据来佐证测试结果。通过佐证法，我们可以提高对市场信息的信心，从而更好地指导公司的市场策略。

4. 逻辑法

逻辑法，即可以运用逻辑推理对数据进行深入分析。例如，通过分析汽车销售数据的变化趋势，我们可以推断出市场需求的走向。逻辑法要求我们具备严密的思维能力和分析技巧，以确保在整理数据时能够抓住关键信息。

5. 文献法

文献法，即可以通过查阅相关的学术论文、行业报告等文献资料来了解市场动态和竞争态势。例如，可以查阅行业报告了解新能源汽车的发展趋势和竞争格局。文献法要求我们具备良好的信息检索和筛选能力，以确保获取的信息具有高度价值。

6. 评估法

评估法，即可以通过评估竞争对手的产品质量、市场份额、品牌影响力等因素来确定其竞争力和威胁程度。例如，我们可以评估竞争对手的新车型的性能和市场反馈，以了解其竞争优势和潜在威胁。评估法要求我们具备较强的分析判断能力，以确保评估结果的准确性。

在实际操作中，通常需要根据具体情况灵活运用这些方法，以达到最佳的调研效果。

（三）信息整理的步骤

在当今信息爆炸的时代，信息的收集、整理、存储和使用变得尤为重要。为了更好地管理和利用信息，需要建立一个完善的信息收集和处理体系。下面将详细介绍这个体系的各个环节，帮助你更好地理解和应用。

1. 确定目标

在进行信息整理之前，首先需要明确整理的目的和目标。这样更有助于我们在整理过程中保持专注，避免瞎忙一顿。例如，在策划活动之前，我们需要了解市场和目标受众的需求，分析过去类似活动的成功案例，从中吸取了经验和教训。此外，我们还可以对比上一个活动的效果，包括参与人数、反馈意见、活动效果等，从中总结经验教训。

2. 收集信息

在明确目标之后，我们需要通过各种途径收集相关信息。收集信息的方法有很多，如查阅书籍、搜索网络资源、现场咨询、行业专业指导等。在这一阶段，要注意广泛搜集，以便在后续的整理过程中有足够的信息可供筛选。例如，可以搜索汽车服务行业的最新发展动态、客户反馈、服务质量标准等方面的资料。

3. 筛选信息

收集到信息后，需要对这些信息进行筛选。筛选的依据主要包括信息的准确性、可靠性、关联性和时效性。对于不符合要求的信息，应及时剔除，以保证整理后的资料质量。此外，在这一阶段还可以对相关信息进行初步归类，以便后续整理。

4. 归类整理

在对信息进行筛选后，接下来要对留存的信息进行归类整理。根据信息的性质和主题，将其分为不同的类别，这有助于我们在查找信息时更加便捷。在归类过程中，还可以采用一定的逻辑线索，如时间顺序、地域分布等，以便整理出的信息更具条理。例如，可以将优化汽车服务的资料按照服务流程、技术应用、客户体验等方面进行分类整理。

5. 信息存储

分类整理后的信息需要存储在合适的位置，以便于后续的查询和使用。在选择存储位置时，我们需要考虑信息的保密性、安全性和可维护性等因素。同时，我们还需要根据信息的类型与特点选择合适的存储介质和存储方式，以确保信息的长期保存和有效利用。

6. 信息更新和维护

由于市场和客户需求不断变化，故需要定期更新和维护信息，以确保信息的及时性和准确性。更新和维护的方式可以包括数据清洗、数据校验、数据转换等。同时，还需要建立完善的信息管理制度和流程，规范信息的收集、整理、存储和使用，确保信息的安全性和完整性。

【典型案例】

姜子牙钓鱼

商朝末年，纣王暴政，天下大乱。姜子牙隐居山林，观察天下大势。他深知要推翻纣王，必须了解各地的军情、民情。于是决定进行一次大规模的收集任务。

姜子牙先制定了一份详细清单，包括各地的军队数量、武器装备、民心向背等；然后又派出密探前往各地收集信息，这些密探深入各地进行调查，带回了大量的第一手资料。姜子牙接过这些资料，开始整理。他首先筛选出最可靠、最重要的消息，排除了一些虚假和无关的消息；又将筛选出的消息按照地区、内容进行了分类；最后根据分类结果进行了深入的分析，得出了关于天下大势的结论，并在此基础上制定了一份行动计划，最终协助周武王推翻了纣王，建立了西周王朝。

动画
姜子牙钓鱼

（四）客户画像的设计

在汽车行业中，客户画像是一个重要的工具，它可以帮助企业更好地理解客户需求、行为特征，从而为客户提供更优质的产品和服务。以下是对客户画像设计要点的详细解析。

1. 确定目标客户群体

确定目标客户群体是客户画像设计的第一步。企业需要明确自己的目标客户群体，这可以通过市场调研、目标市场的识别和分析来实现。例如，企业可以将目标客户群体定位为年轻白领阶层，他们注重时尚、科技和性能，对于汽车外观和性能有着较高的要求。

2. 收集客户数据

收集客户数据是客户画像设计的关键环节。企业可以通过多种渠道收集客户数据，如市场调研、客户反馈、社交媒体等，这些数据可以帮助企业了解客户的购车偏好、用车习惯、服务需求等信息。例如，企业可以通过问卷调查收集客户的购车偏好和用车习惯，通过社交媒体了解客户的评价和意见。

3. 数据分析

数据分析是客户画像设计的核心环节。通过对收集到的客户数据进行深入分析，企业可以了解客户的购车偏好、用车习惯、服务需求等信息。例如，通过数据分析发现年轻白领阶层更注重车辆的外观和性能，他们更愿意选择时尚、科技感强的车型。

4. 构建客户画像

根据分析结果，构建客户画像，包括客户的基本信息、购车偏好、用车习惯、服务需求等。例如，可以设计一个年轻白领阶层的客户画像，包括他们的年龄、性别、职业、购车偏好等信息。在这个过程中，企业需要注重细节，尽可能地丰富客户画像的内容，使其更加生动、形象。

5. 应用客户画像

将客户画像应用于产品开发、市场营销、客户服务等环节是客户画像设计的最终目的。通过将客户画像应用于产品开发，企业可以开发出更符合客户需求的新车型。在市场营销中，企业可以根据客户画像制定相应的营销策略和推广活动，提高营销效果。在客户服务中，企业可以根据客户画像提供个性化的服务方案和关怀措施，提高客户满意度。

课后测试

【选择题】

1. 信息整理的原则中，哪一个是确保信息来源可靠性的关键？（　　）
   A. 真实性原则　　　　　　　　B. 简明性原则
   C. 相关性原则　　　　　　　　D. 完整性原则
2. 在设计客户画像时，首先需要确定什么？（　　）
   A. 目标客户群体　　　　　　　B. 客户数据收集方式
   C. 数据分析方法　　　　　　　D. 客户画像的应用场景
3. 信息整理中，哪一步是为了更好地理解和分析客户需求？（　　）
   A. 筛选信息　　B. 分类信息　　C. 存储信息　　D. 深入分析信息
4. 信息整理时，常用的方法包括（　　）。
   A. 比较法　　B. 核对法　　C. 佐证法　　D. 逻辑法
   E. 文献法
5. 客户画像的设计过程中，需要考虑到哪些因素？（　　）
   A. 目标客户群体的特征　　　　B. 客户的需求和行为特征
   C. 竞争对手的情况　　　　　　D. 产品的质量和性能
   E. 企业的战略目标

【判断题】

1. 信息整理的原则要求数据必须简明扼要，避免冗长和复杂的描述。（　　）

2. 在信息整理中，比较法主要是用于找出不同来源数据的差异和一致性。（　　）
3. 在信息整理中，逻辑法主要是用于对信息进行分类和归纳。（　　）
4. 设计客户画像的目的是更好地理解客户需求和行为特征。（　　）
5. 在应用客户画像时，需要根据客户画像制定相应的营销策略和推广活动。（　　）

【填空题】

1. 信息整理的原则包括_____、简明性原则、相关性原则、完整性原则、可追溯性原则、及时性原则和统一性原则。
2. 信息整理的方法包括比较法、核对法、佐证法、逻辑法和_____。
3. 在设计客户画像时，需要确定目标客户群体的_____和_____。
4. 应用客户画像可以提高产品的_____和_____。
5. 人口统计特征分析：根据客户的年龄、_____、_____和收入水平等信息，将客户划分为不同的群体。

【简答题】

1. 信息整理的原则是什么？请列举出三个并简要解释。
2. 信息整理的方法有哪些？请列举出三种并简要说明其作用。
3. 设计客户画像的目的是什么？请给出三个主要目的。

任务1-4　客户分级管理

任务背景

客户是企业最重要的资源，客户关系管理也要求以客户为中心来构架企业，但并非每个客户都是上帝，也并非所有的客户都能给企业带来利润。因此，对客户按价值不同进行区分，将有限的时间、精力、财力放到高价值客户身上，提高客户满意度，剔除负价值客户，企业才会永远充满生机。到底谁才是企业的客户？最有价值的客户是谁？如何进行客户区分？这些都是企业的重要课题。

任务描述

某汽车服务企业在过往的经营管理中没有设置客户服务部,随着企业的发展,现在增加了客户服务部门,并计划对客户进行分级管理。请制定一个客户分级方案,帮助这个新成立的部门有效实现客户分级管理,并根据学习手册完成这个客户分级的方案设计。

任务准备

(一)课前热身

要有效实现客户分级管理,需要对企业现有的客户数据进行收集、整理和分析,了解客户的消费行为、价值贡献等信息,并根据分析结果制定相应的分级策略。如何进行客户分级管理呢?请通过扫描二维码,观看"客户分级管理"系列微课。

微课
客户分级管理

(二)任务分析

1. 收集客户信息

(1)调查问卷设计:设计针对汽车客户的调查问卷,包括基本信息如姓名、联系方式、购车时间、车型、购车用途等。

(2)电话访问:针对一些重点客户或特定群体,进行电话访问,深入了解他们的购车体验和维修保养习惯等。

2. 分析客户信息

(1)数据整理:对收集到的客户信息进行整理,形成数据库。

(2)需求分析:通过数据分析,了解客户对汽车的需求和期望,如对汽车性能、外观、内饰、价格的关注点等。

(3)价值贡献评估:根据客户的购车金额、维修保养频率和金额等,评估客户的价值贡献。

3. 设计客户分级策略

(1)分级标准:根据客户的价值贡献、购车金额、购车时间、忠诚度等因素,将客户分为 A、B、C 三个等级。

(2)服务内容:针对不同级别的客户,提供不同的服务内容。如 A 级客户享受免费维修保养、优先预约等服务;B 级客户享受折扣优惠;C 级客户提供基本服务。

(3)服务优先级:在资源有限的情况下,优先满足 A 级客户的需求。

4. 制定客户分级管理流程

(1)信息收集流程:明确调查问卷和电话访问的收集流程,确保信息的准确性和完整性。

(2)数据分析流程:设定数据清洗、整合和分析流程,定期更新客户信息。

(3)分级评估流程:设立专门的团队或部门,负责定期对客户进行分级评估,并根据评估结果调整服务内容和优先级。

【举例】

假设某汽车 4S 店有 1 000 位客户,根据他们的购车金额和维修保养频率,可以将他们分为 A、B、C 三个等级：A 级客户 200 人，B 级客户 500 人，C 级客户 300 人。对于 A 级客户，该 4S 店可以提供免费的维修保养服务，并设立专门的客服人员提供一对一的咨询和预约服务；对于 B 级客户，提供 8 折优惠的维修保养服务；对于 C 级客户，提供基本的维修保养服务。同时，该 4S 店可以设立一个监控团队，定期对客户分级管理方案进行评估和调整，以确保方案的有效性和适应性。

任务实施

根据任务描述，对照下方的要求完成"客户分级管理方案设计"任务。

步骤一：调研与准备

提示：需要进行深入的调研和准备工作。通过查阅资料、与客户服务部门人员交流等方式，了解客户群体特征和服务现状，以助于了解客户的实际需求和期望。

调研与准备	
调研目的：	
调研方法：	
调研内容：	

步骤二：确定客户分级标准

提示：需要确定客户分级的标准。这个标准应该根据客户价值、服务需求等因素来制定。例如，我们可以按照客户的消费额、购买频次、服务要求等维度进行划分。分级标准需要具备客观性和可衡量性，以便在实际操作中进行准确的客户分级。

确定客户分级标准	
客户价值维度：	
服务需求维度：	
分级标准制定：	

步骤三：设计客户服务策略

提示：根据不同级别的客户，设计相应的服务策略。高级别的客户可以享受更加个性化、优质的服务，例如专属客户经理、优先服务等。这样可以满足他们的特殊需求，提高他们的满意度和忠诚度。而低级别的客户则可以通过标准化服务满足其基本需求，保证服务的稳定性和一致性。

设计客户服务策略	
高级别客户服务策略：	
低级别客户服务策略：	

步骤四：方案评估与优化

提示：设计完成后，我们需要多个角度审视方案的可行性和实用性，即确保方案的科学性和实用性，为后续的实施打下坚实的基础。

方案评估与优化	
评估的目的：	
评估的方法：	
评估的内容：	
预计实施效果：	

步骤五：汇报"客户分级管理方案设计"任务

提示：通过步骤的实施，建立一个科学、实用的客户分级管理体系。

任务评价

小组指派代表汇报本小组工单完成情况及展示成果，并完成客户分级管理方案设计任务评价表1-4-1。

表1-4-1　客户分级管理方案设计任务评价表

	评定指标	权重	评价					
			第1组	第2组	第3组	第4组	第5组
总体评价	1. 调研与准备到位 （调研目的、调研方法、调研内容）	5					
	2. 确定客户分级标准 （客户价值维度、服务需求维度、分级标准制定）	7					

项目1　搜集与区分客户　47

续表

评定指标		权重	评价				
			第1组	第2组	第3组	第4组	第5组
总体评价	3. 设计客户服务策略 （高级别客户服务策略、低级别客户服务策略）	15					
	4. 方案评估与优化 （评估的目的、评估的方法、评估的内容）	8					
	5. 汇报客户分级管理方案设计成果表现 （展示风采、清晰传达）	5					
过程评价	1. 计划完整，准备充分，执行有序	3					
	2. 相关信息、数据记录完整、整洁	4					
	3. 介绍话术合理、恰当	7					
	4. 言行举止规范到位	4					
	5. 能抓住任务内容的关键	7					
	6. 对任务内容分析全面、合理	7					
	7. 小组分工合理，合作能力强	7					
合计							
主要收获	（本组在本任务训练过程中的主要收获或经验）						
问题与建议	（本组在任务完成过程中所遇到的问题、原因分析及改进建议）						

知识链接

（一）客户分级的概念与意义

客户分级作为一种有效的管理方法，有助于企业对客户实施科学、合理的划分，从而更好地满足各个层次客户的需求，提升客户满意度，进一步扩大市场份额和增强品牌忠诚度。以下是客户分级的重要意义。

1. 提高客户满意度

客户满意度至关重要。通过对客户进行精细化管理，企业能够深入了解客户的购车需求、保养习惯和反馈意见，从而提供个性化的服务。例如，提供定制化的保养计划，或是根据客户的出行习惯优化汽车性能。这种服务使客户感受到被重视和尊重，从而提高客户满意度。

2. 优化资源配置

客户分级有助于企业识别各类客户群体，如首次购车者、长期保有者及豪华车爱好者等。针对不同群体，企业可以合理分配资源，例如在研发中更注重某一群体的特定需求。确保关键客户得到优质服务的同时，企业可以提高运营效率，实现资源的最优配置。

3. 提升品牌形象

品牌形象对于消费者选择至关重要。通过客户分级管理，企业可以更好地理解客户的品牌认知和期望，从而调整产品设计和营销策略。例如，对于追求环保的客户群体，推出低碳排放的电动汽车，以提升品牌在环保方面的形象。

4. 促进业务增长

对客户的深入挖掘有助于发现潜在商机。例如，通过分析客户的购车历史和需求，识别他们可能的换车时间，推出相应的优惠政策或新产品来提高客户转化率和留存率。同时，针对不同分级的客户制定相应的营销策略，如为忠诚客户提供优惠的回购方案或积分兑换活动，进一步促进业务增长。

通过精细化管理、合理资源配置、提升品牌形象和促进业务增长等方面实施客户分级管理，可以更好地满足客户需求，提高市场竞争力并实现可持续发展。

（二）客户分级方法及标准

在汽车行业，客户分级的方法和标准可以参照以下维度。

1. 消费金额

消费金额是一个重要的分级依据。按客户在一定时间段内在企业的消费总额，如购车款、维修保养费用等，可以将客户划分为高、中、低三个等级。高消费客户通常为企业的高价值客户，他们对企业的贡献较大，为企业带来丰厚的利润；中低消费客户则是企业的基础客户，他们为企业稳定市场份额提供支持。

2. 购买频率

购买频率也是客户分级的另一个重要维度。根据客户在一定时间段内购买汽车产品的次数，可以将客户划分为高频、中频和低频客户。高频客户往往具有较高的忠诚度，他们是企业的忠实拥趸，对于企业的品牌推广和口碑传播起到重要作用；低频客户可能是新购车客户或潜在客户，企业需要加大开发和培育力度，以提高他们的购买意愿。

3. 需求特点

需求特点也是客户分级的重要依据。客户的购车需求和偏好，如追求性能、品牌、外观等，将客户划分为不同类型。针对不同类型的客户，汽车企业可以提供更具针对性的产品和服务，以满足其个性化需求。这有助于提升客户的满意度，从而提高客户的忠诚度。

4. 客户价值

综合评估客户的消费金额、购买频率和需求特点等多个维度，对客户进行价值评估，将其划分为高价值、中等价值和低价值客户。高价值客户是企业的核心客户群体，企业需要提供更加精细化的服务，以提升其满意度和忠诚度；对于中等价值和低价值客户，企业同样不能忽视，通过优化产品和服务，提高他们的购买体验，有望提升他们的价值。

总之，在汽车行业中，企业应根据客户的消费金额、购买频率、需求特点和客户价值等多个维度进行客户分级，这有助于企业更好地了解和满足客户需求，提升客户满意度，从而提高企业的市场竞争力和盈利能力。同时，企业还需不断优化客户分级方法和标准，以适应市场和客户的变化，确保客户分级的准确性和有效性。

（三）客户分级管理的优势

1. 提高资源利用效率

通过对客户进行分级管理，企业可以更加精准地把握各类客户的需求，合理分配资源，提高服务质量和客户满意度。例如，针对高价值客户群体，企业可以提供专属的售后服务和定期回访服务，以提升其满意度和忠诚度。

2. 促进客户价值挖掘

通过深入分析不同等级客户的消费行为和需求特点，汽车企业可以发现潜在的商业机会和客户需求，从而开发出更加符合市场需求的汽车产品和服务，提高客户价值和企业竞争力。

3. 降低客户流失率

通过精细化的客户管理，企业可以及时了解客户需求变化和反馈意见，采取针对性的措施解决问题和满足需求，从而降低客户流失率。例如，针对出现抱怨的高价值客户群体，企业可以及时跟进处理并给予适当的补偿，挽回忠实客户。

4. 提升客户满意度

通过提供个性化、精准化的服务，满足不同等级客户的差异化需求，可以提高整体客户满意度，树立良好的品牌形象和企业口碑。例如，针对追求性能的高端汽车产品，企业可以提供更加专业的产品介绍和技术支持，以满足客户的个性化需求。

5. 辅助企业决策

通过对不同等级客户的消费行为、需求特点和反馈意见进行综合分析，企业可以更加全面地了解市场和客户需求，为制定更加科学、合理的市场策略提供有力支持。例如，根据高价值客户的消费行为分析，企业可以制定更加精准的市场推广策略和营销活动，提高营销效果和市场占有率。

（四）客户价值的挖掘与利用

1. 客户价值的区分

通常可以将汽车行业的客户大致分为两种：交易型客户和关系型客户。

（1）交易型客户在汽车行业中通常表现为对价格高度敏感的消费者。他们往往会花费大量的时间比较不同品牌、型号汽车的价格，以寻求最具成本效益的购买方案。对于这类客户，汽车企业需要提供具有竞争力的定价策略，同时确保交易过程的透明和便捷。例如，通过线上平台提供详细的价格比较工具、优惠活动和快速的购车流程，以满足交易型客户对价格和效率的需求。

（2）关系型客户在汽车行业中则更加注重与企业的长期合作关系和售后服务体验。他们倾向于选择那些能够提供全方位服务、可靠品质和持续支持的汽车销售商。对于这类客户，汽车企业需要建立稳固的客户关系管理体系，通过提供定制化的购车方案、专业的售后服务、定期的维护保养以及增值服务（如道路救援、免费升级等），来维护和深化与客户的长期合作关系。

从利润贡献的角度来看，交易型客户虽然数量众多，但为企业带来的利润通常较低。这是因为他们的购买决策主要基于价格因素，往往会选择价格最低的产品或服务。相比之下，关系型客户虽然数量相对较少，但他们为企业带来的利润却更高。这是因为他们更加注重品牌和服务质量，愿意为高品质的产品和服务支付更高的价格。

2. 客户价值的提升

在汽车行业，客户价值的提升策略尤为关键，因为这不仅关乎一次交易的成功与否，更决定了品牌的长远发展和市场口碑。针对不同类型的客户，汽车企业需要制定精细化的市场策略和产品策略。

（1）对于交易型客户，他们通常对价格高度敏感，并且在购车时会进行详细的比较和选择。因此，汽车企业可以通过以下几个方面来提升交易型客户的价值：

①提供有竞争力的价格策略：通过市场调研和成本分析，制定具有吸引力的价格策略，确保在同类车型中具备价格优势。例如，可以推出特价车型、限时优惠等活动，吸引交易型客户的关注。

②强化线上购车体验：建立完善的线上购车平台，提供详细的车型信息、价格比较工具、在线咨询服务等，使交易型客户能够便捷地获取所需信息并完成购车流程。

③优质的售后服务保障：虽然交易型客户可能更注重价格，但优质的售后服务同样是吸引他们的重要因素，如提供快速响应的维修服务、便捷的保养预约、合理的维修费用等，能够增强交易型客户的购车信心和满意度。

（2）对于关系型客户，他们更看重与汽车企业的长期合作关系和个性化的服务体验。因此，汽车企业需要更加注重从以下几个方面来提升关系型客户的价值：

①建立全面的客户关系管理系统：通过数据分析和客户调研，深入了解关系型客户的需求、偏好和购车历史，为他们提供定制化的购车方案、个性化的服务体验和持续的关怀。

②提供高端的增值服务：如专属的客户经理服务、定期的车辆保养提醒、免费的道路救援服务、优先参加品牌活动等，让关系型客户感受到尊贵和独特的待遇。

③强化品牌忠诚度：通过持续的品牌传播、口碑营销和客户推荐计划等，增强关系型客户对品牌的认同感和忠诚度。例如，可以推出积分奖励计划或会员制度，鼓励客户再次购车或推荐新客户。

【典型案例】

王老板的"心计"经营

王老板经营着一家杂货铺。他发现,有些客户只关心价格,而另一些则更看重信任和关系。价格敏感的客户虽然多,但利润低;而关系型客户虽然少,却带来高利润。为了更好地经营,王老板决定识别并重视这些有价值的客户。他通过记录客户的消费习惯和折扣情况,成功区分了这两类客户,并针对不同类型的客户制定了相应的营销策略。对于最有价值的客户,他提供了个性化服务以维持良好关系;对于潜力客户,他通过优惠活动吸引他们的注意;而对于价值逐渐降低的客户,他则选择放手。通过这些措施,王老板的杂货铺生意兴隆,赢得了村民们的信赖和好评。

动画
王老板的
"心计"经营

3. 潜在客户的识别

在汽车销售行业中,准确地判断客户的购买欲望和购买能力有助于了解客户的真实需求,还能为销售人员制定针对性的销售策略,提高成交率。以下是对客户购买欲望和购买能力的详细分析:

1)准确判断客户购买欲望

(1)对汽车品牌的关注程度:客户对特定汽车品牌的关注程度可以反映他们对购买的期望和需求。销售人员可以通过了解客户对各品牌的了解程度,从而了解他们的喜好,推荐更符合他们需求的汽车品牌。

(2)对汽车性能的关心程度:客户对汽车性能的关注程度,如加速、制动、油耗等,可以反映他们对汽车的实际需求。销售人员应根据客户的需求,为他们提供性能优越的汽车。

(3)对汽车价格的敏感度:客户对汽车价格的敏感度可以反映他们的购买能力和预算范围。销售人员应根据客户的预算,推荐适合他们的车型和优惠政策。

(4)对汽车服务的期望:客户对购车后服务的期望,如售后服务、保修政策等,可以反映他们对购买体验的关注。销售人员应确保为客户提供优质的服务,提高客户满意度。

(5)对购车环境的信任度:客户对购车环境的信任度,如销售人员的专业水平、店面设施等,可以影响他们的购买决策。销售人员应提升自身专业素养,打造舒适的购车环境,提高客户的信任度。

2)准确判断客户购买能力

(1)信用状况:通过了解客户的职业、收入来源等状况,可以判断他们是否有足够的支付能力。销售人员应关注客户的信用状况,确保他们能够按时支付购车款项。

(2)购车预算:通过询问客户购车预算,可以了解他们的购买能力范围。销售人员应根据客户的预算,为他们推荐合适的汽车型号。

(3)付款方式:了解客户是一次性付款还是分期付款,以及首期金额的多少,可以进一步判断他们的购买能力。销售人员应根据客户的付款方式,为他们提供相应的金融方案。

通过以上对客户购买欲望和购买能力的判断，销售人员可以准确把握客户的购车需求，制定针对性的销售策略，为客户提供优质的购车体验，从而赢得客户的信任和满意。

【典型案例】

李掌柜与旅行商人的合作传奇

在繁华小镇的一隅，李掌柜的杂货铺犹如一颗璀璨的明珠，以其卓越的品质和温馨的服务赢得了百姓的青睐。某日，一位身着华服、神态不凡的陌生人踏入店内，他的目光在琳琅满目的商品间流转，显露出难以掩饰的兴趣。李掌柜瞬间洞悉了这位客户的潜在价值，他主动上前攀谈，用诚挚的态度和专业的见解赢得了陌生人的信赖。经过一番深入交流，李掌柜了解到这位陌生人是一位周游列国的商人，正在寻找值得信赖的合作伙伴。李掌柜凭借敏锐的市场洞察力和卓越的商业智慧，为这位旅行商人量身定制了一套合作方案，成功地将他转化为自己的长期客户。自此，李掌柜与旅行商人携手共进，共同探索市场的无限可能，不仅使杂货铺声名远扬，也为旅行商人开辟了崭新的商业天地。这段佳话传颂千古，成了商业合作中发掘潜在客户、实现共赢的经典范例。

课后测试

【选择题】

1. 客户关系管理的主要目标是什么？（   ）
   A. 提高客户满意度   B. 降低客户投诉率
   C. 识别有价值的客户   D. 提升销售业绩
2. 在客户关系管理中，以下哪类客户带来的利润最高？（   ）
   A. 交易型客户   B. 关系型客户
   C. 高价值关系型客户   D. 潜力客户
3. 王老板通过哪些方式成功识别并区分了不同类型的客户？（   ）
   A. 通过客户消费习惯   B. 通过市场调查
   C. 通过客户关系管理系统   D. 通过员工经验判断
4. 在客户关系管理中，以下哪个因素对于识别有价值的客户最重要？（   ）
   A. 客户购买频率   B. 客户购买总金额
   C. 客户反馈和评价   D. 客户社交媒体互动
5. 下列哪些是潜在客户的特点？（   ）
   A. 可能需要产品或服务
   B. 对品牌有忠诚度
   C. 正在购买或考虑购买产品或服务

D. 对价格敏感度高

【判断题】
1. 所有客户对企业的利润贡献都是相同的。（　　）
2. 交易型客户只关心商品价格，不关心供应商的可靠性。（　　）
3. 识别潜在客户是客户关系管理的重要环节。（　　）
4. 经营性组织机构可以通过研究潜在客户来降低经营风险。（　　）
5. 建立良好的客户关系可以有效提高客户满意度和忠诚度。（　　）

【填空题】
1. 在客户关系管理中，企业需要识别出_____和_____两类客户。
2. 关系型客户可以进一步细分为_____、_____和_____三类。
3. 对于企业来说，_____型客户带来的利润更高。
4. 潜在客户是指_____，他们可能需要产品或接受服务。
5. 研究潜在客户的意义在于连接市场营销和销售管理的_____，有助于经营性组织机构有针对地开展_____，是识别市场机会的关键和前提，以及实施_____的客户满意经营策略。

项目 2　挖掘与招揽客户

项目概述

在企业的运营生态中，客户流失是一个不可回避的现象。客户的流失，不仅会对企业的商品市场占有率和销量产生直接冲击，同时也会对企业信誉和产品口碑产生深远的负面影响。我们必须正视这一现象，将其作为评估企业健康发展的重要指标，更提供了一个客观的视角，揭示了企业客户保留能力的真实状况。任何企业都难以确保所有客户始终保持忠诚，这也是客户流失存在的根本原因。因此，如何有效降低客户流失率，是每一家企业都必须认真对待和解决的重大问题。

学习目标

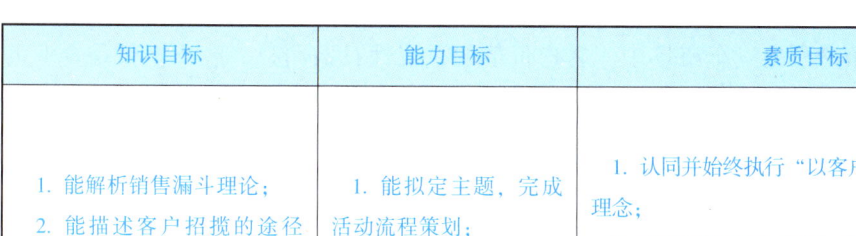

知识目标	能力目标	素质目标
1. 能解析销售漏斗理论； 2. 能描述客户招揽的途径与模式； 3. 能说明客户获取的基本流程与方法； 4. 能描述客户沟通话术设计的要点	1. 能拟定主题、完成活动流程策划； 2. 能据相关信息，设计主题活动招揽策略； 3. 能选择合理方法，完成主题活动招揽方案的设计与执行	1. 认同并始终执行"以客户为中心"的服务理念； 2. 有良好的环保、服务、质量意识和社会责任感； 3. 有较强的沟通表达能力、创新能力和协作能力； 4. 对品牌忠诚度高，发现、分析和解决问题的能力强

学习笔记

学习框架

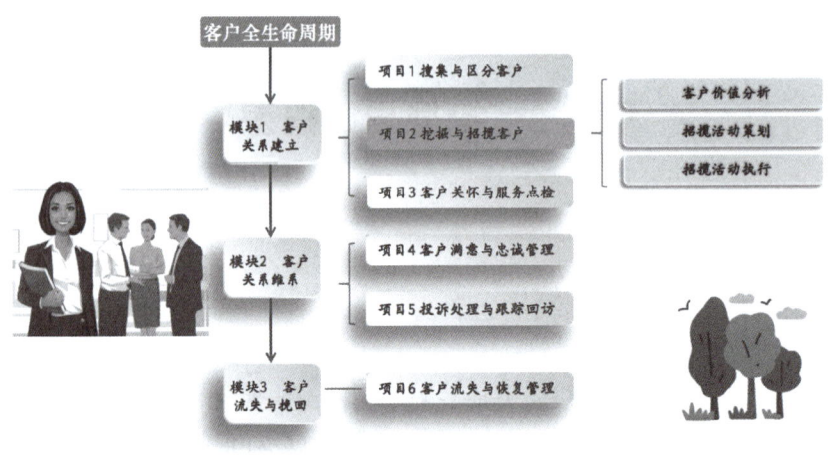

```
客户全生命周期
    │
    ├── 模块1 客户关系建立 ──┬── 项目1 搜集与区分客户
    │                    ├── 项目2 挖掘与招揽客户 ──┬── 客户价值分析
    │                    │                      ├── 招揽活动策划
    │                    │                      └── 招揽活动执行
    │                    └── 项目3 客户关怀与服务点检
    │
    ├── 模块2 客户关系维系 ──┬── 项目4 客户满意与忠诚管理
    │                    └── 项目5 投诉处理与跟踪回访
    │
    └── 模块3 客户流失与挽回 ── 项目6 客户流失与恢复管理
```

任务2-1 客户价值分析

任务背景

在当今竞争激烈的汽车市场中，客户价值的重要性日益凸显。客户不仅是企业的重要资产，更是企业持续发展的关键因素。因此，汽车企业需要深入了解客户的价值和需求，提供更符合客户期望的产品和服务，以赢得客户的信任和忠诚度，同时加强客户关系管理，优化营销策略，不断提升企业的竞争力和市场地位。

客户为企业提供的价值

从企业视角看：
客户价值即客户关系价值，是客户带给企业的利润最大化，是企业通过发展、培养和维持与客户的特定关系，由客户带给企业的一组利益

企业为客户提供的价值

从客户视角看：
客户价值即客户让渡价值，是客户期望从某一个特定的产品或服务中获得的一组利益及其在评估、获得及使用该产品和服务时引起的预计费用之差

任务描述

某品牌汽车企业与另一集团公司达成了战略合作，趁此机会，如何将这个合作伙伴的员工转化为该汽车品牌的客户？我们需要对该企业不同层级的员工进行客户价值分析，判断哪些员工可以作为核心客户发展，从而确认客户的价值。

任务准备

（一）课前热身

企业评估客户对企业的价值贡献会采用相应的分析方法。通过对客户行为、需求、偏好等方面的数据进行收集、整理和分析，以确定客户的当前价值和潜在价值，从而为企业制定营销策略和客户关系管理提供重要依据。如何进行客户价值分析？请通过扫描二维码，观看"客户价值分析"系列微课。

微课
客户价值分析

（二）任务分析

1. 数据收集与整理

需要收集合作伙伴公司不同层级员工的购车需求、消费习惯、购买能力等相关数据，这可以通过问卷调查、面对面访谈等方式进行。同时，也需要了解该品牌汽车的产品特性、价格定位、市场占有率等信息。

2. 客户价值分析

根据收集到的数据，可以对不同层级的员工进行客户价值分析。具体而言，可以计算出每个员工的购买潜力、购买意愿、忠诚度等指标，以确定其潜在客户的价值。

3. 核心客户筛选

根据客户价值分析结果，筛选出具有较高客户价值的员工，作为核心客户发展对象。这可以基于购买潜力、购买意愿、忠诚度等多个因素进行综合评估。

4. 制定营销策略

针对不同层级的员工，制定相应的营销策略，以促进他们转化为该品牌汽车的客户。例如，对于高级管理层员工，可以提供定制化的专属服务，如 VIP 接待、私人订制等；对于基层员工，可以提供更具竞争力的价格、实用的产品功能等优惠政策。

5. 实施营销活动

通过线上线下渠道，开展有针对性的营销活动。例如，举办汽车展示活动、推出特价促销政策、提供金融分期付款等方案，以吸引合作伙伴公司的员工前来了解和购买该品牌汽车。

任务实施

根据任务描述，对照下方的要求完成"客户价值分析表"任务。

步骤一：客户消费次数分析表

提示：

（1）需要收集并整理客户的消费数据，确保数据的准确性和完整性。

（2）根据消费日期和消费项目统计每个客户的消费次数，并进行分析，找出消费次数较高和较低的客户群体。将分析结果以直观的表格或图表形式呈现出来，以便决策者能够快速了解客户的消费习惯。

项目	$F=1$ 次	$F=2$ 次	$F=3$ 次	$F=4$ 次	$F\geq 5$ 次	行合计与占比	
						合计	占比
示例	20 人次	12 人次	6 人次	4 人次	3 人次	45 人次	××%
$R\leq 15$ 天							
15 天 $<R\leq 30$ 天							
30 天 $<R\leq 90$ 天							
90 天 $<R\leq 180$ 天							
180 天 $<R\leq 360$ 天							
列合计与占比 合计							
列合计与占比 占比							100%

步骤二：客户消费金额分析表

提示：

（1）在实施客户消费金额分析表的过程中，需要进行数据清洗和整理，确保数据的准确性和完整性，并去除异常值和缺失值。

（2）统计每个客户的消费金额，并进行深入的分析，比较不同客户群体的消费金额，找出高价值客户和潜在客户。将分析结果以直观的方式呈现，便于决策者快速了解客户的消费能力和购买偏好。

项目	$F=1$ 次	$F=2$ 次	$F=3$ 次	$F=4$ 次	$F\geq 5$ 次	行合计与占比	
						合计	占比
示例	200 元	320 元	250 元	280 元	150 元	1 200 元	××%
$R\leq 15$ 天							
15 天 $<R\leq 30$ 天							
30 天 $<R\leq 90$ 天							
90 天 $<R\leq 180$ 天							
180 天 $<R\leq 360$ 天							
列合计与占比 合计							
列合计与占比 占比							100%

步骤三：客户等级分析表

提示：

（1）收集并整理客户的消费数据和基本信息，确保数据的准确性和完整性。

（2）根据消费次数和消费金额制定客户忠诚度评分标准，将客户分为 H、A、B、C、D 等级，然后将分析结果以直观的表格或图表形式呈现，便于决策者快速了解客户价值和忠诚度。

（3）针对不同等级的客户制定个性化的营销策略和服务标准，提升客户满意度和忠诚度。

象限	等级	客户名称	客户维系措施
01～05	H		
06～10	A		
11～15	B		
16～20	C		
21～25	D		

备注：H级客户：是企业的重要客户，他们消费能力强，需求稳定，对企业的产品和服务有很高的忠诚度。他们通常会为企业带来较大的利润，是企业需要重点维护和关注的客户。

A级客户：也是企业的优质客户，他们有一定的消费能力和需求，对企业的产品和服务比较满意，忠诚度较高。企业需要与他们保持良好的关系，不断满足他们的需求和期望。

B级客户：需求和忠诚度相对较低，但他们具有一定的消费能力，是企业的重要目标客户。企业需要通过市场推广和营销策略来吸引他们，提高他们的消费频次和消费金额。

C级客户：消费能力较弱，需求不稳定，忠诚度较低。企业需要通过提供优质的产品与服务来提高他们的满意度和忠诚度。

D级客户：没有明显的消费需求或者消费需求较少，对企业的产品和服务不感兴趣。企业需要制定相应的策略来吸引他们的关注和需求，提高他们的潜在价值。

步骤四：RFM分析低限对应表

提示：

在实施RFM分析低限对应表时，可以根据企业的实际情况和需求，设定每个指标的低限值。

项目	$F=1$次	$F=2$次	$F=3$次	$F=4$次	$F\geq 5$次
$R\leq 15$天					
15天$<R\leq 30$天					
30天$<R\leq 90$天					
90天$<R\leq 180$天					
180天$<R\leq 360$天					

备注：RFM分析是一种常用的客户价值分析方法，通过分析客户的购买行为数据来评估客户的价值和潜在价值。其中，R代表最近一次消费时间间隔（Recency），F代表消费频率（Frequency），M代表消费金额（Monetary）。

步骤五：客户价值预测

提示：根据客户价值分析结果，写出价值提升的方法、策略和建议。

步骤六：汇报"客户价值分析表"任务

任务背景信息

序号	客户	购买信息
1	客户A	消费次数：5次； 消费金额：10 000元； 客户等级：B。 反馈：客户对4S店的服务态度非常满意，认为维修技师非常专业，能够快速解决问题。同时，对4S店提供的配件质量也给予了高度评价
2	客户B	消费次数：10次； 消费金额：20 000元； 客户等级：A。 反馈：客户认为4S店的服务质量非常高，每次维修和保养都按时完成，而且价格合理。客户还特别提到，4S店的员工非常热情，总是能够提供及时的服务
3	客户C	消费次数：15次； 消费金额：30 000元； 客户等级：C。 反馈：客户对4S店的维修技术非常信任，认为维修技师非常专业。同时，对4S店提供的保养套餐也给予了高度评价，认为套餐内容丰富，价格合理

续表

序号	客户	购买信息
4	客户 D	消费次数：20 次； 消费金额：40 000 元； 客户等级：D。 反馈：客户对 4S 店的服务非常满意，认为维修技师非常专业，能够快速解决问题。同时，对 4S 店提供的配件质量也给予了高度评价。客户还特别提到，4S 店的售后服务非常到位，总是能够及时解决问题
5	客户 E	消费次数：25 次； 消费金额：50 000 元； 客户等级：H。 反馈：客户对 4S 店的服务非常满意，认为维修技师非常专业，能够快速解决问题。同时，对 4S 店提供的配件质量也给予了高度评价。客户还特别提到，4S 店的员工非常热情，总是能够提供及时的服务。客户表示将继续在 4S 店进行维修和保养服务
6	客户 F	消费次数：2 次； 消费金额：4 000 元； 客户等级：C。 反馈：客户对 4S 店的服务态度表示一般，认为维修技师能够解决问题，但服务速度不够快
7	客户 G	消费次数：3 次； 消费金额：6 000 元； 客户等级：B。 反馈：客户对 4S 店的服务质量表示一般，认为价格稍高，但服务内容基本满足需求
8	客户 H	消费次数：12 次； 消费金额：24 000 元； 客户等级：A。 反馈：客户对 4S 店的维修技术非常信任，认为维修技师非常专业。同时，对 4S 店提供的保养套餐也给予了高度评价，认为套餐内容丰富，价格合理。客户还特别提到，4S 店的售后服务非常到位，总是能够及时解决问题
9	客户 I	消费次数：5 次； 消费金额：10 000 元； 客户等级：B。 反馈：客户对 4S 店的服务态度非常满意，认为维修技师非常专业，能够快速解决问题。同时，对 4S 店提供的配件质量也给予了高度评价。客户还特别提到，4S 店的员工非常热情，总是能够提供及时的服务
10	客户 J	消费次数：10 次； 消费金额：20 000 元； 客户等级：A。 反馈：客户认为 4S 店的服务质量非常高，每次维修和保养都按时完成，而且价格合理。客户还特别提到，4S 店的员工非常热情，总是能够提供及时的服务。同时，对 4S 店提供的配件质量也给予了高度评价

任务评价

小组指派代表汇报本小组工单完成情况及展示成果,并完成客户价值分析任务评价表2-1-1。

表2-1-1 客户价值分析任务评价表

评定指标		权重	评价				
			第1组	第2组	第3组	第4组	第5组
总体评价	1. 客户消费次数/金额的统计和分析	5					
	2. 客户等级的统计和分析	7					
	3. 根据RFM模型,确定客户的低限值	15					
	4. 预测客户的潜在价值	8					
	5. 汇报客户分级管理方案设计成果表现(展示风采、清晰传达)	5					
过程评价	1. 计划完整,准备充分,执行有序	3					
	2. 相关信息、数据记录完整、整洁	4					
	3. 介绍话术合理、恰当	7					
	4. 言行举止规范到位	4					
	5. 能抓住任务内容的关键	7					
	6. 对任务内容分析全面、合理	7					
	7. 小组分工合理,合作能力强	7					
合计							
主要收获	(本组在本任务训练过程中的主要收获或经验)						
问题与建议	(本组在任务完成过程中所遇到的问题、原因分析及改进建议)						

> 知识链接

(一) 客户价值的定义

客户价值是衡量企业市场竞争力和盈利能力的重要指标，它涵盖了客户的购买行为、忠诚度、口碑等多个方面。在当今竞争激烈的市场环境中，深入了解和提升客户价值，已成为企业发展的关键所在。

【典型案例】

铁匠张的剑之约

在古代的一个小村庄里，有一位名叫张铁匠的铁匠，他以打造精良的铁器而闻名，尤其是他锻造的剑，被誉为村里的"神兵利器"。

有一天，一位富有的商人来到了张铁匠的店铺。这位商人希望张铁匠为他打造一把与众不同的剑，这不仅是一份订单，更是对他技艺的极高赞誉。张铁匠非常认真地听取了商人的需求，他明白商人需要一把不仅锋利而且有特殊图腾的剑。这需要他精心挑选最佳的铁材，并倾注全部的心血与技艺。他开始锻造剑身，每一次锤击都充满力量与节奏感。经过无数次的锤炼和打磨，剑身逐渐成形。在剑身上，张铁匠精心雕刻上了商人指定的图腾，使之充满神秘与力量。

动画
铁匠张的剑之约

当商人拿到这把剑时，他被剑的锋利和光泽深深吸引。他拔出剑来试了试，感受到剑身的力量与锋利。他对张铁匠的工艺及其对服务的细致关怀表示由衷的赞赏。商人不仅支付了高昂的报酬，还向周围的乡亲们推荐了张铁匠的铁器。这个消息迅速传开，人们纷纷称赞张铁匠的专业技术和对客户的真诚关怀。

随着时间的推移，越来越多的客户开始光顾张铁匠的店铺。他的生意越来越红火，名声也越来越大。张铁匠始终坚持着对每一件作品的严格要求，用他的技艺和真诚赢得了客户的信任和支持。

1. 客户价值体现在购买行为上

客户的购买行为直接影响着企业的销售额和市场份额。企业通过分析客户的购买偏好、消费习惯等，可以精准地推出符合客户需求的产品和服务，从而提高客户的购买意愿。此外，企业还可以通过调整定价策略、营销手段等，刺激客户的购买欲望，进一步提升客户价值。

2. 客户忠诚度是客户价值的重要组成部分

忠诚度是指客户对企业的信任、支持和良性体验的程度。高度忠诚的客户不仅会为企业带来持续的订单，还会为企业口碑的传播起到关键作用。通过提供优质的产品和服务、完善售后体系、积极参与客户互动等方式，可以不断提升客户的忠诚度，进而提高客户价值。

3. 客户口碑也是客户价值的重要体现

良好的口碑能够为企业带来更多的潜在客户，提高企业的市场知名度和美誉度。企业通过优质的产品和服务、创新的营销活动、积极的公共关系等途径，可以引导客户产生正面的口碑传播，从而提升客户价值。

（二）客户价值的要素

客户价值分析的要素主要包括客户的当前价值、潜在价值和成长价值。

1. 客户的当前价值

客户的当前价值是指客户当前给企业带来的实际利润。这部分价值可以通过分析客户的购买历史、购买频率、购买金额等数据来评估。客户的购买历史可以帮助企业了解客户的消费习惯和偏好，购买频率可以反映客户的忠诚度，购买金额则直接影响了企业的营收。通过对这些数据的分析，企业可以更准确地把握客户的价值，从而制定出更有针对性的营销策略。

2. 客户的潜在价值

客户的潜在价值是指客户未来可能为企业带来的利润。这部分价值可以通过分析客户的需求、偏好、行为等数据来预测。客户的需求和偏好是动态变化的，企业需要时刻关注并作出响应。通过对客户需求的预测，企业可以提前布局市场，抢占先机。同时，针对客户的个性化需求，提供定制化的产品和服务，也有助于提升客户满意度，从而提高客户的潜在价值。

3. 客户的成长价值

客户的成长价值是指随着客户需求的不断变化和市场的不断发展，客户未来可能为企业带来的增长性利润。这部分价值可以通过分析市场趋势、客户需求变化等数据来预测。在市场变化日新月异的今天，企业需要具备敏锐的市场洞察力，捕捉到市场和客户需求的变化。通过对市场趋势和客户需求的预测，企业可以提前调整战略，抓住发展机遇，实现持续增长。

总的来说，客户的价值不仅仅体现在当前的购买力上，更在于未来的潜力和成长性。企业应当充分挖掘客户的当前价值、潜在价值和成长价值，从而实现客户价值的最大化。通过对客户价值的深度挖掘，企业可以在竞争激烈的市场中脱颖而出，实现可持续发展。同时，企业还应关注客户的满意度、忠诚度和口碑，这些都是提升客户价值的重要因素。在客户价值管理的过程中，企业需要不断调整和优化战略，以适应市场和客户的变化。只有这样，企业才能在激烈的市场竞争中立于不败之地，实现基业长青。

（三）客户关系与企业价值

客户关系是企业发展的基石，它对企业价值的影响至关重要。客户关系管理得好，企业就能在激烈的市场竞争中立于不败之地。客户关系具有以下三个方面的价值：

1. 企业利润的主要源泉

客户是企业利润的创造者，企业通过为客户提供优质的产品和服务，满足客户需求，从而实现盈利。维护良好的客户关系，有助于提高客户的满意度和忠诚度，进而提高企业的盈利能力。

2. 对抗激烈竞争的主要利器

在市场竞争日益激烈的今天，客户关系成为企业核心竞争力的重要组成部分。拥有稳定、庞大的客户群体，企业才能在竞争中站稳脚跟，不断拓展市场份额。

3. 具有聚客效应、口碑效应和重要信息的价值

客户关系不仅可以帮助企业吸引新客户，还能通过客户的口碑传播，提高企业的知名度和美誉度。同时，良好的客户关系还能为企业提供宝贵的市场信息和竞争情报，为企业决策提供依据。

（四）客户价值的预测

在当今商业环境中，客户价值预测已成为企业竞争力的重要体现。预测客户价值不仅有助于企业更好地了解客户需求，而且还能够为企业的市场营销、产品研发和客户服务等方面提供有力支持。

1. 客户价值预测的内涵

客户价值预测，顾名思义，就是通过对客户的消费行为、属性特征等数据进行分析，预测客户在未来一段时间内为企业带来的收入、利润等价值。客户价值预测的核心目标是识别出高价值客户，以便企业能够有针对性地开展市场营销活动，提高客户满意度和忠诚度。

2. 客户价值预测的方法

客户价值预测的方法主要包括以下几种：

（1）统计方法：通过收集历史数据，运用回归分析、时间序列分析等统计方法对客户价值进行预测。通过收集客户的历史消费数据，运用回归分析和时间序列分析等统计方法，预测客户的未来消费行为和价值。例如，企业可以分析客户的维修记录、购买配件的频率和金额等数据，预测客户的维护需求和潜在的购买意向，从而制定更精准的服务和营销策略。

（2）机器学习方法：利用人工智能技术，如决策树、支持向量机、神经网络等算法，对客户价值进行预测。机器学习技术可以用于预测客户的车辆维修需求和预测客户的行为模式。例如，利用决策树算法，企业可以根据客户的车辆类型、使用习惯和维修历史等信息，预测客户是否需要进行特定的维修或保养。此外，利用支持向量机算法，企业可以识别潜在的故障模式，为客户提供预警服务。

（3）深度学习方法：借助深度神经网络、卷积神经网络等深度学习模型，对客户价值进行预测，可以处理大量的车辆数据和客户数据，以识别出更复杂的模式和关系。例如，企业可以利用卷积神经网络对客户的驾驶行为和车辆使用数据进行深度分析，预测客户的驾驶习惯和潜在的故障模式。此外，深度神经网络可以用于图像识别，帮助企业快速、准确地识别车辆的故障部位和零件状态。

（4）贝叶斯方法：基于贝叶斯定理，结合先验概率和后验概率进行客户价值预测，帮助企业更好地理解和预测客户的维修需求。通过建立贝叶斯模型，企业可以将先验知识和新收集的数据结合起来，不断更新客户需求的概率分布。这种方法可以帮助企业更准确地预测客户的维修需求，并制定相应的服务策略。

（5）组合方法：汽车服务企业可以将多种预测方法进行组合，以提高预测准确性和稳定性例如，企业可以将基于统计方法的预测模型与机器学习模型进行集成，或者将机器学习模型与深度学习模型进行结合。通过综合利用不同方法的优点，企业可以更全面地了解客户的需求和行为模式，从而提供更精准的服务。

3. 客户价值预测的应用

客户价值预测在企业运营中具有广泛的应用场景，包括：

（1）市场营销：在竞争激烈的市场环境中，客户价值预测为企业提供了一种有效的方法。通过分析客户的价值，企业可以针对高价值客户制定有针对性的市场营销策略，提高客户转化率和投资回报率（ROI）。此外，这也有助于企业更好地了解客户需求，进一步优化市场营销活动，提升市场占有率。

（2）客户关系管理：客户关系管理是企业发展的核心要素。利用客户价值预测，企业可以对客户进行精细化管理，根据客户价值进行分群，为不同价值的客户提供个性化服务。这不仅有助于提高客户满意度和忠诚度，还能有效降低客户流失率，为企业创造更多价值。

（3）产品研发：客户价值预测在产品研发环节也发挥着重要作用。企业可以通过客户价值预测了解客户需求，从而优化产品设计，提高产品市场竞争力。此外，根据客户价值预测，企业还可以调整产品定价策略，实现产品价值的最大化。

（4）风险控制：客户价值预测在风险控制方面同样具有显著作用。企业可以通过客户价值预测，识别潜在风险客户，提前采取措施，降低不良资产风险。这有助于企业保持稳健经营，降低信用风险损失。

（5）销售预测：客户价值预测在销售预测方面具有较高的准确性。借助客户价值预测，企业可以更准确地预测未来销售情况，合理安排生产和库存，降低库存成本。同时，这也有助于企业制定更为合理的销售策略，提升市场份额。

（五）客户生命周期

在商业世界中，企业与客户之间的关系如同一场马拉松，充满了起伏与挑战。客户生命周期，即客户从认识到成为忠实拥趸的过程，揭示了这种关系的演变。

1. 相识：潜在客户阶段

在这个阶段，企业需要通过各种渠道吸引潜在客户的注意力。这包括品牌宣传、线上线下活动、口碑传播等。企业应把握目标客户的需求和痛点，精准推送相关产品或服务。此外，搭建完善的客户关系管理系统（CRM）也非常重要，以便后续跟进和转化。

2. 了解：认知阶段

在这个阶段，企业需要通过与客户互动，让他们更深入地了解产品或服务。这可以通过提供详细的产品介绍、举办体验活动、专业咨询服务等方式实现。在此过程中，企业要展示出真诚和专业的态度，解答客户的疑问，建立信任感。

3. 尝试：体验阶段

客户在认知阶段产生兴趣后，企业需要提供试用、体验的机会，让他们亲自感受到产品或服务的优势。这不仅可以增强客户的信心，还能为企业收集宝贵的反馈，以便持续优化产品和服务。在这个阶段，企业要关注客户的使用体验，确保他们感受到贴心和关怀。

4. 信任:转化阶段

当客户对产品或服务产生信任后,他们便会考虑购买。企业需要在此时提供便捷的购买渠道、优惠政策和个性化的定制服务,以提高转化率。此外,客户关怀和售后服务也至关重要,它们有助于巩固客户信任,为企业带来持续的口碑传播。

5. 忠诚:持续消费阶段

在客户成为忠实客户后,企业仍需不断努力,维护良好的关系,这包括提供优质的产品和服务、关注客户需求、推出专属活动等。同时,企业要重视客户反馈,及时解决潜在问题,确保客户满意度。在这个阶段,企业可以充分发挥客户价值,实现共赢。

6. 传播:推荐阶段

忠诚客户往往愿意为企业的产品或服务代言,将良好体验分享给身边的朋友和家人。企业应充分利用这一资源,邀请客户参与活动、分享优惠券等,扩大品牌影响力。同时,通过数据分析,挖掘潜在客户,不断壮大忠诚客户队伍。

客户生命周期管理的目的是实现客户价值的最大化,关键在于把握各个阶段的特点,为客户提供精准、贴心的服务。通过优化客户体验,提升客户满意度,企业可以实现客户关系的持续深化,最终赢得客户的忠诚和口碑。在这个过程中,企业要始终关注市场动态,紧跟消费者需求,以期在激烈的市场竞争中立于不败之地。

(六) 客户让渡价值

企业通过提供优质的产品和服务,使得客户愿意放弃其他选择,从而为企业创造价值。这种价值来源于客户对产品的需求、对品牌的信任以及对服务的满意度。客户让渡价值是企业获得竞争优势的关键,也是衡量企业经营成果的重要指标。

【典型案例】

铁匠铺的秘密

在遥远的古代,有个名叫张铁匠的小伙子,他的手艺在村子里可是响当当的。他的铁匠铺里总是热火朝天,敲打声、淬火声此起彼伏,而他对每位顾客的关心更是远近闻名。

有一天,一个武士风尘仆仆地走进他的铺子,希望订制一把独一无二的剑。张铁匠听后,双眼放光,他知道这把剑不仅要锋利得能削铁如泥,还要能满足武士的各种需求。

动画
铁匠铺的秘密

他立刻挑选出最上乘的铁材,开始精心打造,每一次的锤击都充满了力量,每一次的打磨都倾注了心血。但当他仔细审视剑身时,发现了一些微小的瑕疵。他知道这些瑕疵可能会影响到剑的品质,于是他毫不犹豫地拿起工具,一丝不苟地修复每一个小问题。

当这把剑终于大功告成时,它的锋利和光泽让武士赞不绝口。他试着挥舞了几下,感受到剑身的力量与锋利。他对张铁匠的专业技术和对产品的细致关怀表示由衷的赞赏。

不仅如此，张铁匠还特别细心地注意到武士经常长途跋涉，于是他特地为剑柄设计了舒适的手柄，让武士长时间持剑也能轻松自如。他还为这把剑配备了一个精致的剑鞘，既美观又防尘防水。

这些贴心的服务让武士深受感动，他成了张铁匠最忠实的顾客。这个消息迅速传开，人们纷纷称赞张铁匠的专业技术和对客户的真诚关怀。张铁匠的名声越来越响亮，不仅吸引了本村的顾客，还吸引了其他地区的顾客前来定制铁器。

张铁匠的成功并非偶然，他的精湛技艺和对客户至上理念的执着追求是关键。他始终坚持提供优质的产品和关怀，让每一位顾客都感受到被重视和珍视。他的名声和成就并非一蹴而就，而是经过无数次的锤炼和努力得来的。

1. 客户让渡价值的内涵

（1）产品价值：产品是企业与客户之间价值交换的载体，客户之所以选择企业的产品，是因为企业提供的产品能够满足其需求，具有较高的性价比。产品价值体现在产品的品质、功能、外观等方面，这些都是客户在购买决策时所关注的。

（2）品牌价值：品牌是企业的无形资产，是客户信任的载体。一个具有高品牌价值的企业，往往能够赢得客户的信任，使其愿意支付更高的价格购买其产品或服务。品牌价值的提升需要企业在市场营销、产品质量、售后服务等方面下功夫。

（3）服务价值：优质的售后服务是企业与客户建立长期合作关系的重要保障。客户在购买产品或服务过程中，享受到周到、专业的服务，会提高其满意度，从而为企业带来持续的收益。

2. 客户让渡价值的实现途径

企业在市场竞争中，通过提供优质产品和服务，使客户感受到实际效益，从而让渡一部分利润给客户，形成客户对企业品牌的忠诚度和口碑。实现客户让渡价值的途径有很多，以下将从四个方面进行详细阐述：优化产品与服务、提升客户体验、强化品牌形象和开展差异化营销。

1）优化产品与服务

（1）持续改进产品性能：企业应不断关注市场动态和客户需求，对产品进行技术创新和优化，提高产品性能，降低使用成本，从而增加客户价值。

（2）提高服务质量：企业应重视客户服务，建立健全服务体系，提高服务水平和响应速度，为客户提供个性化、全方位的解决方案。

2）提升客户体验

（1）客户关系管理：企业应加强对客户关系的管理，定期与客户沟通，了解客户需求和痛点，为客户提供有针对性的建议和帮助。

（2）创新营销方式：运用数字化、智能化手段，精准推送产品和服务，提高客户购买体验。

3）强化品牌形象

（1）品牌定位：企业应明确品牌定位，塑造独特的品牌形象，提高品牌知名度和美誉度。

（2）品牌传播：利用多种渠道和媒体，开展品牌宣传活动，扩大品牌影响力。

4）开展差异化营销

（1）产品差异化：根据市场需求，开发具有特色的产品，满足不同客户的个性化需求。

（2）营销策略差异化：针对不同客户群体，采用差异化的营销策略，提高市场占有率。

3. 客户让渡价值的企业优势

1）提升客户满意度

客户让渡价值的最直接体现就是提升客户满意度。企业通过让渡部分利润或权益，使客户在购买产品或使用服务的过程中感受到实惠，从而增加客户对企业的好感度。客户满意度的高低直接关系到企业的口碑和市场份额，因此，提升客户满意度是企业长久发展的关键。

2）增强客户忠诚度

客户让渡价值有助于培养客户的忠诚度。当客户感受到企业的诚意和实惠时，他们会更加信任和支持企业，从而形成稳定的客户群体。客户忠诚度是企业核心竞争力的重要组成部分，高忠诚度的客户不仅能够为企业带来持续的利润，还能够为企业传播口碑，拓展新客户。

3）促进企业创新

客户让渡价值的企业，为了持续提供更具竞争力的产品和服务，会在内部激发创新活力。企业通过不断优化产品和服务，提高客户满意度，从而在让渡价值中脱颖而出。创新是企业发展的源动力，只有不断创新，才能在激烈的市场竞争中保持领先地位。

4）扩大市场份额

客户让渡价值有助于提高企业的市场占有率。当企业能够为客户带来更多实惠时，自然会吸引更多客户前来购买。此外，通过让渡价值，企业还能够与竞争对手区分开来，形成独特的竞争优势。市场份额的扩大为企业带来了更多的资源和利润，有利于企业的长远发展。

5）优化企业形象

客户让渡价值有助于塑造企业良好的社会形象。企业通过让渡部分利润或权益，展现了关爱客户、以客户为中心的经营理念，这将有助于提高企业在公众心中的地位。良好的企业形象有利于吸引更多客户，同时也有助于企业在招聘、合作等方面获得更多优势。

课后测试

【选择题】

1. 以下哪个因素不属于客户价值分析的要素？（　　）

A. 客户的购买行为　　　　　　B. 客户的年龄

C. 客户的忠诚度　　　　　　　D. 客户的职业

2. 在客户价值分析中，以下哪种方法是通过分析客户的需求和偏好来预测客户的未来价值？（　　）
  A. 趋势分析法　　　　　　　　B. 回归分析法
  C. 机器学习法　　　　　　　　D. 客户细分
3. 在客户价值分析中，以下哪种方法是通过数据分析和挖掘来挖掘客户的价值、行为、偏好等信息？（　　）
  A. RFM 模型　　　　　　　　　B. 数据分析和挖掘
  C. 客户细分　　　　　　　　　D. 马可夫链状态移转矩阵方法
4. 客户价值分析的主要目的是什么？（　　）
  A. 提高客户满意度　　　　　　B. 降低企业成本
  C. 制定有效的营销策略　　　　D. 提高客户忠诚度
5. 以下哪个因素不属于客户价值分析的要素？（　　）
  A. 客户的购买行为　　　　　　B. 客户的年龄
  C. 客户的忠诚度　　　　　　　D. 客户的需求偏好

【判断题】
1. 在客户价值分析中，客户的忠诚度与其生命周期价值成正比。（　　）
2. 在客户价值分析中，数据分析和挖掘是唯一的一种用于评估客户的价值和行为的方法。（　　）
3. 在客户价值分析中，客户的成长价值是指客户为企业带来的增长性利润。（　　）
4. 在客户价值分析中，营销策略和客户关系管理策略的制定无须考虑客户的生命周期价值。（　　）
5. 在客户价值分析中，客户细分的主要目的是制定个性化的营销策略。（　　）

【填空题】
1. 在客户价值分析中，_____是指客户当前为企业带来的利润或价值。
2. 在客户价值分析中，_____是指客户对企业的产品或服务的满意度和信任度。
3. 在客户价值分析中，_____是指企业通过建立马可夫链状态移转矩阵，分析客户在不同状态之间的转移概率，以预测客户的未来状态和价值贡献。
4. 在客户价值分析中，_____是指通过数据分析和挖掘来挖掘客户的价值、行为、偏好等信息。
5. 在客户价值分析中，_____是指通过将客户分成不同的细分群体来制定不同的策略。

【简答题】
1. 简述客户价值分析对企业的重要性。
2. 简述客户价值分析的主要要素。

任务2-2　招揽活动策划

任务背景

在当前的汽车服务市场中，精心策划的招揽活动对于吸引客户、提升品牌影响力和促进业务增长具有不可忽视的作用。通过深入了解目标客户的需求、偏好以及市场趋势，结合企业的独特优势和资源，策划出富有创意和吸引力的活动，可以有效地激发客户的兴趣，引导他们主动了解和体验企业的服务。

序号	程序	担当	对应部门	操作步骤
1	首次保养招揽	客服代表	客服中心	1.客户信息确认 2.首次保养招揽 3.电话预约
2	定期保养招揽	客服代表	客服中心	1.信件、短信、电话招揽 2.电话预约
3	续保招揽	续保专员或客服代表	保险部门客服中心	1.确认续保招揽客户名单 2.电话招揽 3.相关信息记录 4.续保招揽执行日
4	半年未来店客户招揽	客服代表	客服中心	1.确认客户名单 2.电话招揽 3.相关信息记录与传递
5	即将出保修客户招揽	客服代表	客服中心	1.确认招揽客户名单 2.电话招揽 3.相关信息记录与传递
6	主题招揽	客服代表	客服中心	1.确认主题招揽客户名单 2.电话招揽 3.相关信息记录与传递

任务描述

某汽车服务企业的售后进站客户数量近期呈现下降趋势，为了扭转这一趋势并吸引更多的客户，售后部门计划利用即将到来的中秋节节日氛围，开展一次有针对性的售后招揽活动，以提升客户对售后服务的满意度，增强品牌知名度，并促进业务增长。

任务准备

（一）课前热身

企业精心策划招揽活动，能够提升客户体验、促进销售增长，更能吸引潜在客户的关注，加强与客户之间的联系和沟通，了解客户的需求和反馈，从而不断改进产品和服务，建立长期稳定的客户关系。如何进行招揽活动策划？请通过扫描二维码，观看"招揽活动策划"系列微课。

微课
招揽活动策划

项目2　挖掘与招揽客户　71

（二）任务分析

招揽活动策划是为吸引潜在客户并促进他们与品牌或业务建立联系。为实现这一目标，需要考虑多个方面，包括市场分析、目标设定、创意策划、宣传推广、预算规划等。招揽活动策划不仅需要创造力和想象力，还需要严谨的计划和执行力，才能实现最佳的招揽效果。

1. 活动名称与目的

序号	任务	内容
1	活动名称	选择一个具有吸引力和节日氛围的活动名称，例如"中秋佳节，关爱您的爱车"
2	活动目的	明确活动的目标，例如提升客户满意度、增强品牌知名度、促进业务增长等

2. 活动内容设计

序号	任务	内容
1	特色礼物	选择与中秋节相关的特色礼物，如月饼礼盒，以增加节日氛围和客户满意度
2	免费车辆检测	提供全面的车辆检测服务，确保客户车辆的安全和性能
3	优惠维修保养	为客户提供维修保养服务优惠券，鼓励他们在中秋节期间进行保养
4	亲情服务	为每位客户提供一名专属客服，全程跟进客户需求，确保服务质量和满意度

3. 活动策略与计划

序号	任务	内容
1	时间安排	选择一个合适的时间段进行活动，确保活动与中秋节的时间点相匹配，并考虑客户的时间安排
2	目标群体	确定活动的目标客户群体，例如近半年内购买该品牌车辆的客户
3	宣传方案	选择合适的宣传渠道和方式，如官方网站、社交媒体平台、邮件等，确保活动信息的有效传播
4	优惠政策	提供具有吸引力的优惠政策，如维修保养服务折扣、特色月饼礼盒等

4. 资源整合与管理

序号	任务	内容
1	人员安排	确保有足够的员工参与活动，并合理分配任务
2	物资准备	提前采购活动所需的物资，如月饼礼盒、维修保养材料等
3	场地布置	对服务大厅进行适当的布置，营造节日氛围
4	培训与沟通	对员工进行专项培训，确保他们了解活动的流程和内容，并能够提供优质的服务

5. 风险管理与应对措施

序号	任务	内容
1	高峰期客流	提前预测可能的高峰期，做好人员调配和场地安排
2	突发状况	制定应急预案，如车辆故障、服务超时等，确保在突发情况下能够及时处理
3	礼品和优惠券供应	确保礼品和优惠券的数量充足，避免因物资短缺影响活动效果
4	供应商沟通	与供应商提前沟通，确保维修保养材料的充足供应
5	客户投诉处理	设立客户投诉渠道，及时处理客户投诉，提升客户满意度

总结与反馈

在活动结束后，及时总结活动的成果和经验教训，为今后的活动提供参考；收集客户的反馈意见，改进服务质量和客户满意度。对于满意的客户，可以进一步推广该品牌的服务和产品。同时也可以根据活动的成果和反馈意见对工作人员进行培训和提升，提高团队的凝聚力和工作效率。

任务实施

根据任务描述，对照下方的要求完成"招揽活动策划设计表"任务。

步骤一：招揽主题分析

提示：

（1）明确招揽主题分析的目标，是为提升客户满意度、增加客户留存率？还是为提高转化率？

（2）分析不同客户群体的特点和行为模式，探究影响招揽的关键因素。

招揽主题分析：

_____

_____

_____

_____

_____

_____

_____

_____

_____

步骤二：设计招揽活动流程

提示：

（1）在开始设计活动之前，进行市场调研至关重要。了解目标客户的需求、偏好以及市场上的竞争对手，有助于制定更具竞争力的招揽策略。

（2）通过分析过往活动和参与者的行为反馈，设置合理有效的活动流程。

	序号	活动流程	流程设计目的
设计招揽活动流程			

步骤三：设计招揽活动策略

提示：

（1）选择适合目标客户的招揽渠道，包括线上和线下的推广方式，如社交媒体广告、电子邮件营销、线下活动等，确保所选渠道能够覆盖目标客户群体。

（2）创意是招揽活动的关键。考虑通过有趣、引人入胜的内容和形式吸引客户的注意力，利用故事叙述、独特的销售主张或引人入胜的互动体验来增加吸引力。

	序号	活动策略	活动效果
设计招揽 活动策略			

步骤四：汇报"招揽活动策划"任务

任务评价

小组指派代表汇报本小组工单完成情况及展示成果，并完成招揽活动策划任务评价表 2-2-1。

表 2-2-1 招揽活动策划任务评价表

	评定指标	权重	评价				
			第1组	第2组	第3组	第4组	第5组
总体评价	1. 活动目标明确性 （清晰、具体、符合实际）	5					
	2. 活动主题创意性 （有创意、吸引力、兴趣点、关注点）	7					
	3. 活动内容实用性 （满足实际需求、售后服务满意度）	15					
	4. 活动策划细节性 （环节细节、详细执行计划）	8					
	5. 汇报招揽活动策划成果表现 （展示风采、清晰传达）	5					

项目 2 挖掘与招揽客户

续表

评定指标		权重	评价				
			第1组	第2组	第3组	第4组	第5组
过程评价	1. 计划完整，准备充分，执行有序	3					
	2. 相关信息、数据记录完整、整洁	4					
	3. 介绍话术合理、恰当	7					
	4. 言行举止规范到位	4					
	5. 能抓住任务内容的关键	7					
	6. 对任务内容分析全面、合理	7					
	7. 小组分工合理，合作能力强	7					
合计							
主要收获	（本组在本任务训练过程中的主要收获或经验）						
问题与建议	（本组在任务完成过程中所遇到的问题、原因分析及改进建议）						

知识链接

（一）招揽的途径与模式

1. 首次保养招揽

首次保养招揽是针对新购车客户的招揽活动。在客户购车后，企业会主动联系客户，提供首次保养的优惠政策和专业服务，其中包括免费或优惠的首次保养服务，以及专业的技师和设备，以确保客户的新车得到最好的维护和保养。通过首次保养招揽，企业可以吸引新客户到店，建立良好的客户关系，并为后续的维修和保养业务打下基础。如图2-2-1所示。

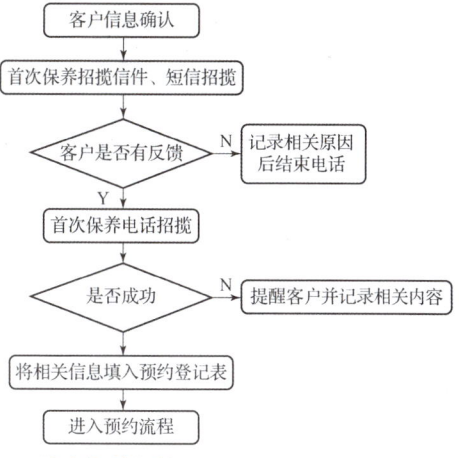

图 2-2-1 首次保养招揽

1）流程

（1）客户购车后，企业通过电话、邮件或短信等方式主动联系客户。

（2）介绍首次保养的优惠政策和专业服务。

（3）安排客户到店进行首次保养，并提供专业的技师和设备。

2）举例：

"尊敬的客户，感谢您选择我们的汽车。为了确保您的爱车得到最好的维护和保养，我们特别为您提供了首次保养的优惠活动。您只需预约到店，我们的专业团队将为您提供一流的服务。期待您的光临！"

2. 定期保养招揽

定期保养招揽是针对已购车客户的招揽活动。企业会定期提醒客户进行保养，并提供相应的优惠措施，鼓励客户回店进行保养，其中包括定期发送保养提醒邮件、短信或电话，提供预约保养的便捷流程，以及针对不同客户群体的优惠促销活动。通过定期保养招揽，企业可以维护与客户的长期关系，提高客户满意度和忠诚度，并确保客户的车辆得到及时的维护和保养。如图 2-2-2 所示。

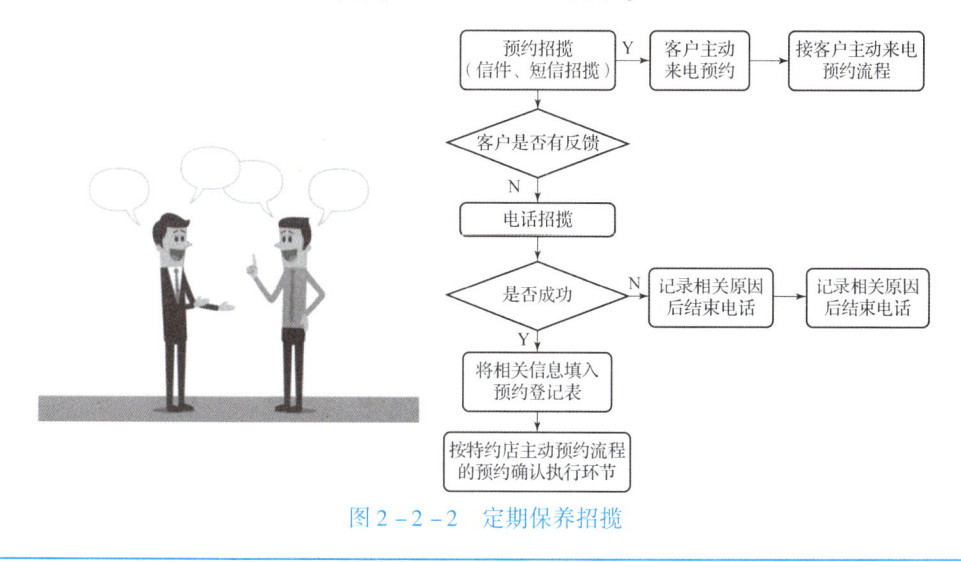

图 2-2-2 定期保养招揽

项目 2　挖掘与招揽客户　77

1) 流程

（1）企业定期向客户发送保养提醒邮件、短信或电话。

（2）提供预约保养的便捷流程，包括在线预约、电话预约等方式。

（3）在客户到店进行保养时，提供相应的优惠措施和服务。

2) 举例

"尊敬的客户，您的车辆已经到保养的时间，为了确保您的爱车始终保持良好的状态，我们提供了定期保养服务。您只需通过我们的在线预约平台预约时间，我们的专业团队将为您提供优质的服务。期待您的光临！"

3. 续保招揽

续保招揽是针对即将到期的车辆保险客户的招揽活动。在客户车辆保险到期前，企业会主动联系客户，提供续保优惠和优质服务，吸引客户选择在店内续保，其中包括专业的保险顾问提供续保建议，提供续保优惠和赠品，以及便捷的续保流程。通过续保招揽，企业可以增加保险业务收入，提高客户满意度和忠诚度，并为客户提供一站式的服务体验。如图2-2-3所示。

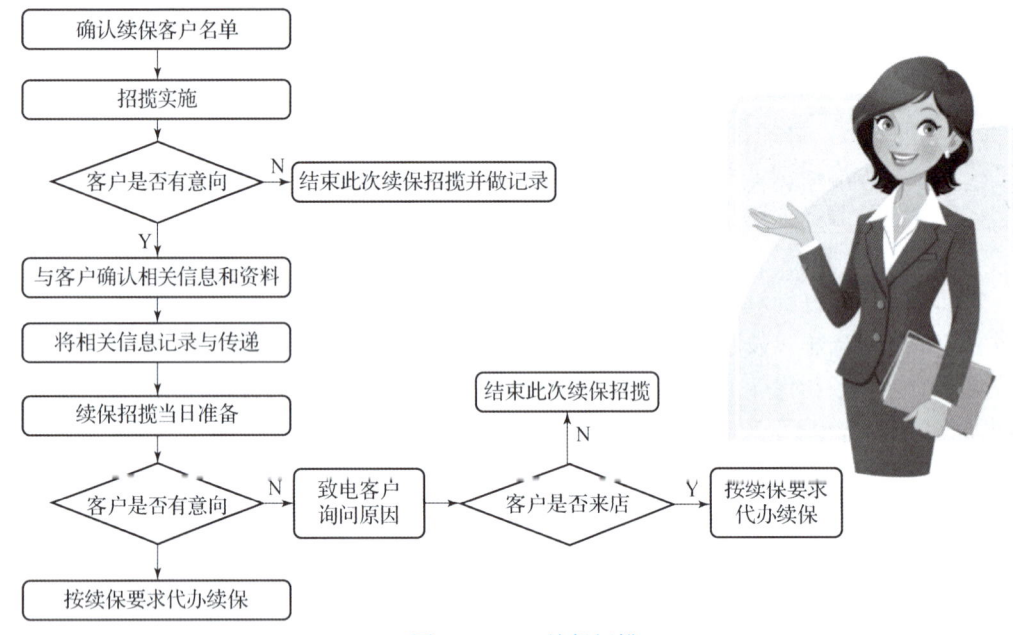

图2-2-3 续保招揽

1) 流程

（1）在客户车辆保险到期前，企业主动联系客户，提醒续保的重要性。

（2）安排专业的保险顾问提供续保建议，包括保险方案、价格等。

（3）提供续保优惠和赠品，鼓励客户在店内续保。

2) 举例

"尊敬的客户，您的车辆保险即将到期。为了确保您的行车安全和保障，我们建议您尽快续保。我们将安排专业的保险顾问为您提供续保建议，同时还有续保优惠和赠品等待您。期待您的光临！"

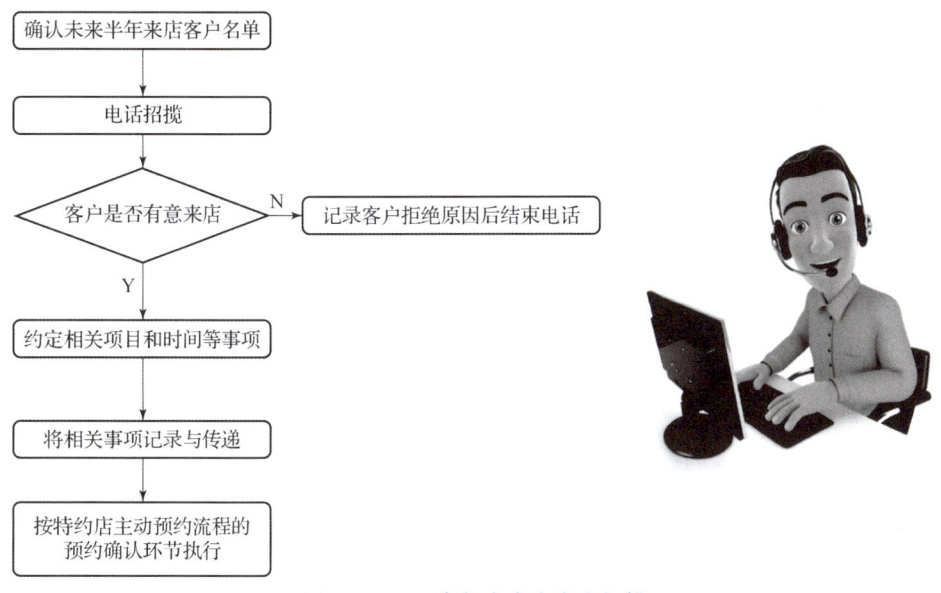

4. 半年未来店客户招揽

半年未来店客户招揽是针对半年未到店保养的客户的招揽活动。企业会主动联系这些客户，提供优惠措施和服务提醒，鼓励客户回店进行保养，其中包括发送提醒邮件、短信或电话，提供预约保养的便捷流程，以及针对不同客户的优惠促销活动。通过半年未来店客户招揽，企业可以重新激活这些客户，提高客户满意度和忠诚度，并增加维修和保养业务的收入。如图 2-2-4 所示。

图 2-2-4　半年未来店客户招揽

1）流程

（1）企业通过数据统计和分析，确定半年未到店保养的客户名单。

（2）主动联系这些客户，了解原因并提供相应的优惠措施和服务提醒。

（3）安排客户到店进行保养，并提供专业的技师和服务团队。

2）举例

"尊敬的客户，我们注意到您已经有半年没有到店进行保养了。为了确保您的爱车始终保持良好的状态，我们提供了专属的优惠措施和服务提醒。您只需预约到店，我们的专业团队将为您提供一流的服务。期待您的光临！"

5. 即将出保客户招揽

即将出保客户招揽是针对即将出保的客户的招揽活动。在客户车辆即将出保前，企业会主动联系客户，提供相应的优惠措施和服务，吸引客户在店内进行维修和保养，其中包括专业的技师和服务团队提供优质的服务，提供维修和保养套餐的优惠价格，以及针对不同客户的优惠促销活动。通过即将出保客户招揽，企业可以与客户建立长期合作关系，提高客户满意度和忠诚度，并增加维修和保养业务的收入。如图 2-2-5 所示。

1）流程

（1）企业通过数据统计和分析，确定即将出保的客户名单。

（2）主动联系这些客户，了解他们的需求并提供相应的优惠措施和服务。

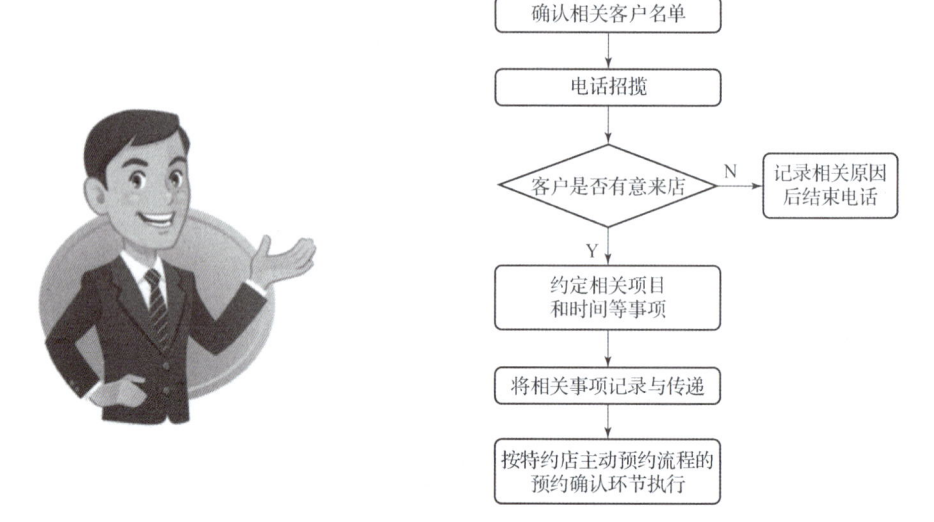

图 2-2-5 即将出保客户招揽

（3）安排客户到店进行维修和保养，并提供专业的技师和服务团队。

2）举例

"尊敬的客户，您的车辆即将出保。为了确保您的爱车始终保持良好的状态，我们提供了专属的优惠措施和服务。您只需预约到店，我们的专业团队将为您提供一流的服务。期待您的光临！"

6. 主题招揽

主题招揽是针对不同节日或活动的招揽活动。企业会根据不同的节日或活动推出相应的主题招揽活动，吸引客户到店参与，其中包括节日促销、新车发布会、技术研讨会等主题活动，提供相应的优惠措施和服务体验。通过主题招揽，企业可以提高品牌知名度，吸引更多潜在客户到店参观和体验，并增加销售和维修业务的收入。如图 2-2-6 所示。

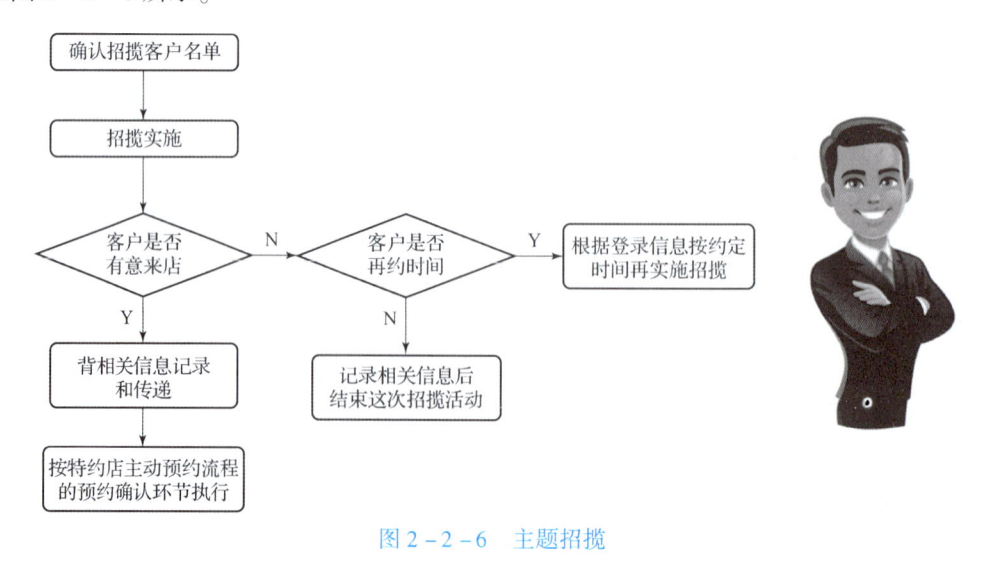

图 2-2-6 主题招揽

1）流程

（1）根据不同的节日或活动，制定相应的主题招揽计划和方案。

（2）通过广告、宣传册、社交媒体等渠道宣传主题招揽活动。

（3）提供相应的优惠措施和服务体验，吸引客户到店参与。

在活动期间提供专业的技师和服务团队，确保客户得到良好的体验。

2）举例

"尊敬的客户，为了庆祝即将到来的国庆节，我们特别推出了国庆主题招揽活动。您只需预约到店，我们将为您提供专业的技师和服务团队，同时还有各种优惠措施等待您。期待您的光临！"

（二）设计招揽主题要点

在当今商业环境中，招揽活动已成为企业吸引潜在客户、提升品牌知名度和影响力的重要手段。而一个成功的招揽活动，其主题设计至关重要。为了打造出引人入胜、效果显著的活动主题，在设计时需要把握的关键要素如下：

1. 深入了解目标受众

设计招揽活动主题，首先需要对目标受众进行深入了解，包括他们的兴趣爱好、消费习惯以及需求痛点。以汽车服务行业为例，通过市场调研和数据分析，企业可以了解目标受众对于汽车保养、维修、美容等方面的需求和偏好。这为活动主题设计提供了有力依据，例如，针对注重汽车美容的消费者群体，活动主题可围绕汽车美容、潮流元素等展开，以吸引他们的关注。

2. 创意与独特性

在了解目标受众的基础上，创意与独特性成为活动主题设计的核心要素。以汽车服务行业为例，企业可通过创意策划，将独特的想法融入活动主题中，如结合热门电影、音乐等元素，打造别具一格的活动主题。这不仅使活动在众多竞争者中脱颖而出，还能提升活动的关注度和话题性。同时，利用独特的场地布置、活动形式等手段，营造独特的活动氛围，增强客户体验。

3. 传递品牌价值

活动主题还应承担传递品牌价值的重要使命。以汽车服务行业为例，企业在设计招揽活动主题时，应将品牌的核心价值观融入其中，如专业、品质、服务等。这使潜在客户在参与活动的过程中对品牌产生共鸣，提升品牌忠诚度。同时，通过活动宣传和嘉宾邀请等手段，扩大品牌影响力，提升品牌美誉度。

4. 可执行性与效果评估

最后，企业在设计招揽活动主题时还需考虑可执行性与效果评估。以汽车服务行业为例，企业需要确保活动主题符合自身资源状况，具备可操作性。例如，考虑到场地限制、人员配备、预算等因素，确保活动的顺利实施。同时，设定明确的活动目标和评估标准，以便对活动效果进行科学评估。此外，通过数据分析与反馈收集，不断优化活动主题设计，提高招揽活动的吸引力和转化率。

【典型案例】

铁匠大师节的传奇

在古老的小镇上，有位传奇铁匠，人称"铁匠张"。他自小跟父亲学习打铁，经过无数日夜的锤炼，终于成为家喻户晓的铁匠。张铁匠的铺子，那可是小镇上的明星铺子，他打造的铁器，精美绝伦，无人不称赞。

动画
铁匠大师节的传奇

然而，风云变幻，市场的竞争犹如波澜壮阔的大海，冲击着每一个角落。张铁匠的生意开始下滑，仿佛落日的余晖，黯然失色。但这位传奇铁匠岂会轻易屈服？他决定办一场别开生面的"铁匠大师节"，重新夺回曾经的荣耀。

张铁匠就像一个指挥家，精心筹备着这场盛大的节日。他亲自设计场地，挑选展示物品，准备工具，忙得不亦乐乎。他还邀请了小镇上的大喇叭们，让他们在各大媒体上宣传这个盛大的节日。

终于，"铁匠大师节"的那一天到来了！现场热闹非凡，仿佛小镇上的每一个人都来凑热闹了。张铁匠在舞台上大展身手，他的每一次敲击都仿佛在敲击人们的心弦，引来一片赞叹。比赛环节更是如火如荼，观众们热血沸腾，为自己支持的选手呐喊助威。

活动结束后，反响热烈。顾客们纷纷表示这次活动让人大开眼界，新客户也如雨后春笋般涌现。张铁匠的生意如春水般涌动，他的铁器再次成为市场的宠儿。

"铁匠大师节"不仅让张铁匠重拾辉煌，也让更多的人了解和爱上了铁匠文化。从那以后，每年的这个时候，小镇上都会举办盛大的"铁匠大师节"，成为了一个传统，而张铁匠的铁匠铺，也如同不朽的传奇，永远地镌刻在了小镇的历史长河中。

总而言之，设计一个成功的招揽活动主题需要深入了解目标受众、注重创意与独特性、传递品牌价值以及考虑可执行性与效果评估。以汽车服务行业为例，只有在设计招揽活动主题时把握好这些关键要点，企业才能打造出既具有吸引力又能有效提升品牌形象的招揽活动，为企业的长远发展奠定坚实基础。

(三) 撰写活动策划方案

要撰写一份有效的招揽活动策划方案，需要关注一些关键因素，确保活动吸引目标受众并达到预期效果。以下是一些建议和步骤。

1. 明确目标与定位

在开始策划活动之前，首先明确活动目标。您希望通过这次活动实现什么？是提升品牌知名度、吸引新客户，还是增加销售额？明确目标后，根据目标确定活动定位，确保策划的活动与目标受众的需求和兴趣相匹配。

2. 创新活动主题

一个独特、富有创意的主题能够吸引人们的注意力。考虑目标受众、品牌形象以及想要传达的信息，创造一个引人入胜的主题，确保主题与品牌和活动目标紧密相关，同时具有一定的新颖性和吸引力。

3. 精心设计活动内容

活动内容是吸引参与者的关键。根据主题，设计有趣、互动性强的活动环节。考虑使用各种元素，如演讲、研讨会、展览、表演、互动游戏等，以丰富活动内容。同时，确保活动内容与品牌和目标受众相符。

4. 制定预算与资源需求

在策划活动时，考虑所需的预算和资源。评估场地租赁、设备租赁、物料制作、餐饮等成本，并合理分配预算。根据预算制定详细计划，并寻找降低成本的方法。同时，确保活动的顺利进行。

5. 选择合适的场地与合作伙伴

选择适合活动的场地，考虑场地的容纳人数、设施条件以及位置等因素。如果可能，选择具有品牌效应的场地或合作伙伴，以增加活动的吸引力。与合作伙伴建立良好的关系，共同推广活动。

6. 制定宣传计划

宣传是吸引参与者的重要环节。制定详细的宣传计划，包括宣传渠道、时间表和宣传材料，利用社交媒体、电子邮件营销、广告等多种方式进行宣传推广。同时，考虑合作媒体或影响者进行合作推广，以扩大活动知名度。

7. 注重细节与执行

在活动策划过程中，注重细节的把握。制定详细的活动流程和时间表，确保每个环节都得到妥善安排。在活动前进行充分的准备工作，包括场地布置、设备测试、人员培训等，确保活动的顺利进行，并及时处理可能出现的问题。

8. 评估与总结经验教训

活动结束后，进行评估和总结经验教训。收集参与者的反馈意见，分析活动的成功之处和不足之处。从评估结果中汲取教训，改进未来的活动策划。同时，将本次活动的经验和教训整理成文档，为团队内部提供参考和借鉴。

课后测试

【选择题】

1. 主题招揽的主要目的是什么？（   ）
   A. 吸引新客户　　　　　　　　B. 激活老客户
   C. 提高品牌知名度　　　　　　D. 增加销售收入
2. 在主题招揽活动中，以下哪个措施最能吸引客户参与？（   ）
   A. 提供免费维修服务　　　　　B. 打折促销
   C. 赠送小礼品　　　　　　　　D. 以上都是
3. 在进行主题招揽时，以下哪种方式最有效？（   ）
   A. 社交媒体广告　　　　　　　B. 直接邮件营销
   C. 电话推销　　　　　　　　　D. 电视广告
4. 主题招揽活动的最佳时长是多少？（   ）
   A. 1 周　　　　B. 2 周　　　　C. 1 个月　　　　D. 3 个月
5. 在主题招揽活动中，以下哪些因素是影响客户参与度的关键？（   ）
   A. 活动优惠力度　　　　　　　B. 活动主题吸引力

C. 活动宣传渠道 D. 活动时间安排
E. 企业品牌知名度

【判断题】
1. 主题招揽活动主要在春节、中秋节等传统节日进行。（   ）
2. 在主题招揽活动中，企业通常不会对老客户提供特别的优惠措施。（   ）
3. 主题招揽活动的目的是增加企业的销售收入。（   ）
4. 在主题招揽活动中，企业应该尽可能提供高价值的优惠和服务，以吸引更多客户参与。（   ）
5. 主题招揽活动的成功与否，完全取决于活动推广效果。（   ）

任务2-3　招揽活动执行

任务背景

活动的执行直接关系到活动的成功与否。通过精心策划和有效执行，企业能够将招揽活动的理念和目标转化为实际的行动和成果。活动执行不仅确保了活动的顺利进行，还为参与者提供了良好的体验，增强了他们对企业的信任和满意度。

任务描述

进入汽车4S店实习的大学生，被分到了该店市场部，正好近期要做一个端午节的促销活动，策划活动主题已经确定，部门经理指定他参与活动的具体执行准备工作，请你帮他整理一下，招揽活动的具体执行要注意哪些事项，具体的招揽话术怎么设计。

任务准备

（一）课前热身

企业通过有效的执行，能够将精心策划的招揽活动转化为实际的效果和价值。执行过程中的各个环节，如策划、组织、宣传、实施等，都能够直接影响到客户关系的维护和发展。如何执行招揽活动？请通过扫描二维码，观看"招揽活动执行"系列微课。

微课
招揽活动执行

（二）任务分析

1. 招揽话术设计

1）亲切与热情

在话术设计时，使用亲切的称呼，如"尊敬的客户"或"亲爱的客户"；表示对客户的关心和热情，如"感谢您选择我们的产品和服务"；询问客户是否需要帮助，如"有什么可以帮到您吗?"

2）突出服务优势

话术应该突出重点，强调产品或服务的优势和特点，让客户能够快速了解并记住；突出4S店的专业服务、技术人员的资质和经验，以及所使用的高品质配件，能够为客户提供及时、专业的服务。

3）提供个性化服务

在话术中强调提供的个性化服务。根据客户需求提供定制化的服务方案，如"根据您的需求，我们可以为您定制专属的服务计划"；同时，提供个性化的建议和解决方案，如"考虑到您的使用情况，我们建议您选择这款产品"；强调对客户的关注和重视，如"我们将为您提供一对一的专业咨询服务"。

4）邀请客户参与活动

在话术中邀请客户参与活动，如"感谢您对我们的支持，您可以参加我们的促销活动并享受优惠"；提供额外的优惠或礼品，以增加客户参与的积极性，如"您可以通过参与活动获得专属礼品和折扣"；强调活动的期限和数量限制，以增加紧迫感，如"活动时间有限，先到先得"。

5）建立良好的沟通氛围

我们将以真诚、热情的态度与客户沟通，使用礼貌、专业的语言和态度，以建立良好的第一印象。主动询问客户的意见和建议，如"您对我们的服务有什么建议或意见吗?"；强调与客户的长期合作关系，如"我们将竭诚为您提供长期的服务和支持"。

6）关注客户需求与反馈

我们将密切关注客户的需求和反馈，鼓励客户提供宝贵的意见和建议，以便我们能更好地满足客户的需求和提高客户满意度，如"我们会尽快处理您的问题和反馈"等。

2. 客户异议处理

1）识别与分类客户异议

客户异议是常见的现象。为了有效地处理这些异议，需要学会识别和分类。常见的客户异议包括客户对汽车性能、价格、品牌等方面的疑问或质疑。通过细心观察和聆听，可以准确地判断客户异议的类型，为后续的处理奠定基础。

2）倾听与确认客户异议

面对客户异议，倾听是关键。我们应保持耐心，确保全面理解客户的疑虑和意见。通过复述或总结客户的话语，确保双方对异议的理解是一致的，并让客户感受到被重视和尊重。

3）分析客户异议的原因

深入了解客户异议的背后原因有助于采取更有效的处理措施。可能是客户对汽车产品的认知不足、预算限制，或是对市场的不了解等因素导致。通过对客户需求和疑虑的深入挖掘，可以更精准地解答客户的疑问。

4）提供专业解答与解决方案

当客户对汽车性能提出质疑时，我们可以凭借对车辆规格和测试结果的了解，为客户展示产品的优越性；也可以结合客户的实际需求，提供个性化的解决方案也是提高销售成功率的法宝。

5）运用有效的沟通技巧

在处理客户异议时，良好的沟通技巧至关重要。尊重客户、耐心倾听、友好沟通是建立信任的基础。同时，运用肯定、委婉的语言和肢体语言，可有效缓解客户的紧张情绪，促进双方的良好互动。

任务实施

根据任务描述，对照下方的要求完成"招揽活动话术应对表"任务。

步骤一：招揽场景"客户说服务人员态度不好，想去其他店"

提示：

（1）诚恳地道歉，并承认自己在服务中的不足，向客户表示会加强对服务人员的培训。

（2）主动询问客户对哪些服务不满意，并表示会针对问题进行改进。

（3）提出解决方案，例如给予客户一定的优惠或提供更加个性化的服务，以挽回客户信任。

招揽场景	话术指引	对应重点及操作指引
客户说服务人员态度不好，想去其他店		

步骤二：招揽场景"客户反映公里数还未到保养里程规定值"

提示：

（1）了解客户的具体需求和顾虑，向客户解释保养的重要性。

(2) 提供定期保养提醒服务，确保客户按时进行保养。
(3) 针对客户的情况，提供专业的保养建议和方案。

招揽场景	话术指引	对应重点及操作指引
客户反映公里数还未到保养里程规定值		

步骤三：招揽场景"客户不按时到店保养"

提示：

(1) 向客户了解不按时保养的原因，并给出专业的建议。
(2) 提供预约服务，方便客户安排时间，减少等待时间。
(3) 提醒客户保养的重要性，并提供保养后的跟踪服务。

招揽场景	话术指引	对应重点及操作指引
客户不按时到店保养		

步骤四：招揽场景"车辆保修期过后，客户不再来店保养了"

提示：

(1) 向客户解释保修期过后的保养计划和重要性。
(2) 提供优质的服务和专业的建议，让客户感受到店家的专业性和诚信。
(3) 针对客户的需求，提供合理的价格和优惠方案。

招揽场景	话术指引	对应重点及操作指引
车辆保修期过后，客户不再来店保养了		

步骤五：招揽场景"你们的服务没有××店好，我以后不来了"

提示：

(1) 主动倾听客户的反馈和意见，了解××店的优势和服务特点。
(2) 分析自己与××店的差异和不足之处，并表示会努力改进。
(3) 提供更加个性化的服务和关怀，以增强客户的忠诚度和信任感。

招揽场景	话术指引	对应重点及操作指引
你们的服务没有××店好，我以后不来了		

步骤六：招揽场景"客户觉得保养价格贵，想去其他店"

提示：

（1）向客户解释保养价格贵的原因和优势，例如使用的材料、技术、服务等。

（2）提供合理的价格和优惠方案，满足客户的预算需求。

（3）强调店家的信誉和服务质量，让客户感受到物有所值。

招揽场景	话术指引	对应重点及操作指引
客户觉得保养价格贵，想去其他店		

步骤七：招揽场景"客户距离本店比较远，觉得来店不方便"

提示：

（1）提供上门服务或预约服务，方便客户选择合适的时间和地点。

（2）提供快速、高效的保养服务，减少客户的等待时间。

（3）提供便利的交通方式和路线建议，以便客户顺利到达本店。

招揽场景	话术指引	对应重点及操作指引
客户距离本店比较远，觉得来店不方便		

步骤八：汇报"招揽活动话术应对"任务

任务评价

小组指派代表汇报本小组工单完成情况及展示成果，并完成招揽活动话术应对任务评价表 2-3-1。

表 2-3-1 招揽活动话术应对任务评价表

评定指标		权重	评价				
			第1组	第2组	第3组	第4组	第5组
总体评价	1. 话术设计体现服务态度 （热情、专业、耐心的态度，解决客户异议）	5					
	2. 解释保养里程规定值 （合理并提及时间与里程的关系）	7					
	3. 话术设计包括主动联系客户并询问原因 （满足实际需求、售后服务）	15					
	4. 话术设计包含竞争对手服务比较回应 （优势、服务特点）	8					
	5. 汇报招揽活动策划成果表现 （展示风采、清晰传达）	5					
过程评价	1. 计划完整，准备充分，执行有序	3					
	2. 相关信息、数据记录完整、整洁	4					
	3. 介绍话术合理、恰当	7					
	4. 言行举止规范到位	4					
	5. 能抓住任务内容的关键	7					
	6. 对任务内容分析全面、合理	7					
	7. 小组分工合理，合作能力强	7					
合计							
主要收获	（本组在本任务训练过程中的主要收获或经验）						
问题与建议	（本组在任务完成过程中所遇到的问题、原因分析及改进建议）						

知识链接

（一）活动执行的要点

1. 明确的活动目标和目的

汽车行业的活动需要有明确的目标和目的。这可能包括吸引潜在客户、提高品牌知名度、促进车辆销售、提升客户满意度等。通过确定清晰的目标和目的，活动的策划和执行将更加有针对性，并有助于确保活动的成功。

2. 合适的活动策略和执行计划

为了实现活动目标和目的，需要制定合适的策略和详细的执行计划。在汽车行业中，这可能包括选择合适的传播渠道（如广告、社交媒体、公关活动等）、确定活动的传播时间（如新车发布、促销活动等）、制定具体的活动流程和内容（如讲座、试驾、促销活动等）。一个好的策略和计划能够确保活动的成功实施，并提高活动的执行效率。

3. 良好的团队协作和沟通

汽车行业的活动需要各个部门与团队之间的紧密合作和沟通。这包括策划团队、执行团队、宣传团队等之间的协作，以及与目标受众之间的沟通。一个良好的团队协作和沟通机制能够确保活动的顺利进行，并及时解决可能出现的问题。例如：策划团队可以与执行团队密切合作，确保活动的细节得到妥善处理；宣传团队可以与社交媒体平台合作，确保活动的推广得到有效传播。

4. 有效的资源整合和管理

汽车行业的活动需要合理地整合和管理各种资源，包括人力、物力、财力等。这可能包括安排专业的工作人员进行活动策划、组织和管理，以确保活动的顺利进行；合理分配物资和设备，以满足活动的需求；有效管理预算和资金，以确保活动的成本效益。同时，也需要及时调整和补充资源，以应对可能出现的问题。

5. 有效的风险管理和应对措施

汽车行业的活动需要有有效的风险管理和应对措施。这包括识别可能的风险因素（如天气问题、安全问题等），制定相应的应对措施（如备用计划、安全预案等），并建立风险应对机制，以便在出现问题时及时应对和处理。例如，在举办新车发布会时，需要考虑天气突变或安全问题等风险因素，并制定相应的应对措施，以确保活动的顺利进行。

6. 持续的监控和调整

汽车行业的活动需要进行持续的监控和调整。这包括对活动的进展情况进行实时监控，及时发现问题并进行调整，以确保活动的顺利进行。同时，也需要根据实际情况调整计划和策略，以适应变化的市场环境和目标受众需求。例如，在举办促销活动时，需要密切关注销售数据和市场反馈，及时调整促销策略和方案，以实现最佳的销售效果。

【典型案例】

古时的尊驰盛宴：邀约之难与破解之道

在古代，有一个名为尊驰的马车制造商，以制造豪华马车而闻名。为了答谢客户，尊驰决定举办一场盛大的马车体验活动。然而，在活动筹备过程中，他们遭遇了前所未有的邀约难题。

尊驰的策士们尝试通过飞鸽传书、公告张贴等方式向客户发出邀约。然而，响应者寥寥无几，许多客户甚至婉言谢绝。这让策士们倍感困惑与焦虑。

经过一番调查，策士们发现了问题所在：首先，邀约方式过于传统，无法引起客户的兴趣；其次，客户对尊驰品牌的认知度有限，缺乏信任感；此外，市场上竞争对手众多，使得邀约工作愈发困难。

为了解决这些问题，策士们决定采取一系列创新措施。他们重新设计了邀约方式，通过展示马车的精美细节和乘坐体验的愉悦感受，激发客户的好奇心。同时，他们还借助口碑传播，让已有客户成为他们的代言人，向周围人群推荐活动。此外，为了提升品牌形象和活动吸引力，策士们还策划了一系列趣味盎然的马车游戏、歌舞表演以及美酒佳肴。这些举措极大地提升了活动的趣味性和吸引力，吸引了众多客户的关注和参与。

随着时间的推移，越来越多的客户被吸引过来，活动现场热闹非凡，欢声笑语不断。客户们纷纷表示，这是他们参加过的最难忘的马车体验活动。

（二）活动执行方案示例

1. 活动名称

例如某汽车品牌"春季关怀，回馈客户"售后招揽活动。

2. 活动目的

在春季汽车保养高峰期，通过提供一系列优惠和关怀服务，吸引客户回店进行车辆保养和维修，提升客户满意度，促进售后服务业务的发展。

3. 活动方案

选择在春季汽车保养高峰期进行，持续一个月，目标群体为近一年内购车的新客户以及老客户。

4. 活动内容

序号	项目	要求
1	免费车辆检测	为客户提供全面的车辆检测服务，包括发动机、制动系统、轮胎等关键部位
2	优惠维修保养	提供维修保养服务折扣，鼓励客户进行定期保养
3	免费洗车服务	为回店的客户提供免费洗车服务，保持车辆清洁
4	赠送礼品	为参与活动的客户提供小礼品，如汽车保养手册、汽车清洁用品等

5. 宣传方案

序号	项目	要求
1	短信推送	向目标客户发送短信，提醒他们参与活动
2	社交媒体推广	在官方社交媒体平台上发布活动信息，吸引粉丝关注和转发
3	电话通知	为回店的客户提供免费洗车服务，保持车辆清洁

6. 优惠政策

序号	项目	要求
1	针对新客户	首次回店可享受免费检测和优惠维修保养服务
2	针对老客户	提供免费洗车服务和折扣优惠，鼓励他们回店进行定期保养

7. 执行过程

序号	项目	要求
1	策划活动方案	明确活动目标、内容、宣传方案和优惠政策等细节，制定详细的执行计划
2	准备物资和设备	提前准备好所需的检测设备、维修工具、洗车设备等，确保活动顺利进行
3	宣传推广	通过短信、社交媒体、电话等多种方式向目标客户宣传活动信息，提醒客户回店参与活动
4	活动现场布置	在店内布置活动海报、宣传资料等，营造活动氛围
5	活动执行	为客户提供免费的检测服务，根据客户需求提供优惠的维修保养服务，同时提供免费洗车服务。在活动期间，工作人员热情接待客户，解答客户疑问，提供专业的建议和服务
6	客户回访	在活动结束后，对参与活动的客户进行回访，了解客户的满意度和反馈意见，为今后的活动提供改进方向。对于不满意的客户，及时跟进并解决问题，确保客户的满意度和忠诚度

8. 监控和调整

（1）对活动的进展情况进行实时监控，及时发现问题并进行调整。例如，如果发现客户对活动的参与度不高，可以调整宣传策略和方案，提高客户的关注度和参与度。同时也可以根据实际情况调整计划和策略，以适应变化的市场环境和目标受众需求。

（2）收集客户反馈意见，改进服务质量和客户满意度，对于不满意的客户及时跟进并解决问题，确保客户的满意度和忠诚度。同时也可以根据活动的成果和反馈意见对工作人员进行培训和提升，提高团队的凝聚力和工作效率。

（3）活动结束后及时总结活动的成果和经验教训，为今后的活动提供参考。收集客户反馈意见，改进服务质量和客户满意度，对于满意的客户可以进一步推广该品牌的服务和产品，同时也可以根据活动的成果和反馈意见对工作人员进行培训和提升，提高团队的凝聚力和工作效率。

【选择题】

1. 在主题招揽活动中，企业最应该关注的是哪些因素？（　　）
   A. 活动预算　　　　　　　　B. 竞争对手的策略
   C. 活动推广效果　　　　　　D. 活动场地布置

2. 在设计主题招揽活动时，以下哪些因素应该被考虑？（　　）
   A. 目标客户群体　　　　　　B. 活动预算
   C. 活动主题　　　　　　　　D. 活动时间安排
   E. 优惠和服务内容

3. 主题招揽活动的主要目的是什么？（　　）
   A. 提高品牌知名度　　　　　B. 增加销售额
   C. 提升客户满意度　　　　　D. 以上都是

4. 在策划主题招揽活动时，以下哪个因素最容易被忽视？（　　）
   A. 目标受众的需求　　　　　B. 活动场地的大小
   C. 活动的时间安排　　　　　D. 活动的预算限额

5. 在一个主题招揽活动中，以下哪种措施最能吸引参与者？（　　）
   A. 提供免费的奖品　　　　　B. 举办有趣的互动游戏
   C. 降低产品价格　　　　　　D. 增加活动宣传

【判断题】

1. 在主题招揽活动中，企业应该只关注吸引新客户而忽略老客户。（　　）
2. 在设计主题招揽活动时，不需要考虑活动预算。（　　）
3. 在策划主题招揽活动时，应该充分考虑参与者的体验。（　　）
4. 一个成功的主题招揽活动，其目标应该是吸引尽可能多的参与者。（　　）
5. 在评估主题招揽活动的效果时，参与者的满意度是一个重要的指标。（　　）

【填空题】

1. 在主题招揽活动中，企业应该关注活动_____和_____，以确保活动的成功。
2. 在主题招揽活动中，通常需要提供_____和_____，以吸引参与者。
3. 为了确保主题招揽活动的成功，需要提前进行_____和_____。
4. 在设计主题招揽活动时，应该注重活动的_____和_____。

5. 在评估主题招揽活动的效果时,应考虑参与者的_____、_____和_____等方面的反馈。

【简答题】

1. 简述主题招揽对企业的重要性。
2. 简述主题招揽活动成功的关键因素。
3. 简述在设计主题招揽活动时应该考虑的因素。

项目 3　客户关怀与服务点检

项目概述

当客户完成购车之后，维系客户关系的工作已然拉开了帷幕。在客户价值管理中，对于汽车经销商来说，通过客户购买新车获得的利润仅仅只是得到了客户的基本利润贡献，而后期价值贡献更大。后期价值贡献包括售后服务、汽车美容、汽车保险等，客户的终身价值获取更是经销商的目标。通过本项目的学习，学生要以客户关怀活动为主线，充分展示如何在客户购车过程结束后，进一步加强黏性产品分析、关怀活动执行、服务流程点检等客户关怀管理。

学习目标

知识目标	能力目标	素质目标
1. 能描述黏性产品内涵特征以及相关分析方法； 2. 能描述客户个性需求和关怀活动的注意事项； 3. 能描述客户服务部暗检、明检的工作流程	1. 能运用福格模型对产品进行业务流程暗检、明检，培养规范意识、质量意识及黏性分析； 2. 能完成关怀活动方案设计、相关准备、活动执行和复盘总结； 3. 能依据业务流程，规范完成售前售后的暗检、明检工作	1. 通过实践训练，传播中国文化，涵育家国情怀，促进民族认同感； 2. 通过产品分析，培养创新能力、工匠精神、职业责任感和品质意识； 3. 通过角色扮演，培养发现问题、总结分析和文字表达能力，增强品牌意识和质量意识

学习框架

```
客户全生命周期
    │
    ├── 模块1 客户关系建立 ──┬── 项目1 搜集与区分客户
    │                      ├── 项目2 挖掘与招揽客户
    │                      └── 项目3 客户关怀与服务点检 ──┬── 黏性产品分析
    │                                                    ├── 关怀活动设计
    │                                                    └── 服务流程点检
    ├── 模块2 客户关系维系 ──┬── 项目4 客户满意与忠诚管理
    │                      └── 项目5 投诉处理与跟踪回访
    └── 模块3 客户流失与挽回 ── 项目6 客户流失与恢复管理
```

任务3-1 黏性产品分析

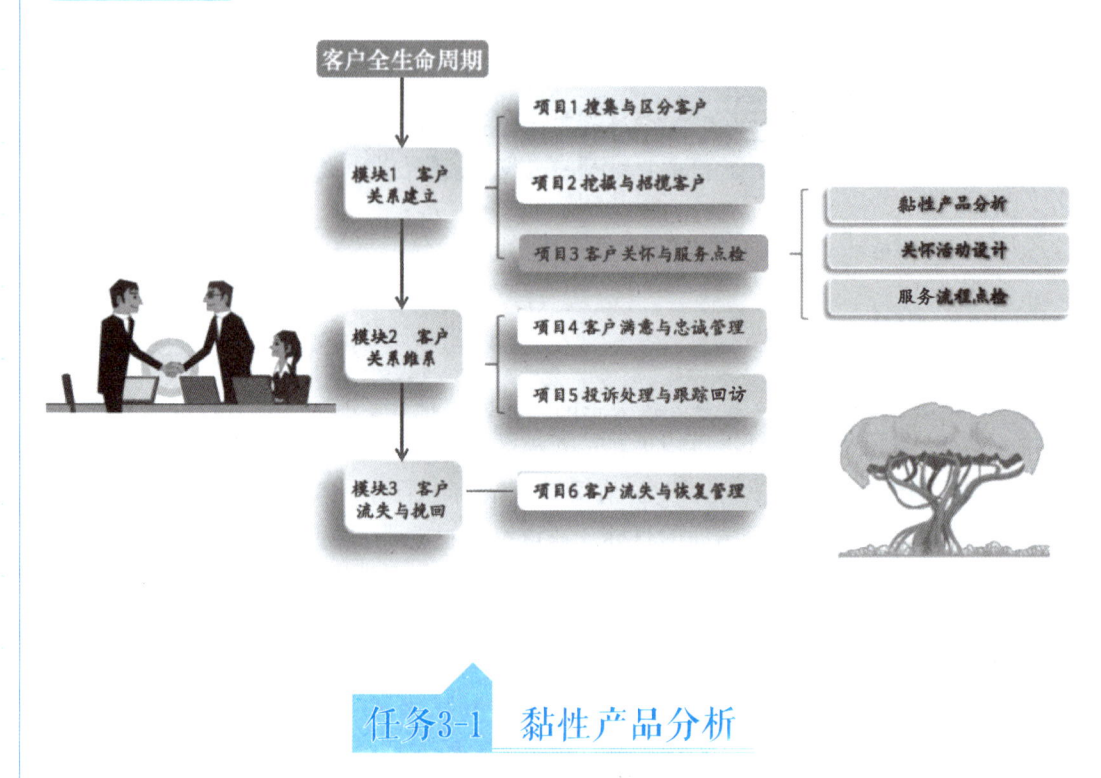

任务背景

在客户关系维系过程中,企业需要不断提升自己产品或服务的黏性度,吸引更多的客户,满足客户的更多需求,获得更多忠诚客户。为了衡量和评价一个产品是否具有一定的黏性,在对产品或服务进行推广前,必须借助相关工具,运用相关分析方法,从客户视角,科学评估产品或服务的留存能力。产品黏性评估的流程如图3-1-1所示。

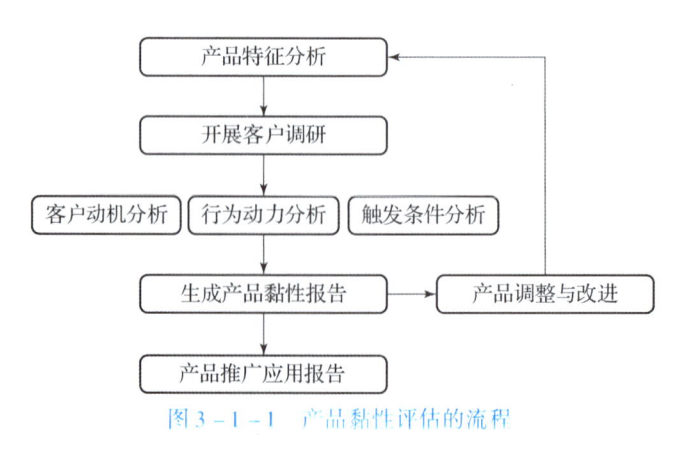

```
产品特征分析
    ↓
开展客户调研
    ↓
客户动机分析 | 行为动力分析 | 触发条件分析
    ↓
生成产品黏性报告 → 产品调整与改进
    ↓
产品推广应用报告
```

图3-1-1 产品黏性评估的流程

任务描述

为使车辆质保期到期的客户持续安心用车,某汽车品牌拟在售后服务体系中推出一项延长保修服务的产品。

产品模型:客户只需一次支付1万~3万元延保费,可将保修期延长2~7年,在延长的保质期内,客户车辆如果出现质量问题,由经销商免费为客户提供修理或者更换延保范围内的零部件。

附加赠送:享受4S店相关优惠套餐、尊享服务、全车升级、工时折扣、相关礼包等,即买即送2次免费基础保养、1次免费小型喷漆、终身保养机油、1次四轮定位检查、5折工时卡等服务。

你的任务:请根据上述产品(服务)信息,展开相关数据信息调研,运用合理的分析模型,完成对该产品(服务)的黏性度分析。

任务准备

(一)课前热身

产品黏性度是衡量产品吸引客户的高级指标,决定着客户的"留存"。那么产品黏性度如何进行量化呢?请通过扫描二维码,观看"黏性产品分析"系列微课。

注:客户留存即让用户继续使用你的产品,并成为你的产品的回头客。汽车售后业一般按里程或时间作为一个周期进行计算。

微课
粘性产品分析

(二)任务分析

一个产品的黏性度,既与这个产品的属性特征有关,更与用户对该产品的使用行为相关联。在对产品内涵特征进行分析时,可设置是否刚需、不可替代性、感知有用性、转移成本、需求频次、广义客户需求六个调研因子,收集相关调研数据,进行定性与定量分析。而对客户行为进行分析时,需借助相关分析模型(如福格行为模型),从客户购买动机、行为能力和触发条件三个方面,设置若干调研因子,收集客户调研数据,进行定性、定量分析。

任务实施

根据任务描述,对照下方的要求完成"黏性产品FBM分析"任务

步骤一:收集产品信息

对一个产品进行黏性分析前,必须准确理解这一产品的市场定位、用户真实需求、产品设计目的、产品功能、附加价值以及推广方式等相关信息,帮助我们快速复原真实场景下用户所遇到的困难,以及背后更深一层的原因,理解产品设计的初衷。表3-1-1所示为黏性产品信息收集表。

注:很多时候,我们获得了用户的直接需求,但没有思考用户反馈背后真正深层次的原因,所以不能满足其真正需要被满足的"需求"。

表 3-1-1 黏性产品信息收集表

产品名称			产品类型	□黏性产品　□黏性服务
目标群体			生命特征	(需求的紧急度、时间持续性)
用户需求分析	需求	(包括功能需求、非功能需求)		
	场景	(发生该需求的时间、地点、环境、条件等)		
	原因	(尽量用主语+谓语+宾语结构来描述，不要加入主观修饰语句)		
	分析	(为什么会有这样的需求，以及采集者的解释)		
	关联	(与此需求关联的人、事、物)		
产品分析	功能	(真实描述该产品的功能，以及解决用户哪些痛点)		
	附加值	(用户购买或使用该产品后，可享受增值服务，如礼品、折扣、优惠等)		
	竞品	(竞争者对该需求的满足方式，以及用户对竞品的评价)		
	价格	(客户使用此产品或享受此服务需要支付的货币成本)		
	附加成本	(客户需要为该产品支付的其他成本，如时间、体力、脑力、改变习惯等)		
	推广方式	(产品拟采用的推广渠道和方式)		

步骤二：产品特征分析

根据收集的产品的信息和企业运营数据，拟定专题调研问卷和话术，从企业现有客户中，针对招募部分意向用户，真实使用该产品，完成测试任务，发现实际使用时所存在的问题，收集客户体验心声。其可分别从是否刚需、不可替代性、感知有用性、转移成本、需求频次、用户体验六个产品关键特征着手，借助电话或面访方式对客户进行调研，用 0~10 分来表示客户对某一因子的评价，通过收集、整理调研数据，完成产品特征的定性与定量分析，如图 3-1-2 所示。

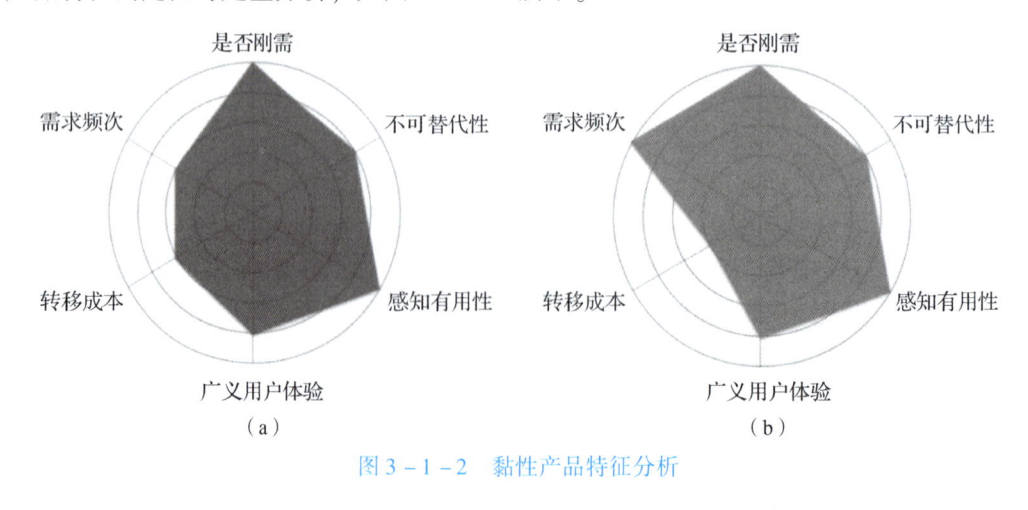

图 3-1-2 黏性产品特征分析

步骤三：福格行为模型分析

用户行为产生需要动机、能力、触发的有机结合，通过对动机、能力、触发的干预能够影响用户的行为。动机越强、能力越大（门槛越低）、触发越有效，就越能更好地让用户完成指定行为。

1. 用户动机分析

动机是能给我们带来动力的事和物，可从现有客户中筛选一些目标测试群体，作为产品调研对象，借助电话、网络和面访三种途径，用0~10分来表示客户对某一因子的评价，收集客户的动机值及动机类型，进行统计分析，见表3-1-2。

表3-1-2 用户动机调研统计表

动机因子	有效调研的客户评价												平均值
	1	2	3	4	5	6	7	8	9	10	11	…	
感觉													
期待													
归属感													

动机就像发动机，它为行为发生提供能量，主要有3个因子、6个要素，分别为感觉、期待和归属感的正反两方面，通过数据整理，得出客户购买或使用该产品的动机分析，如图3-1-3所示。

提醒：有些产品只是一种权益，并不像实物商品，可以通过材料、尺寸、品牌等用户所熟悉的方式来感知。

2. 行为能力分析

如果用户购买或使用某一产品的能力很高，或者说花费的资源很少，用户产生这一行为的可能性就大。同样，借助电话、网络和面访三种途径，用0~10分来表示客户对某一因子的评价，收集客户的行为影响值及影响因子，进行统计分析，如图3-1-4和表3-1-3所示。

表3-1-3 行为能力调研统计表

行为因子	有效调研的客户评价												平均值
	1	2	3	4	5	6	7	8	9	10	11	…	
货币成本													
时间成本													
体力体能													
脑力付出													
社会偏好													
非日常性													

人都是习惯于待在舒适区的，不愿冒险，不愿意改变，也不愿意跳出固有思维，要提高预想行为的发生率，行为要简便易行，让客户很容易且不需要花费太多资源就可以完成。具体可以分为6个因子，即货币成本、时间成本、体力体能、脑力付出、社会偏好和非日常性6个方面的影响力，通过数据整理，对客户购买或使用该产品的行为能力进行分析，如图3-1-4所示。

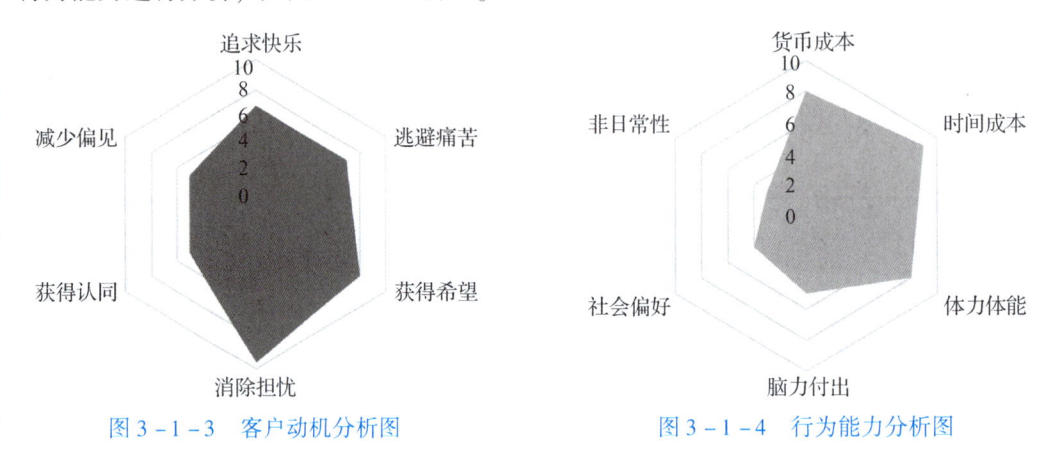

图3-1-3　客户动机分析图

图3-1-4　行为能力分析图

3. 触发条件

触发经常是行为的起点。在很多场景下，虽然客户有非常足够的动机，也有非常充足的行为能力，但就是缺少一个巧妙的触发条件，客户的行为就不会产生，而针对3个不同的区域需要不同的触发条件来激活，如图3-1-5所示。

提示：图片3-1-5中加底纹区域越大，说明产品的黏性度超高。

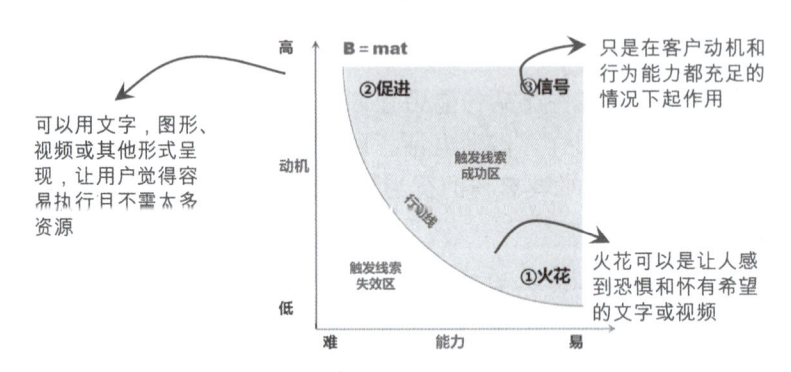

图3-1-5　不同区域需要不同的触发条件

触发因素归纳为火花（Sparks）、引导（Facilitator）和信号（Sign）三种。当用户缺少动机时，可以用"火花"刺激用户的需求动机，点燃用户行为。当用户有较高的动机但没有足够的能力时，可借助有效"促进"手段，让用户觉得不需要付出什么资源，很容易执行这个行为。而在动机和能力都充足的情况下，则只需要及时发出"信号"，提醒客户完成这一行为。

因此，对触发条件的有效性进行分析时，同样借助电话、网络和面访三种途径，针对上述不同客户群体进行跟进追问，用0~10分来表示客户对某一因子的评价，收集客户的行为影响值及影响因子，进行统计分析，见表3-1-4。

表 3-1-4 触发条件调研统计表

行为因子	有效调研的客户评价											平均值
	1	2	3	4	5	6	7	8	9	10	11	…	
火花强度													
促进力度													
信号广度													
注：针对不同动机、不同能力的群体，一定要追问是什么让客户下定了决心。												

步骤四：产品黏性分析。

根据动机、能力和触发条件分析，运用福格模型，完成产品黏性分析，见表 3-1-5。

表 3-1-5 黏性产品 FBM 分析表

	产品名称		产品类型	□黏性产品　□黏性服务
	目标群体		生命特征	（需求的紧急度、时间持续性）
客户动机响应分析	产品设计目标	（说明产品设计的目的，满足客户哪些需求、痛点或兴趣）		
	感觉	（响应感觉因子的客户占比及响应度）	（绘制动机分析雷达图）	
	期待	（响应期待因子的客户占比及响应度）		
	归属感	（响应归属感因子的客户占比及响应度）		
	利益	（响应利益因子的客户占比及响应度）		
行为能力响应分析	产品功能定位	（说明产品功能和性能的定位，主要针对哪些类型的客户）		
	时间	（响应时间因子的客户占比及响应度）	（绘制能力分析雷达图）	
	金钱	（响应金钱因子的客户占比及响应度）		
	体力	（响应体力因子的客户占比及响应度）		
	脑力	（响应脑力因子的客户占比及响应度）		
	社会偏好	（响应社会偏好因子的客户占比及响应度）		
	非日常	（响应非日常因子的客户占比及响应度）		

续表

			绘制 FBM 分析图
触发条件设计	触发条件设计	（说明本产品有哪些触发条件，如何引导用户行为的发生）	
	火花	（该条件使用的场景及客户评价或有效性）	
	促进	（该条件使用的场景及客户评价或有效性）	
	信号	（该条件使用的场景及客户评价或有效性）	
产品黏性程度分析	整体评价		
	行为动机：（从动机满足情况，分析客户的可能性与预期）		
	行为能力：（从能力简便情况，分析客户的可能性与预期）		
	触发条件：（从触发有效性，分析客户行为发生的可能性）		

提示：动机、能力以及触发条件会构成一条行为曲线，动机越强、行为能力要求越简单，加上有效的触发情景，用户完成行为的概率也就越高。

任务评价

小组派出代表，汇报本小组所选定的黏性产品分析情况，展示分析成果，并完成黏性产品分析评价表 3-1-6。

表 3-1-6 黏性产品分析任务评价表

	评定指标	权重	评价				
			第1组	第2组	第3组	第4组	第5组
总体评价	1. 产品信息收集及整理情况（数据完整性、信息准确性、分析客观性）	5					
	2. 产品特征分析情况（准确、规范地完成产品相关特征分析）	7					
	3. 产品黏性分析情况（分析方法正确、结果有效、建议合理）	15					

续表

评定指标		权重	评价				
			第1组	第2组	第3组	第4组	第5组
总体评价	4. 任务整体完成质量 （任务完成进度、作品质量）	8					
	5. 成果展示汇报效果 （PPT版面、展示风采）	5					
过程评价	1. 计划完整，准备充分，执行有序	3					
	2. 相关信息、数据记录完整、整洁	4					
	3. 问题设计合理、话术设计恰当	7					
	4. 与客户沟通，言行举止规范到位	4					
	5. 能抓住客户反馈信息的关键	7					
	6. 对产品黏性分析全面、合理	7					
	7. 福格行为模型运用熟练	7					
	8. 对产品的黏性评估	7					
	9. 能抓住产品的不足，并提出建议	7					
	10. 小组分工合理，合作能力强	7					
主要收获	（本组在本任务训练过程中的主要收获或经验）						
问题与建议	（本组在任务完成过程中所遇到的问题、原因分析及改进建议）						

知识链接

（一）黏性产品内涵

1. 黏性产品的定义

汽车售后市场营销产品可以分为促销产品和黏性产品。促销产品就是针对经销商现状，结合客户需求，在短期内刺激客户消费或吸引客户进店的产品。而黏性产品就是可以增加客户消费频次，并能达到提升留存客户率的产品或服务。

广义的黏性产品包括黏性产品和黏性服务。一般是根据不同的里程、时间和用车习惯进行设计，通过改善服务体验，保持客户留存并产生更多消费，具有个性化满足程度高、客户依赖程度高、客户脱离成本高、消费周期长、脱离阻力大、消费频次多等特点。

常见的黏性产品有机油套餐、综合套餐、储值产品、会员积分和延保产品，等等。常见的黏性服务有夜间服务、交通接送、可视化服务和双人快速保养，等等。

2. 黏性产品的内涵特征

一个好的黏性产品，必须建立在用户的真实需求之上，真正解决客户问题，满足用户体验需求。例如：便捷吃上放心午餐是很多白领的真实需求，因此有了很多外卖App，但是如果无法保证服务质量，导致等待时间太长、午餐不好吃、可选菜式少等问题，不好的体验只会把用户赶到对手那里去，更别说黏住用户了。

因此，设计产品黏性时，需要考虑以下因素：

（1）是否刚需：是否是大部分人都拥有，生活中无法缺少的。

（2）感知有用性：能否真正解决用户的痛点，满足需求，有真实的用户价值；是否能让用户获得精神、物质上的收益或者便利性。

（3）转移成本：用户从这个产品到竞品或者其他替代方式所付出的成本，包括时间、情感、经济成本。

（4）可替代性：是否存在能够满足同样需求、解决同样痛点的竞品或者替代品，且在有用性、用户体验等方面有明显优势。

（5）需求频次：产品背后的真实用户需求的发生频次。

（6）用户体验：包括使用体验、情感体验和满意度。

提示：当产品进入了客户的"习惯区间"，成为客户的一种习惯，产品就有了持续生命力，从而达到一种产品境界。

（二）福格行为模型

1. 福格行为模型的定义

福格行为模型也称 FBM 模型，即人的行为拆解为动机、能力和触发条件三个要素，只有当三个要素同时满足时行为才会发生，如图 3-1-6 所示，其可以表示为

$$B = MAT$$

只有三个要素同时满足时，行为才会发生

式中：B 是行为；M 是动机；A 是能力；T 是触发条件。

图 3-1-6 福格行为模型

【典型案例】

你的手机响了，而你却没有接，这是为什么？

可能性一：你以为是推销或骚扰电话，想了想不愿意接听。这就是动机不足或动机缺失，你没有接听电话的动机。

可能性二：手机放在包里，你没找到。这就是行为受阻或被限制了，你有一定接听动机，却没有能力接电话。

可能性三：来电很重要，你一直在等着这个电话，你也够得着手机，但是忘记手机设置静音了。这时，就算你有强烈的动机，并且能轻易接通电话，但缺少一个将动力转化成行为的触发条件。

所以，如果想要用户做出某种行为，我们在产品设计时需考虑出三种行动要素：给用户足够、合理的动机，让用户有能力、无阻碍地完成转化，设置有效的触发条件，这就是福格行为模型的核心机制。

2. 客户行为动机

我们常说洞察用户需求，挖掘用户痛点，其实就是在寻找用户动机。动机就是用户在期待某种回报时而行动的最直接原因。比如用户期望借助你的产品实现怎样的目的？用户为什么要参加你的活动？用户基于什么理由购买或使用你的产品？这些都是客户行为动机。

影响着客户行为动机的因素涉及方方面面，总结起来有以下三种：

（1）感觉：通过此行为，可以让客户追求快乐，逃避痛苦。

（2）期待：基于对结果的预期或评估，希望获得便利，逃避恐惧；

（3）归属感：期望得到社会或他人在一定程度上的认同。

提示：大多数场景下，用户动机无法达到峰值，所以面对动机不强的用户，需要通过降低用户的能力要求，促成用户转化。

【典型案例】

策划一次"青春作伴"登山活动。

动机：10 000元现金奖励＋有亲朋好友同行＋丰富的礼包奖品。

场景1：爬长沙市岳麓山。

场景2：登珠穆朗玛峰顶。

看到场景1，大多数人都认为可以"爬到山顶"，报名踊跃。

但场景2，大多数人都望尘莫及，无法完成，会放弃这个念想。

原因分析：造成这个差异的核心原因就在于"能力"要求不同，即使用户动机足够强烈，但在"能力"上要求过高，也会影响客户决策。

人的动机更多地源于自身的需求，并是根据不同的外界环境随时变动的，因此，要充分抓住客户动机的高峰点。如果强塞给用户，可能会引起客户的强烈反感。因此，对客户动机的评估，可以设置为利益、感觉、期待和归属感4个因子，通过调研分析，放大用户原本就存在或是潜在的动机。比如："钻石恒久远，一颗永流传"，这是20世纪最经典的广告语，成功将人类对于爱情美好的向往和表达寄托在钻石这一商品上，成功地激发了顾客本就存在的动机。

3. 客户行为能力

行为能力是指完成某件事的能力。在福格行为模型中，如果用户的行为能力很高，那么客户完成这一行为的可能性就大，反之相反。因此，提升产品易用性，是增强客户行为能力的关键。福格教授把客户行为能力简化成时间成本、货币成本、体力劳动、脑力劳动、社会偏好、非日常性6个方面。

人在一定程度上都有从众心理，社会偏好就是社会公共秩序约定俗成的认知，而来自社会各方的评价会影响和帮助人的行为。同样，习惯是很难改变的，若完成一件事需要违返日常行为习惯，则执行的难度会非常大，且坚持下去的可能性会非常小。

注：福格教授认为用户最在乎的是成本，与其用更多的诱惑增加他做一件事的动机，不如思考降低他做这件事的成本。

非日常指的就是会改变用户习惯或者认知的行为。用户往往会觉得保持原有习惯是最高效和学习成本最低的，因此，做产品设计更要抛开我们的原认知，真正基于用户诉求和日常习惯业做设计。

【典型案例】

耶鲁大学曾经做过一个实验，主要是让大家去校医院免费注射破伤风疫苗。他们准备了两个版本的破伤风手册，不同组拿到不同的版本。一组拿到的是高恐惧版本手册，里面使用了夸张的语言还配有高刺激的图片，列举了破伤风重症患者；另一组拿到的是低恐惧版手册，其语言相对平实。

一个月后，结果出乎意料，这2组人员中去注射疫苗的学生比例居然一样，都只有3%。而后实验继续，这次实验别的都没变，只是实验者在手册上增加了两点内容：一个是增加了一张去校医院的地理位置图；另一个是增加了疫苗接种的具体时间。然而，就是这两个看上去没什么意义的内容，最终让去注射疫苗的学生人幅增加，比例增至28%，提高了9倍多。

任务的难易程度会直接影响人们完成某一行动的可能性，要提高预想行为的发生率，行为要简便易行或降低用户成本（时间、金钱、精力……），让用户行为很容易发生。例如刷抖音，只需要上下滑动即可翻页，双击屏幕即可点赞，沉浸式体验不干扰用户，让用户简单操作就能获得无限的乐趣。

4. 触发条件

触发就是在合适的时机，用合适的方式，引导或说服用户去做他力所能及的事情，可以分为火花刺激、引导促进和信号传播三类。

（1）火花刺激：即在用户犹豫不决即没有足够的动机时，需要用某些方式刺激或加强用户动机。

（2）引导促进：用户有一定的动机，但不知道怎么做或是完成有难度，犹豫不决，可能流失时，进行恰当的引导可以辅助用户进行转化。

(3) 信号传播：用户既有动机，又能够顺利完成，此时，只要在合适的时机传达相关信号，就可以促使用户进行更多的行为转化。

即使你是非刚需产品，甚至还是低频产品，只要你够专业、够垂直、够人性化，可以快速做到个性化匹配，就有可能变成客户刚需产品，胜过那些高频产品。

【典型案例】

某个周末你独自在家，饿了，不想自己做也不想点外卖，于是决定出去吃饭。

选择1：楼下有一家你常去的餐厅，很符合你的口味，但是由于经常去，几乎所有菜品你都吃过了，也没有什么新意。

选择2：有一家新开的高档餐厅，你很久之前就想去尝一尝，但因位置在你居住城市的另一边，你也有些犹豫。你决定边下楼边想……

场景1：在楼下路过常去的餐厅，你发现平时最喜欢的菜今日半价，你会决定，好吧，就这家了。

吃饱（低动机）＋楼下餐厅（易做）＝不确定行为

吃饱（低动机）＋楼下餐厅（易做）＋触发器（今日半价）＝高概率行为

场景2：在此时，你的手机收到一条短信，那家新开的高档餐厅给你发了一个全餐半价的优惠券，你又会决定，还是高档餐厅吃顿大餐吧。

吃好（高动机）＋城市另一边（难做）＝不确定行为

吃好（高动机）＋城市另一边（难做）＋触发器（优惠券）＝高概率行为

从以上两个示例可以看出，实际上"动机＋能力＋触发器"是三位一体在共同影响普通人的行为，而最高概率发生行为应该是：高动机＋易做＋有触发器。

提示：

(1) 外部触发：即是直接看到、听到或感受到的那些刺激或提示语。

(2) 内部触发：即在某个场景下，用户心理上的痛点被再次激起。

（三）黏性产品实例

1. 黏性产品

1）原厂配件实例

案例研究：宝马原厂制动系统。

宝马，作为声誉卓越的豪华汽车品牌，其原厂制动系统堪称优质黏性产品。经过严苛的质量检测与匹配测试，宝马原厂制动系统得以确保与车辆完美适配，为车主带来卓越的制动性能与安全性。选用宝马原厂制动系统，车主不仅能享有稳定的制动表现，还能降低制动故障的风险，同时维护车辆的原始价值及吸引力。

黏性产品的作用：

对于宝马车主而言，选择宝马原厂制动系统意味着获得了卓越的制动性能，这是保持驾驶安全的关键因素。宝马原厂制动系统的高品质材料和精确工艺确保了其稳定性和耐用性，减少了因制动系统问题导致的故障和维修需求。此外，使用原厂配件还能够保持车辆的原始价值和吸引力，对于打算长期使用或出售车辆的客户来说，这是一个重要的考虑因素。

2）保养套餐实例

案例研究：丰田定期保养计划。

丰田汽车所推出的定期保养计划，实质上是一种典型的保养套餐。该计划涵盖了一系列定期保养项目，如机油的更换、空气滤清器的清洗等，旨在为客户提供全方位的一站式服务。通过实施这一定期保养计划，丰田汽车的目标在于预防潜在问题，从而维护车辆的性能并延长其使用寿命。车主因此可以享受到便捷服务、高效的成本效益以及预防性的维护优势，从而降低未来可能产生的维修费用。

黏性产品的作用：

丰田定期保养计划的黏性体现在其便利性和成本效益上。通过购买保养套餐，车主可以享受一站式服务，无须单独预约或选择每一项保养项目，节省了时间和精力。此外，保养套餐通常提供批量优惠，使车主能够以更优惠的价格获得高质量的保养服务。最重要的是，定期保养能够预防潜在问题，保持车辆的良好状态，延长车辆的使用寿命，从而节省未来可能出现的维修费用。

3）延长保修服务实例

案例研究：奔驰延长保修计划。

奔驰汽车所提供的延长保修计划是一项深受欢迎的附加服务。该计划能在车辆原厂保修期满后，为客户继续提供涵盖关键汽车部件的额外保修期限。通过购买延长保修服务，车主得以获得更深厚的安心保障，减轻意外维修带来的经济负担。同时，延长保修服务还能提升车辆的整体价值，对于长期使用或拟将车辆转让的客户而言，这无疑是一个颇具吸引力的选项。

黏性产品的作用：

奔驰延长保修计划的黏性在于其为车主提供了额外的安心保障。当车辆原始保修期结束后，车主可能会面临未知的维修费用风险。通过购买延长保修服务，车主可以确保在保修期内出现的故障或损坏得到经济上的支持，减少了因高昂维修费用而带来的经济压力。此外，延长保修服务还增加了车辆的整体价值，对于计划长期使用或未来打算出售车辆的客户来说，这是一个具有吸引力的优势。

2. 黏性服务

案例研究1：奥迪道路救援服务。

奥迪汽车所提供的道路救援服务，堪称售后服务领域的专业典范。在奥迪车主遭遇道路意外故障之时，仅需拨打救援电话，奥迪道路救援服务团队便会迅速做出响应，并提供包括拖车及现场维修在内的各项支持。此举不仅为车主提供了坚实的安全保障，而且减轻了他们的困扰。

黏性服务的作用：

奥迪道路救援服务的黏性在于其为车主提供了安全保障和便利。当车主在道路上遇到突发故障时，及时的救援支持能够减少他们的困扰和焦虑。道路救援服务团队的专业性和高效性确保了车主得到及时的帮助，并减少了因故障而引发的额外费用和时间成本。这种服务不仅增强了奥迪品牌的信任度，还提高了车主对品牌的忠诚度。

案例研究2：特斯拉超级充电站网络。

特斯拉汽车公司的超级充电站网络堪称道路救援服务的典范。借助特斯拉导航系统，车主在行驶过程中可轻松定位附近充电设施，并为车辆享受高速充电。此举不仅化解了电动车主的续航担忧，亦为充电环节带来便捷体验，从而进一步提升特斯拉品牌魅力及客户忠诚度。

黏性服务的作用：

特斯拉超级充电站网络的黏性在于其为电动车主解决了续航焦虑问题。电动车的续航里程一直是消费者关注的焦点，而特斯拉的超级充电站网络提供了便捷的充电解决方案。车主可以在旅途中轻松找到充电站，并利用高速充电设施快速为车辆充电，确保了行程的顺利进行。这种服务不仅增强了特斯拉品牌的吸引力，还提高了电动车主的满意度和忠诚度。

案例研究3：保时捷车主俱乐部。

保时捷车主俱乐部致力于为保时捷车主提供一系列专属会员权益。会员尊享包括维修折扣、优先预约以及专属活动等福利。此外，俱乐部还定期组织会员间的互动交流及活动，强化了车主之间的社区联系与归属感。这些会员权益不仅提升了车主的满意度与忠诚度，还为保时捷品牌创造了更多口碑传播契机。

黏性服务的作用：

保时捷车主俱乐部的会员特权增强了车主对品牌的归属感和忠诚度。会员可以享受专属的优惠和服务，如维修折扣和优先预约，这节省了他们的时间和金钱。此外，俱乐部还定期组织会员活动，为车主提供了交流和互动的平台，增强了车主之间的社区感。这种会员特权不仅提高了车主的满意度，还为保时捷品牌创造了更多的口碑传播机会，吸引了更多潜在客户的关注。

课后测试

【多选题】
1. 福格行为模型中的三个要素是什么？（　　）
   A. 客户动机　　　　B. 行为能力　　　　C. 触发条件
2. 黏性产品的内涵特征有哪些？（　　）
   A. 是否刚需　　　　B. 不可替代性　　　　C. 感知有用性
   D. 用户体验　　　　E. 客户需求频次　　　F. 转移成本
3. 福格行为模型中，触发条件有（　　）。
   A. 火花　　　　B. 促进　　　　C. 信号　　　　D. 传递
4. 下列对于"感知有用性"的定义正确的是（　　）。
   A. 能否真正解决用户的痛点，满足需求，对用户有真实的价值
   B. 是否能够让用户获得精神、物质上的收益，或者便利性
   C. 能否让客户推广其有用性
   D. 能否解决用户生活上的不便
5. "广义用户体验"指的是（　　）。

A. 使用体验 B. 情感体验
C. 满意度 D. 体验多元性

【判断题】

1. 只有当一个人有足够的动机，并有能力去做到，而且有能触发用户行动的触发器来提醒时，一个行为才最终可能发生。（   ）

2. 只要产品好就能让顾客再次购买，因为商品是最重要的，服务不服务好顾客无所谓。（   ）

3. 黏性产品的最高境界就是让产品进入客户的"习惯区间"，让产品成为客户的一种习惯。（   ）

【填空题】

1. 对黏性产品的客户动机设计进行评估，主要从客户感觉、客户期待和_____三个方面开展。

2. 黏性产品有一种很高的境界就是制动_____。

任务3-2　关怀活动设计

任务背景

随着竞争的日益激烈，企业依靠基本的售后服务已经不能满足客户的需要，必须提供主动的、超值的、让客户感动的服务才能赢得客户信任。通常企业会根据客户的特征进行细分，开展针对性的客户关怀活动，来维系企业与客户之间的友好关系。

任务描述

某汽车服务企业通过客户数据对比分析发现，今年的售后业务量比去年同期下降较多，有一些老客户没有继续返店做定期保养，因此，为了让更多的老客户到店，售后部门策划了一期针对老客户的关怀活动（客户爱车讲堂），那么对于有效地执行此次策划活动，你会给出哪些建议呢？

任务准备

(一) 课前热身

通过设计有效的客户关怀活动，可以提升客户满意度和忠诚度；在未来的职业生涯中，能够更好地服务客户和满足市场需求，能够培养解决实际问题的能力，帮助我们更好地适应不断变化的市场环境，并在竞争中脱颖而出。如何进行关怀活动设计？请通过扫描二维码，观看"关怀活动执行"系列微课。

微课
关怀活动设计

(二) 任务分析

设计一系列的策略和行动，深入了解并满足客户的需求和期望。通过客户关怀活动的设计可以提供个性化的体验，增强品牌形象，促进口碑营销，及时解决客户问题，优化服务和产品，增加交叉销售和增值服务的机会，降低客户流失率。同时，企业可以更好地与客户建立长期稳定的关系，实现企业长期发展的目标。

任务实施

根据任务描述，对照下方的要求完成"关怀活动设计表"任务。

步骤一：活动节点确认

提示：在关怀活动设计中选择合适的活动节点对于吸引客户和提升客户满意度至关重要。以下是一些建议的活动节点：

（1）特定节日：如春节、国庆节、中秋节等，这些节日是大多数客户都有空闲时间的时期，有利于提高活动的参与率。

（2）企业周年庆：企业周年庆是增强客户对企业的认同感和忠诚度的时机。

（3）特定季节：如夏季、冬季等，可以针对不同季节的特点设置相应的活动主题，如夏季保养、冬季驾驶技巧等。

（4）重大活动：如新车发布会、技术研讨会等，可以通过这些活动向客户展示企业的最新动态和产品特点。

活动节点确认	
活动主题	
活动副标题	
活动时间	
活动地点	
活动周期	
集中培训时间	
集中培训地点	
集中培训要求	

步骤二：活动环节设置

提示：设计售后客户关怀活动环节，目的是提高客户的满意度和忠诚度。

（1）例：免费检测服务，即为客户提供免费的车辆检测服务，包括发动机、制动系统、底盘、空调等关键部位的检测。这有助于发现潜在问题并及时解决，提高客户对企业的信任度。

（2）例：优惠促销活动，即针对经常光顾的客户，可以推出一些优惠促销活动，如折扣、赠品等，以回馈客户的长期支持。

（3）例：互动交流环节，即设立一个互动交流环节，让客户分享他们的驾驶经验和技巧，或者提出对产品与服务的建议和意见，这有助于增强企业与客户之间的互动和联系。

（4）例：产品知识讲座，即邀请专业技术人员或产品专家为客户讲解汽车产品的使用技巧、保养方法等知识，提高客户的消费意识和自我保护能力。

（5）例：客户反馈机制，即建立有效的客户反馈机制，及时收集与处理客户的意见和建议，确保客户的诉求得到满足或合理的解释。

（6）例：个性化关怀服务，即根据客户的购车记录和维修保养记录，提供个性化的关怀服务，如定期提醒保养、生日祝福等，让客户感受到企业的用心和关怀。

活动环节设置	
活动一	
内容说明	
活动二	
内容说明	
活动三	
内容说明	

续表

活动环节设置	
活动四	
内容说明	
活动五	
内容说明	

步骤三：内促方案

提示：为保证活动的顺利进行，需制定相应的内部激励方案，以提高员工的积极性和服务质量。

（1）员工奖励机制：对在活动中表现优秀的员工给予物质或荣誉奖励，如最佳服务员工、最佳销售员等。这样可以激发员工的工作热情和积极性。

（2）团队合作奖励：鼓励团队之间的合作与配合，设置团队目标并达成奖励。这样可以增强团队的凝聚力和协作精神。

（3）培训与提升计划：为参与活动的员工提供相关的培训和进修机会，帮助他们提升专业知识和服务技能。这有助于提高员工的服务水平和满意度。

内促方案	

步骤四：集客宣传方式

提示：

（1）社交媒体宣传：利用微博、微信、抖音等社交平台发布活动信息，配以吸引人的图片和视频。与客户互动，回答他们的问题，提高活动知名度。

(2)短信/邮件营销：向已注册的客户和潜在客户发送短信或邮件，介绍活动详情和邀请参与。个性化的信息更能引起客户的兴趣。

(3)线下宣传物料：在汽车销售门店、维修保养车间等地方放置宣传展板、海报等物料，吸引路人的关注。

(4)合作伙伴推广：与其他企业或机构合作，通过互惠合作的方式互相宣传活动，扩大影响力。例如与加油站、保险公司等合作推广活动。

(5)媒体报道：主动联系新闻媒体，邀请他们报道活动。通过媒体的传播，提高品牌知名度和活动的参与度。

集客宣传方式	

步骤五：汇报"关怀活动设计"任务

任务评价

小组指派代表汇报本小组工单完成情况及展示成果，并完成客户关怀活动方案设计任务评价表3-2-1。

表3-2-1 客户关怀活动方案设计任务评价表

评定指标		权重	评价			
			第1组	第2组	第3组	第4组	第5组
总体评价	1. 是否符合行业和客户习惯，能够吸引客户参与	5					
	2. 是否丰富多样且满足客户需求，是否有吸引力	7					

续表

评定指标		权重	评价				
			第1组	第2组	第3组	第4组	第5组
总体评价	3. 内促方案设计完整 （包含激励、培训、提升计划）	15					
	4. 话术设计包含竞争对手服务比较回应 （影响力、创新点、集客宣传）	8					
	5. 成果展示汇报效果 （展示风采、清晰传达）	5					
过程评价	1. 计划完整，准备充分，执行有序	3					
	2. 相关信息、数据记录完整、整洁	4					
	3. 介绍话术合理、恰当	7					
	4. 言行举止规范到位	4					
	5. 能抓住任务内容的关键	7					
	6. 对任务内容分析全面、合理	7					
	7. 小组分工合理，合作能力强	7					
合计							
主要收获	（本组在本任务训练过程中的主要收获或经验）						
问题与建议	（本组在任务完成过程中所遇到的问题、原因分析及改进建议）						

知识链接

（一）关怀活动的重要性

活动设计，顾名思义，是指为了实现特定的目标，通过系统的策划和安排，将各种相关元素进行整合、组合，创造出能够吸引参与者兴趣、满足其需求的过程。在当今市场竞争激烈的环境中，活动设计在企业营销策略中占据了重要地位，它能有效增强品牌形象、提高客户满意度和建立长期客户关系。

【典型案例】

车马行的传奇

在遥远的古代,有一个知名的车马行,凭借周到的服务赢得了众人的信赖。然而,随着时间的流逝,竞争对手如雨后春笋般涌现,使得车马行的领先地位岌岌可危。为了保持辉煌,车马行的主人决定采取一种全新的经营策略。

但是,每位顾客的需求和品味各不相同,因此他要求车夫们细心观察每位顾客的习惯和喜好。对于长途旅行的顾客,车夫们会准备更加舒适的马鞍和毛毯;而对于追求速度的顾客,他们会挑选速度更快的马匹。每当节日来临之际,车马行都会为每位顾客送上一份精心准备的礼物和温馨的节日祝福。他们还特别关注顾客的马匹,确保它们得到妥善照顾,在行驶过程中始终保持最佳状态。

经过一段时间的努力,车马行的服务赢得了顾客的广泛赞誉。许多顾客纷纷表示,他们感受到了车马行的用心和关怀,愿意再次选择到这里服务。随着口碑的传播,车马行的名声逐渐远扬,吸引了更多的顾客前来光顾。

车马行的服务在一段时间的努力后,赢得了众多顾客的青睐与称赞。随着口口相传,车马行的名声逐渐远扬,吸引了越来越多的新顾客前来体验。

动画 车马行的传奇

1. 增强品牌形象

活动设计通过独特、富有创意的策划和执行,将企业的品牌理念深入人心,使消费者对品牌产生认同感和好感。例如,企业可以举办各类线上线下活动,如新品发布会、节日庆典、公益活动等,以吸引消费者关注,提升品牌知名度、美誉度和忠诚度。

2. 提高客户满意度

客户满意度是衡量企业服务质量的重要指标,活动设计在此方面发挥着关键作用。通过举办各类针对性强的活动,如定制化的体验活动、优惠促销活动等,可以让客户在参与过程中感受到企业的关心与诚意,从而提高客户满意度。此外,活动设计还可以为企业收集客户反馈,以便及时调整服务策略,进一步优化客户体验。

3. 建立长期客户关系

活动在客户关系管理中具有重要作用。通过定期举办会员活动、积分兑换活动等,企业可以与客户保持长期联系,加深彼此了解。同时,活动设计还可以促进客户之间的互动,形成良好的口碑,为企业带来更多新客户。在此基础上,企业还需不断优化产品和服务,以实现客户价值的持续提升。

(二)关怀活动设计要点

1. 挖掘目标客群

通过细致的市场调研和温馨的客户访谈,深入了解目标客户的喜好、需求和期望。对于年轻家庭,我们关注他们对汽车安全、舒适度和燃油效率的重视程度;对于商务人士,我们洞察他们对汽车品牌形象、内饰配置和驾驶性能的期待。

【案例】某汽车品牌为年轻家庭量身打造了一系列亲子互动活动,以亲子互动的方式走进家庭客户的心灵。活动内容丰富，包括亲子驾驶培训、家庭露营体验等环节，使客户在轻松愉快的氛围中感受到汽车的多元化用途，增进了品牌与客户的情感纽带。

2. 赋予体验价值

确保活动内容与汽车紧密相连，为客户提供有价值的信息和难忘的体验。举办技术讲座，邀请专业人士为客户揭开汽车技术的神秘面纱；组织驾驶技巧培训，助力客户提升驾驶技能；提供试驾机会，让客户亲身感受车辆的卓越性能。

【案例】某汽车品牌在车展上引领未来驾驶潮流，推出"未来驾驶体验"活动，让客户试驾最新款电动汽车，并展示其智能驾驶辅助系统。客户试驾后对电动汽车的舒适性和智能性有了更深刻的认识，同时也对品牌产生了更强烈的兴趣，为品牌赢得了良好的口碑。

3. 优化活动流程

精心规划活动流程，确保各个环节顺畅进行，为客户带来完美的参展体验。提前进行模拟演练，确保活动现场秩序井然；提供充足的休息区和餐饮服务设施，提升客户的舒适度和满意度。

【案例】某汽车品牌在车展活动中为客户呈现了一场精彩的盛宴。活动伊始，专业主持人引领客户参观展车，详细介绍产品特点；随后安排互动环节，让客户参与趣味游戏和抽奖活动，欢声笑语此起彼伏；最后提供茶歇和交流空间，让客户有机会与品牌代表深入交流心得。整个流程紧凑有序，得到了客户的一致好评和赞赏。

4. 创新活动形式

结合新技术和创新理念，为汽车关怀活动注入新颖的形式和互动环节，激发客户的参与热情。利用虚拟现实技术为客户呈现车内全景体验，让他们身临其境地感受汽车内部细节；开展创意涂鸦活动，让客户的想象力在汽车外观上绽放个性化魅力；组织汽车主题摄影比赛，让客户用镜头捕捉汽车的无限魅力。

【案例】某汽车品牌引领潮流，推出了一项名为"智能生活伙伴"的活动。利用虚拟现实技术为客户带来沉浸式的车内体验，通过 VR 眼镜，客户可以感受到车内各个细节的精妙之处，包括座椅舒适度、中控台布局以及智能互联功能等。此外，品牌还邀请知名设计师为客户展示创意改装方案，激发他们对个性化定制的无限遐想。这种新颖的活动形式吸引了大量客户的目光和参与热情，有效提升了品牌的知名度和好感度。

（三）关怀活动核心理念

1. 提供"家一样的关怀"服务体验

汽车服务机构可以借鉴东风雪铁龙汽车售后服务的理念，为客户提供"家一样的关怀"。这包括在服务流程和服务标准上追求与全球同步，确保客户在任何一家服务维修网点都能享受到统一的高品质服务。

【案例】某汽车 4S 店为了给客户提供"家一样的关怀"服务体验，特别设置了客户休息区，提供免费的茶水、杂志和电视，还有专门为儿童准备的玩具和读物。此外，客户还可以通过店内的 iPad 查看维修进度和费用明细，这让他们感觉就像在家一样舒适。

2. 落实七项服务承诺

服务机构可以将关怀理念具体化为七项服务承诺，如主动关怀、全程关怀、诚挚关怀、专业关怀、紧急关怀、温馨关怀和全面关怀。这些承诺应贯穿于客户服务的全过程，从客户进入服务站开始，到故障诊断、维修工作、质量检查、开具发票等每一个环节，都要体现出对客户的关心和尊重。

【案例】某汽车维修店将主动关怀、全程关怀、诚挚关怀、专业关怀、紧急关怀、温馨关怀和全面关怀这七项服务承诺都融入了日常工作中。有一次，一位客户的车在路上突然抛锚，该维修店立即派出救援人员，并在短时间内修好了车辆，这就是对"紧急关怀"的最好体现。

3. 建立客户档案，提供个性化服务

为每位客户建立详细的档案，记录车辆信息、维修记录、保养提醒等，以便为客户提供个性化的服务。

【案例】某汽车美容店为每位客户建立了详细的档案，记录他们的车辆信息、驾驶习惯以及保养需求。根据这些信息，他们为客户推荐了适合的汽车美容方案和保养项目，如定制的洗车套餐、适合客户驾驶习惯的机油等。

4. 透明化定价与费用明细

制定透明化的定价策略，并向客户提供详细的费用明细。这包括每项服务的具体价格、计算方式以及维修过程中可能产生的额外费用，让客户对服务费用有清晰的了解，增强客户的信任度。

【案例】某汽车维修中心在接待客户时，会详细解释每一项服务的价格和必要性，还会提供维修费用预估。在维修过程中，如果有额外的费用产生，他们也会及时告知客户，并解释原因。

5. 定期回访与维护提醒

在服务完成后，定期回访客户，了解车辆的使用情况和客户的反馈意见。同时，根据车辆的保养周期和使用状况，及时提醒客户进行维护和保养，确保车辆的性能和安全性。

【案例】某汽车服务连锁店在完成维修或保养服务后，都会进行定期回访，询问客户对服务的满意度和车辆使用情况。他们还会根据车辆的保养周期，通过电话或邮件提醒客户进行保养，这不仅确保了车辆的安全性，也提高了客户的满意度。

6. 推广环保与节能技术

关注环保与可持续发展，推广使用环保型汽车美容产品和节能减排的维修技术。这不仅可以为客户提供更加环保的服务，也有助于提升企业的社会形象和竞争力。

【案例】某汽车修理厂积极推广使用环保型汽车美容产品和节能减排的维修技术。例如，他们使用环保水性漆进行车身喷涂，减少了传统油漆对环境的影响。此外，他们还为客户提供节油驾驶建议，帮助客户降低油耗。

7. 提供紧急救援服务

为客户提供紧急救援服务，如故障拖车、现场抢修等。在客户遇到突发情况时，能够迅速响应并提供帮助，让客户感受到关怀和支持。

【案例】某汽车服务中心提供24小时的紧急救援服务。有一次，一位客户的车在高速公路上突然故障，无法起动。该服务中心接到电话后立即派出救援人员，对车辆进行了紧急检修，使车辆恢复正常工作。这种快速响应和专业的服务让顾客非常感激。

【选择题】

1. 在活动策划中，最关键的环节是什么？（　　）
   A. 创意设计　　　　　　　　　B. 预算控制
   C. 时间安排　　　　　　　　　D. 场地选择

2. 在活动策划中，以下哪个环节最容易被忽视？（　　）
   A. 目标设定　　　　　　　　　B. 风险评估
   C. 费用预算　　　　　　　　　D. 场地选择

3. 在评估活动效果时，以下哪个指标最重要？（　　）
   A. 参与者的满意度　　　　　　B. 活动成本
   C. 活动现场秩序　　　　　　　D. 活动主题的吸引力

4. 在活动策划中，以下哪个因素最难控制？（　　）
   A. 参与者的数量　　　　　　　B. 活动流程的顺畅度
   C. 活动主题的选择　　　　　　D. 外部环境的变化

5. 在活动策划中，以下哪个因素最难以预测？（　　）
   A. 参与者的互动体验　　　　　B. 活动现场的氛围
   C. 活动主题的吸引力　　　　　D. 外部环境的变化

【判断题】

1. 在活动设计中，明确的目标是必不可少的。（　　）
2. 在关怀活动中，提供有价值的体验和信息比活动形式更重要。（　　）
3. 在评估活动效果时，参与人数是一个重要的指标。（　　）
4. 客户满意度是衡量企业服务质量的重要指标，活动设计在此方面发挥着关键作用。（　　）
5. 通过设计有效的客户关怀活动可以提升客户满意度和忠诚度。（　　）

【填空题】

1. 在活动设计中，为了提高_____，了解受众的需求和兴趣至关重要。
2. 一个成功的活动设计应该能够实现_____、_____和_____三个目标。
3. 在关怀活动中，为了优化活动流程，需要考虑_____、_____和_____等因素。
4. 关怀活动的重要性有_____、_____和_____。
5. 关怀活动设计要点有_____、_____、_____和_____。

【简答题】

1. 简述在活动设计中，如何实现整合资源的策略。

2. 请说明在关怀活动中,创新活动形式的意义。
3. 简述在评估活动效果时,为什么参与者的反馈很重要。

任务3-3 服务流程点检

任务背景

在当今商业环境中,时间与财富紧密相连,效率则关乎企业的生命力。为了确保企业稳定、高效、合规地运营,我们需要定期审查和评估服务流程,以提升效能、降低风险,并持续推动流程的优化与合规性。这样不仅可以提升企业的运营效果,更能为企业长远发展注入强大动力。

任务描述

某汽车品牌4S店收到品牌总部通知,近期将对各地经销商的售前及售后流程执行情况进行"明察"或"暗访",并以此作为评估各经销商售前售后流程规范性的依据。为确保顺利通过总部的评估,该店计划在总部到来前先行开展一次内部自查,模拟服务流程点检相关任务。

任务准备

(一)课前热身

在现代汽车企业中,优化服务流程不仅仅是一个口号,而是关乎生存与发展的关键。高效、顺畅的服务流程是确保服务质量和客户满意度的关键。如何通过服务流程点检来优化这些流程,提升企业的运营效率和竞争力。请通过扫描二维码,观看"服务流程点检"系列微课。

微课
服务流程点检

(二)任务分析

1. 服务流程点检工具

随着汽车市场的竞争日益激烈,经销商的服务质量成为企业赢得客户信任和忠诚度的关键因素。为了确保经销商的服务质量,企业通常会采用明检和暗检两种方式进行检查。图3-3-1所示为企业服务点检示意图。

1)明检——确保服务质量的利器

在当今竞争激烈的市场环境中,企业要想在行业中脱颖而出,提供优质的服务是关键,许多企业采用了明检这一管理手段,即经销商服务过程中进行公开、明显的质量检查,通常在客户到店时进行,以确保客户获得满意服务。通过明检,企业能够及时发现并整改服务过程中的问题,提高客户满意度。

图 3-3-1　企业服务点检示意图

（1）明检的实施优势。

提升服务质量：明检要求工作人员在客户面前展示出专业、热情的服务态度，这是提升企业形象的关键要素。客户在面对热情且专业的服务人员时，会感受到企业的用心和关注，从而提高他们对购物体验的满意度。此外，专业且热情的服务态度还能增强客户的信任感，使他们更愿意再次光顾。

发现并解决问题：明检是一种有效的管理手段，能让企业在第一时间发现服务过程中的问题。发现问题后，企业可以及时调整服务策略，确保服务流程的顺畅。这种积极主动的态度，不仅能避免问题恶化，还能将问题转化为机会，提升企业的竞争力。

增强员工责任心：明检让员工意识到自己的工作表现处于监督之下，有助于提高员工的责任心。责任心强的员工会更加注重工作细节，努力提升自身业务水平，以满足客户需求。此外，明检还能激发员工的自我管理能力，促使他们自觉遵守企业规章制度，提高工作效率。

提高客户满意度：明检有助于确保客户在购物过程中得到关注和满足。当客户感受到企业对他们需求的重视后，他们会更加信任和满意企业提供的产品和服务。客户满意度的提高，对企业来说意味着口碑的提升、业绩的增长，进而实现企业的可持续发展。

（2）明检的局限性及应对措施。

明检的局限性主要表现在以下几个方面：

①检测范围有限：明检主要针对特定领域或特定类型的问题进行检测，对于跨领域或复杂类型的问题，明检的检测效果可能会受到影响。

②准确性受限于训练数据：明检的准确性很大程度上取决于训练数据的质量和数量。如果训练数据质量不高或数量不足，则明检的检测准确性也会受到影响。

③过拟合现象：明检模型在训练过程中，可能会过度拟合训练数据，导致在新的数据上表现不佳。

④抗干扰能力不足：明检在面对干扰因素较多的情况下，如噪声、类似物的干扰等，检测准确性可能会受到影响。

明检的几个方面应对措施如下：

①优化检测方法：通过不断改进明检算法，提高其在不同领域和复杂类型问题上的检测性能。

②数据增强：通过数据增强技术，如数据清洗、数据融合等，提高训练数据的质量和数量，从而提高明检的准确性。

③采用集成学习：将多个不同结构的明检模型组合起来，提高检测准确性，同时降低过拟合风险。

④增强抗干扰能力：通过引入对抗训练、正则化等技术，提高明检模型在面对干扰因素时的稳定性和准确性。

⑤与其他检测方法结合：将明检与其他检测方法（如暗检、半监督检测等）相结合，充分发挥各自优势，提高整体检测性能。

2）暗检——隐蔽的质量检查锐器

暗检，作为一种隐蔽的质量检查方式，旨在对企业经销商的服务质量进行真实、客观的评估。通过暗检，企业能够在不对客户体验产生干扰的前提下，深入了解经销商在实际工作中的服务表现，从而为提升服务质量提供有力支持。

（1）暗检在经销商服务评估中的应用。

①了解客户真实感受：暗检通常在客户离店后进行，此时经销商的服务压力相对减轻，客户也更容易真实地表达自己的感受和需求。通过这种方式，企业可以更好地了解客户对经销商服务的实际评价，为改进服务提供依据。

②评估经销商服务水平：暗检可以让企业客观地观察和分析经销商在服务过程中的表现，如沟通技巧、专业知识、问题解决能力等。通过这些方面的评估，企业可以全面了解经销商的服务水平，并针对不足之处进行培训和指导。

③发现潜在问题：暗检有助于企业发现经销商服务中存在的潜在问题，如服务流程不完善、信息传递不畅等。这些问题可能会影响到客户的满意度，进而对企业形象产生负面影响。通过暗检，企业可以及时发现问题，采取相应措施进行整改。

（2）暗检的局限性与应对措施。

①成本较高：暗检需投入额外资源，如测试设备、人力等，因此成本相对较高。为了降低成本，企业可以尝试采用电子化暗检方式，如线上调查、客户满意度评分等，从而实现对经销商服务的实时、动态评估。

②难以全面覆盖：暗检的样本数量和范围有限，难以全面覆盖所有经销商和服务场景。为弥补这一局限，企业可以结合其他评估方法，如明检（直接观察和评价经销商服务过程）、客户满意度调查等，形成多元化的评估体系。

任务实施

根据任务描述，对照下方的要求完成"服务流程点检表"任务。

提示：请根据案例视频内容，对不符合规定之处进行标注，并就整改措施提出具体建议。在"问题描述"板块中，详细说明不符合规定之处，并针对这些问题，提出切实可行的整改措施。同时，注意语言表达的严谨性和稳重性，确保内容的准确性。

序号	点检任务名称	问题描述	处理措施建议
1	销售流程点检		
2	售后流程点检		

任务评价

小组指派代表汇报本小组工单完成情况及展示成果,并完成服务流程点检任务评价表 3-3-1。

表 3-3-1 服务流程点检任务评价表

评定指标		权重	评价				
			第1组	第2组	第3组	第4组	第5组
总体评价	1. 销售流程点检问题描述到位 （描述清楚、准确）	5					
	2. 销售流程点检处理措施建议合理 （建议措施是否明确、具体、有逻辑性）	7					
	3. 售后流程点检问题描述到位 （描述清楚、准确）	15					
	4. 销售流程点检处理措施建议合理 （是否具有创新性，能够提升客户体验）	8					
	5. 成果展示汇报效果 （展示风采、清晰传达）	5					
过程评价	1. 计划完整，准备充分，执行有序	3					
	2. 相关信息、数据记录完整、整洁	4					
	3. 介绍话术合理、恰当	7					
	4. 言行举止规范到位	4					
	5. 能抓住任务内容的关键	7					
	6. 对任务内容分析全面、合理	7					
	7. 小组分工合理，合作能力强	7					
合计							
主要收获	（本组在本任务训练过程中的主要收获或经验）						
问题与建议	（本组在任务完成过程中所遇到的问题、原因分析及改进建议）						

> 知识链接

（一）服务流程点检的概念和目的

汽车企业服务流程点检是一种系统性的审查方法，旨在深入剖析企业内部的各个服务流程，从而发现潜在的问题、优化空间以及改进方向。这种点检不仅关注流程的执行效率，还注重流程的质量、合规性以及与企业战略目标的契合度。通过服务流程点检，汽车企业可以全面提升自身的运营水平，增强市场竞争力，实现可持续发展。

1. 提高运作效率

在汽车企业的日常运营中，各个服务流程之间存在着紧密的联系和相互影响。服务流程点检通过系统地审查这些流程，可以发现并消除其中的冗余、重复和低效现象，从而提高企业的整体运作效率。这不仅有助于降低企业的运营成本，还可以提高员工的工作满意度和积极性，进一步增强企业的竞争力。

2. 提升客户满意度

客户满意度是衡量汽车企业成功与否的重要指标之一。通过服务流程点检，企业可以更加深入地了解客户的需求和期望，从而发现产品与服务中存在的不足和问题。在此基础上，企业可以有针对性地优化产品和服务，提高客户满意度。同时，通过收集与分析客户的反馈和评价，企业还可以不断改进和优化服务流程，确保为客户提供更加优质、个性化的服务。

3. 确保合规经营

在汽车行业中，合规经营是企业稳健发展的基础。服务流程点检可以确保企业的各项服务符合国家法规和行业标准，降低违规风险。通过审查服务流程的合规性，企业可以及时发现并纠正潜在的问题和不足，从而避免可能面临的法律风险和处罚。这不仅有助于企业树立良好的社会形象，还可以保障企业的稳定运营和长期发展。

4. 实现企业战略目标

服务流程点检不仅关注当前的运营状况，还着眼于企业的未来发展和战略目标。通过对服务流程的深入分析和优化，企业可以发现并利用自身的优势资源，提高核心竞争力。同时，根据市场变化和自身发展需求，企业可以调整和优化战略目标，确保其可执行性和实现性。这样，企业就能够更加精准地把握市场机遇，实现可持续发展。

总的来说，汽车企业服务流程点检是一种重要的管理手段，有助于企业提高运作效率、提升客户满意度、确保合规经营以及实现企业战略目标。在未来的发展中，汽车企业应充分利用服务流程点检这一工具，不断优化自身的服务流程和管理体系，以适应不断变化的市场环境和客户需求。

【典型案例】

匠心之巅：公输般的探索之旅

春秋战国时期，有一位名叫公输般的工匠，他技艺高超，被誉为"匠人中的匠人"。他的故事，一直流传至今。

动画
匠心之巅：
公输般的探索之旅

公输般的出生家庭并不富裕,但他自幼聪明好学,对木工制作充满了浓厚的兴趣。他经常捡拾木材,自己琢磨制作各种小玩意儿。渐渐地,他的作品越来越精美,甚至引来了邻里们的围观和称赞。

然而,公输般并不满足于现状。他总觉得,手工艺行业虽然有着悠久的历史,但长期以来缺乏统一的标准和规范,导致技艺传承时出现很多遗漏和误解。

于是,公输般开始了漫长而艰苦的探索之旅。他走遍大江南北,与各地的工匠交流切磋。他与各地工匠深入交流,虚心请教,不断吸取他们的经验和智慧。

经过多年的努力,他终于总结出了一套完整的木工制作标准和流程,包括选材、切割、打磨到组装、验收等各个环节。为了让更多的人了解和学习木工技艺,公输般决定将自己的经验和知识整理成书。经过多年的努力,《鲁班经》终于问世了。这本书不仅成为了木工行业的经典之作,还对后世的工艺制作产生了深远的影响。他的工匠精神和标准化理念激励着一代又一代的工匠们不断追求卓越、精益求精。

(二) 服务流程点检在企业管理中的重要性

1. 构建并维持竞争优势

在当今激烈的市场竞争中,汽车企业需要不断优化自身的服务流程,以提高运作效率和客户满意度。通过优化服务流程,企业可以在为客户提供高质量产品和服务的同时,降低成本、提高效益;企业可以深入了解自身的运营优势和短板,从而在激烈的市场竞争中保持领先。

2. 完善风险管理体系

服务流程点检是汽车企业及时识别并消除风险的关键途径。通过对企业内部的服务流程进行严谨的检查,可以揭示潜在的风险因素和问题,并迅速采取相应措施进行整改,这有助于汽车企业应对新兴风险,如数据泄露、供应链中断等;通过定期审查和调整服务流程,确保风险管理策略始终与市场环境保持同步,从而提高对潜在风险的预测和应对能力,降低突发事件对企业运营的影响。

3. 促进企业文化和团队建设

服务流程点检鼓励跨部门、跨层级的团队合作,促进了企业内部的沟通和交流。通过共同参与点检过程,不同部门和员工可以相互了解、相互支持,形成更加紧密的团队关系。这种团队精神和合作氛围有助于提升企业的整体执行力和创新能力。

4. 提升员工的专业素养和参与度

参与服务流程点检的员工不仅可以提升自己的专业知识和技能,还可以深入了解企业的战略目标和价值观。这种参与感和归属感有助于激发员工的工作热情和创造力,提高员工的满意度和忠诚度。同时,员工在点检过程中提出的改进建议和创新想法也可以为企业带来更多的价值。

5. 增强企业决策的准确性和透明度

通过服务流程点检,企业可以获得更加全面、准确的数据和信息支持,为企业的战略规划和决策提供坚实的数据基础。这种透明度和准确性的提高有助于增强企业决策的公信力和执行力,减少决策失误和内部矛盾。

6. 持续优化客户体验和服务质量

服务流程点检不仅关注企业内部流程的优化，还注重从客户角度出发，提升客户体验和服务质量。通过深入了解客户需求和反馈，企业可以有针对性地改进产品和服务，提高客户满意度和忠诚度。这种以客户为中心的服务理念有助于企业在竞争激烈的市场中脱颖而出。

7. 为企业创新和转型提供有力支持

在快速变化的市场环境中，汽车企业需要不断进行创新和转型，以适应新的市场需求和技术发展。服务流程点检可以为企业提供有力的支持和指导，帮助企业识别新的增长点和商业模式，推动企业的创新和发展。

服务流程点检在企业管理中具有至关重要的作用，它不仅有助于提高企业的运营效率、降低成本，还能有效防范潜在的风险。因此，对于汽车企业而言，高度重视并充分发挥服务流程点检的作用，是推动企业持续发展的重要保障。

【典型案例】

服务之旅

位于繁华都市边缘的一隅，有一家享有盛誉的汽车企业服务部门。该部门以优质服务和专业技能著称，但在快速发展过程中，一些潜在问题逐渐显现。为保持竞争优势，部门负责人李总意识到，有必要对服务流程进行全面检讨。于是，他组建了一支精英团队，旨在深入探究售前咨询、售中服务和售后支持等环节。

动画
服务之旅

团队首先从数据收集入手，深入剖析了过往几年的客户满意度调查、维修记录及员工绩效数据，在数据挖掘过程中，隐藏的问题逐渐浮出水面：维修周期过长、客户投诉率上升、员工工作积极性不高。随后，团队展开现场观察与访谈，发现大部分员工虽具备专业技能，但工作流程不明确导致工作效率低下，部分客户对售后服务响应速度不满意。

针对这些问题，团队展开根源分析，发现症结在于部门内部沟通不畅、流程管理不规范及员工激励机制不足。基于这些发现，团队拟定了一系列改进措施。他们重新设计了工作流程，强化了部门间的沟通与协作，同时引入了全新的员工绩效评估和激励机制，旨在提升员工工作积极性和服务质量。

在实施改进措施后，服务部门的工作效率和服务质量得到了显著提升；客户满意度大幅上升，投诉率大幅下降；员工士气明显提升，工作更加积极主动。李总感慨地说："此次服务流程检讨不仅帮助我们发现了问题，还为我们提供了一个持续改进的机会。我们将不断优化服务流程，确保客户始终满意。"

这个案例启示我们，通过定期检讨和持续改进，企业能不断适应市场变化和客户需求，从而在激烈的竞争中立于不败之地。

（三）服务流程点检的步骤

1. 确立检查目标

为确保汽车企业运营质量和服务效率，有必要对企业各服务流程进行全面审查，核心服务环节，如生产、采购、销售及售后服务流程均在审查范围之内。检查目标是为确保汽车服务企业的服务质量、客户满意度及运营效率，对从客户接待、故障诊断、维修作业、质量控制到交车及后续跟踪服务的全流程进行细致审查，发现潜在问题与隐患，以便及时改进。例如：某知名汽车服务企业发现近期客户投诉率上升，主要集中在维修质量和服务效率方面。为解决这个问题，企业决定对服务流程进行全面点检。

2. 拟定检查方案

检查方案是保障检查工作有序开展的关键。在制定方案时，需明确检查时间、人员、标准等内容。检查方案应详细列出检查项目、方法、时间及人员安排，确保全面且有针对性地开展检查。例如：企业设计了一份包含50多个检查点的清单，涵盖了从客户进店到离店的每一个细节，并安排了由服务经理、技师和前台接待人员组成的检查团队。

3. 实施实地检查

依据检查方案，对汽车企业服务流程进行实地审查。检查过程中，要全面记录存在的问题与潜在隐患，同时注重收集相关数据和信息，为后续问题分析提供依据。例如：检查团队在实地检查中，发现技师在故障诊断时存在操作不规范的情况，导致一些故障被误判或遗漏。同时，也发现部分客户在交车后对服务表示不满。

4. 深入分析问题

针对检查中发现的问题，进行深入分析，找出问题根源。分析应从流程设计、人员操作、系统配置等多方面展开，确保问题得到根本解决。例如：经过深入分析，企业发现技师技能参差不齐，部分员工缺乏故障诊断方面的专业培训；同时，流程设计中也存在一些不合理的地方，如故障诊断流程过于复杂。

5. 制定解决方案

依据问题分析结果，制定具体改进措施，确保问题得到有效解决。改进措施应具备可行性，切实落地执行，从而确保企业服务流程得以优化。例如：针对技师技能问题，企业决定组织定期的技能培训和考核；针对流程设计问题，企业聘请了外部专家进行咨询和优化。

6. 跟进整改实施

严密监控改进措施执行情况，确保整改工作落实到位。在监控过程中，要及时收集反馈信息，评估整改成效，为后续改进提供参考。例如：企业在实施改进措施后，成立了由服务经理牵头的监督小组，定期对技师的培训情况进行检查，对流程执行情况进行评估，并及时调整优化。

7. 评估改进成果

对整改后汽车企业服务流程进行评估，检查改进措施是否达到预期目标。评估结果将作为进一步优化流程的依据，推动企业持续改进。例如：经过一段时间的整改和评估，企业发现客户满意度明显提高，维修质量和效率也有了显著提升。同时，通过持续的优化和改进，企业的运营效率和市场竞争力也得到了提升。

8. 持续优化流程

根据评估结果，不断调整和改进服务流程，实现持续优化。持续优化是确保汽车企业服务流程高效运作的关键环节,也是企业不断发展壮大的基石。例如:基于评估结果和市场反馈,企业决定继续对服务流程进行优化,如引入智能化故障诊断系统、提升服务响应速度等。同时,加强与客户的沟通和互动,及时了解客户需求和反馈,以持续提升服务质量和客户满意度。

通过以上八个步骤,汽车企业可对服务流程进行全面审查和优化,提高运营效率,实现可持续发展;不断调整和优化服务流程,以提升竞争力。

(四)服务流程点检工具

1. 控制图的应用

在实际工作过程中,若各项数据均保持正常,但因点检环节出现失误,导致偶然超出界限现象,从而引起虚发报警,将合格产品或标准服务误判为不合格,此类情况称为"弃真"。另一方面,当实际工作过程已出现异常情况时,却因点检工作的疏忽,使部分数据位于控制界限内,进而未能发出报警,将不合格产品或不规范服务误认为合格,此类情况称为"取伪"。如图3-3-2所示。

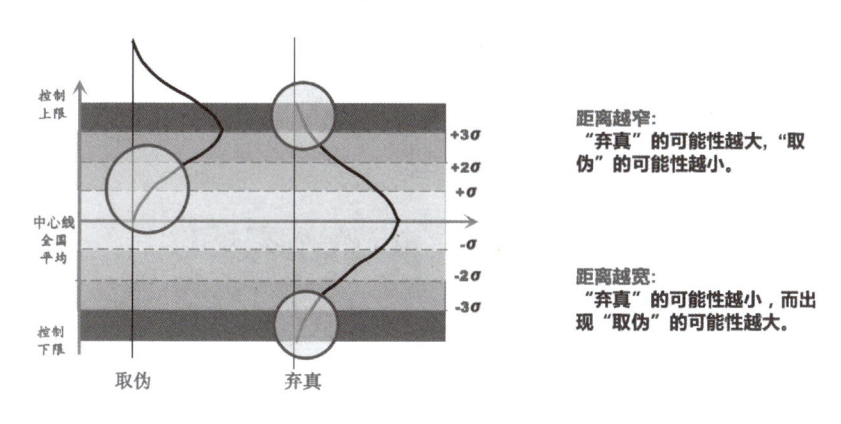

图3-3-2 控制图的应用

"弃真"和"取伪"是质量管理中两个至关重要的问题。对于"弃真",我们需要加强对点检环节的控制,提高点检的准确性和可靠性,以确保不会因为点检失误而误判合格产品或标准服务;对于"取伪",我们则需要提高点检的敏感性,确保能够在实际工作过程出现异常时,及时发出报警,避免将不合格产品或不规范服务误认为合格。

(1)针对"弃真"问题,应制定严格的点检标准和操作流程,并对点检人员进行专业培训,确保他们能够准确、熟练地完成点检工作。此外,还应建立完善的质量管理体系,对点检数据进行实时监控和分析,一旦发现异常情况,能立即采取措施进行调整。

(2)针对"取伪"问题,应选择合适的检测设备和技术,提高检测的准确性,确保能够发现实际工作过程中的异常情况。同时,还需加强对检测人员的培训,提高他们的专业素质和责任心,确保检测结果的可靠性。

质量管理是企业持续发展的重要保障,"弃真"和"取伪"则是质量管理中需要重点关注的问题。企业应采取有效措施,加强点检环节的控制,提高检测的准确性和敏感性,以确保产品质量和客户满意度。

2. 控制图判异法则

对于判断点检数据真伪的问题,以下介绍若干主要判异准则。

第一条准则:当连续三点中有两点在中心线同一侧 B 区外时,可能存在同一点检专员对同一服务行为的认知偏差,如图 3-3-3 所示。例如:若某店规定电话响铃 5 声内必须接听,而点检专员认为 3 声内必须接听,此类数据则被视为异常。

异常1:
同一点检专员,对同一服务行为的认知偏差

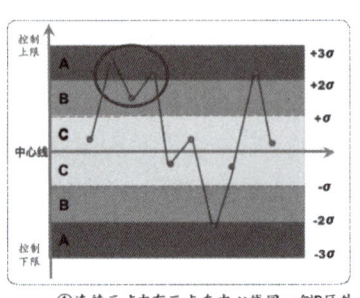

①连续三点中有二点在中心线同一侧B区外

图 3-3-3 控制图判异法则(一)

第二条准则:当连续五点中有四点在中心线同一侧 C 区外时,管理人员需引起重视,核实这一组异常数据是否由同一专员采集,如图 3-3-4 所示。如果是,则可能是点检专员对标准把握不准,要求过高或过低。

异常2:
根据数据表现,管理人员应该引起重视

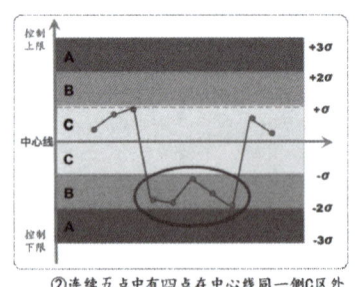

②连续五点中有四点在中心线同一侧C区外

图 3-3-4 控制图判异法则(二)

第三条准则:当连续六点呈递增或递减趋势,数据连成一串时,可通过店内体验了解 4S 店人员素质和产品质量的差异,如图 3-3-5 所示。若出现连续六个人的点检行为,表现恰好一个比一个优秀,其概率极小,故判定为异常。

异常3:
4S店的人员素质和服务质量出现差异性

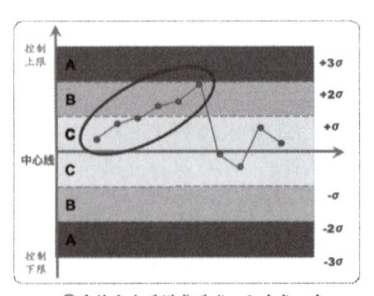

③连续六点递增或递减,即连成一串

图 3-3-5 控制图判异法则(三)

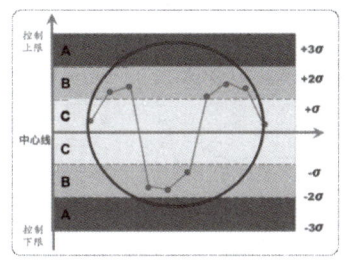

第四条准则：当连续八点在中心线两侧，但均不在 C 区时，若连续采集八个人的行为或八个产品特征，均不在标准范围，说明要么超过标准，要么低于标准，概率极小，故判定为异常，如图 3-3-6 所示。

图 3-3-6　控制图判异法则（四）

第五条准则：当一个数据点落在 A 区以外时，可能是由于其他突发性事件或原因导致数据突变，在对整体进行评价时，可将此数据过滤掉，如图 3-3-7 所示。但对个体进行评价时，可对过程中的单个失控做出反应判断，如点检后计算错误、评价误差等。

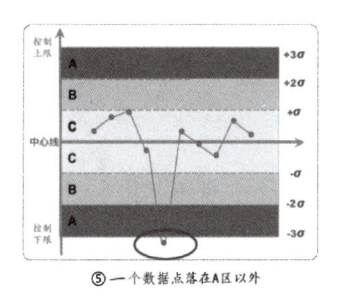

图 3-3-7　控制图判异法则（五）

第六条准则：当连续九点落在中心线同一侧时，可能是点检专员与企业所运用的标准版本不一致，导致点检评价整体偏高或偏低，如图 3-3-8 所示。此准则是为弥补第五条准则而设计的，以提高控制图的灵敏度。

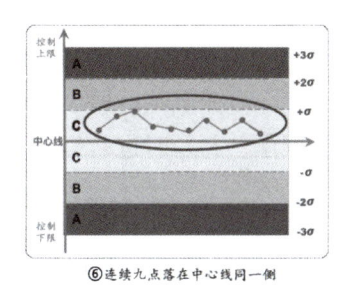

图 3-3-8　控制图判异法则（六）

第七条准则：当连续十四点相邻点上下交替时，可能是 4S 店对数据进行做假或对其他数据进行了特殊处理，导致此数据出现连续上下交替，如图 3-3-9 所示。但若针对某一特定岗位进行点检，且岗位由两台设备或两位人员轮流操作，则除外。

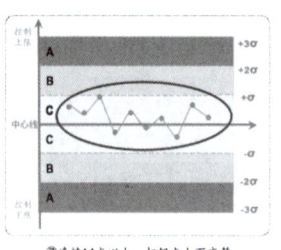

图 3-3-9　控制图判异法则（七）

第八条准则：当连续十五点全部在中心线上下 C 区内时，虽表现良好，但需注意其非随机性，如图 3-3-10 所示。若为秘采，则可能是 4S 店提前得知信息，做足准备。

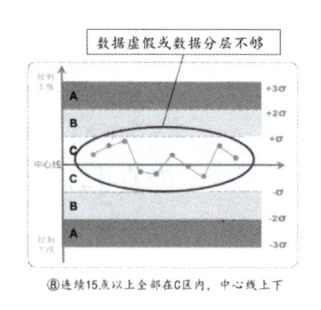

图 3-3-10　控制图判异法则（八）

（五）服务流程点检表格

服务流程点检表是对企业销售、售后及电话服务等环节进行监控和评估的工具，通过对各个环节进行点检，确保服务流程的顺畅、高效和客户满意度。以下分别对各点检表进行详细介绍。

1. 点检表（销售流程）

在汽车销售行业中，客户体验至关重要。为了提高客户满意度并提升销售业绩，经销商和销售团队需要对各个环节进行严格的质量把控。以下五个点检表是对展厅接待、新车展示、新车交付、试乘试驾等关键环节的评估工具，旨在确保客户在购车过程中的体验达到最佳。

（1）展厅接待点检表：在汽车销售过程中，展厅接待环节是给客户留下良好第一印象的关键所在。展厅接待点检表从接待人员的态度、专业水平、展厅环境等方面对接待过程进行评估，这有助于了解接待过程中存在的问题，并及时进行整改，从而提升客户在展厅内的体验。

（2）静态体验点检表：新车展示和宣传推广是吸引客户关注的重要手段。静态体验点检表针对新车展示、宣传推广等方面的效果进行评估，以便发现不足之处并加以改进，通过提高客户对产品的认知度和购买意愿，静态体验点检表有助于提升销售业绩。

（3）新车交付点检表：新车交付是客户购车过程中的重要环节。新车交付点检表对车辆检查、手续办理、售后服务等环节进行评估，以确保新车交付过程顺利进行。

优质的交付服务有助于树立品牌形象，提高客户的忠诚度。

（4）试乘试驾（准备）点检表：试乘试驾活动是让客户亲身体验汽车性能和驾驶感受的重要环节。试乘试驾（准备）点检表从场地安排、车辆准备、人员配置等方面对试乘试驾活动的筹备工作进行评估。高质量的试乘试驾活动能够激发客户的购买欲望，为销售业绩提供保障。

（5）试乘试驾（执行）点检表：在试乘试驾活动过程中，试驾员的专业素养、试驾流程的合理性以及客户满意度等方面都对整个活动的效果产生影响。试乘试驾（执行）点检表对这些关键要素进行评估，以便发现存在的问题并及时改进。通过优化试乘试驾活动，可提高客户满意度，从而提升销售业绩。

2. 点检表（售后流程）

售后流程点检表作为售后服务体系的重要组成部分，旨在全面提升客户体验和确保服务质量的稳定可靠。通常通过以下四个关键环节的细致检查和评估售后流程点检表为企业的持续改进提供有力支持。

（1）客户接待点检表：此表用于评估售后服务过程中客户接待工作的质量。它关注接待人员的态度、专业水平以及售后服务环境等关键因素，以确保为客户提供友好、专业的服务体验。

（2）车辆诊断点检表：此表针对车辆诊断环节进行质量评估。通过检查诊断设备的准确性、技术人员的能力以及诊断报告的完整性，确保准确判断车辆问题，为后续维修工作奠定基础。

（3）项目评估点检表：此表旨在评估售后服务项目的实施情况。它涵盖维修项目、保养项目以及配件质量等方面的评估，以确保服务效果达到客户的期望，提升客户满意度。

（4）验车结算点检表：此表针对车辆维修、保养等费用的结算过程进行评估。通过检查费用计算的准确性、结算方式的便捷性以及客户满意度等方面，保障客户的权益，提升客户体验。

3. 电话服务点检表

1）电话接听质量点检表的重要性

在现代企业中，电话接听质量直接影响着企业的形象和客户满意度。电话接听质量点检表作为一种评估工具，能够全面评估电话接听过程中的各项指标，如接听速度、接听态度、沟通技巧等。通过对这些指标的评估，企业可以确保电话接听质量达到预期标准，为客户提供优质的服务。

2）电话外拨质量点检表的作用

电话外拨是企业与客户建立联系、拓展业务的重要手段。电话外拨质量点检表针对电话外拨过程中的各项指标进行评估，如外拨频率、外拨质量、通话效果等。通过对这些指标的评估，可以找出存在的问题，提高电话外拨的效率，提升客户满意度，从而实现业务的增长。

3）电话服务跟进点检表的意义

电话服务跟进是维护现有客户、提高客户满意度的重要环节。电话服务跟进点检表对电话服务跟进过程中的各项内容进行评估,包括业务员的能力、跟进策略、客户满意度等。通过评估,可以了解业务员在跟进过程中的不足之处,制定针对性的培训和提升方案,提高业务水平,确保客户满意度。

4)服务流程点检表的综合运用

通过以上电话接听质量点检表、电话外拨质量点检表和电话服务跟进点检表的实施,企业可以全面掌握各个业务环节的运行状况。这些点检表有助于企业及时发现问题、解决问题,提高业务水平和客户满意度。

课后测试

【选择题】

1. 汽车企业服务流程点检的主要目的是什么?(   )
   A. 提高企业的运作效率
   B. 增加企业的市场份额
   C. 降低企业的生产成本
   D. 提高企业的客户满意度

2. 在汽车企业服务流程点检中,以下哪项是错误的?(   )
   A. 需要对各个环节进行深入分析和优化
   B. 需要发现并消除流程中的冗余和低效现象
   C. 需要发现并利用自身的优势资源
   D. 需要提高企业的市场份额和客户满意度

3. 服务流程点检中,首先要关注的是哪项?(   )
   A. 优化产品和服务   B. 降低企业风险
   C. 提高员工的工作效率   D. 改进企业流程

4. 以下哪项不是服务流程点检的作用?(   )
   A. 发现流程中的问题点   B. 提高企业的核心竞争力
   C. 确保企业遵循法规和行业标准   D. 降低企业的运营成本

5. 在服务流程点检中,以下哪项是错误的?(   )
   A. 需要制定详细的检查方案,包括时间、人员和标准等
   B. 需要对各个环节进行全面审查,找出潜在的问题和隐患
   C. 需要实施实地检查,并记录存在的问题和潜在隐患
   D. 不需要收集数据和信息,仅凭经验和直觉进行点检

【判断题】

1. 服务流程点检只关注企业的内部流程,不涉及客户需求和市场竞争。(   )
2. 服务流程点检不需要对各个环节进行深入分析和优化。(   )
3. 服务流程点检需要制定详细的检查方案,包括时间、人员、标准等。(   )
4. 服务流程点检可以帮助企业提高运营效率、降低成本并增强客户满意度。(   )
5. 在服务流程点检中,需要对各个环节进行全面审查,找出潜在的问题和隐患。(   )

【填空题】
1. 在服务流程点检中，需要对_____进行深入分析和优化。
2. 通过服务流程点检，可以发现并消除_____和_____。
3. 服务流程点检可以帮助企业提高_____、降低_____并实现_____。
4. 在汽车企业服务流程点检中，应确立_____的_____。
5. 企业应通过服务流程点检确保各项业务_____国家法规和_____标准。

【简答题】
1. 简述汽车企业服务流程点检的重要性和作用。
2. 为什么说服务流程点检是提高企业竞争力的关键？

模块2　客户关系维系

项目4　客户满意与忠诚管理

项目概述

在当今竞争激烈的市场背景下，为了使产品更好地销售，客户满意度扮演着至关重要的角色。随着获客成本的不断增加，如何有效管理现有客户成为企业需要高度重视的问题。换句话说，我们应该充分挖掘单个用户的价值，通过促进用户的重复购买，提高复购率；鼓励用户将产品推荐给他人，为企业吸引更多新用户。由此可见，客户满意度和客户忠诚度是企业的生命线，是企业实现长期生存与发展的关键因素。

学习目标

知识目标	能力目标	素养目标
1. 能描述客户满意度、忠诚度调研因子的内涵及影响因素； 2. 能描述满意客户、忠诚客户的主要特征及衡量指标； 3. 能描述调研报告，撰写方法和注意事项	1. 能分析客户服务满意度、忠诚度的测评体系和调研因子设计； 2. 能根据 CSI、NPS 调查流程完成相关数据的收集和统计； 3. 能运用调查数据和相关方法，完成弱项指标分析，并撰写调研报告	1. 通过因子设计，提高信息素养，培养洞察判断、组织协调及分析、解决问题的能力； 2. 在体系搭建、执行中，培养敢于担责、忠诚守信等职业操守，践行全心全意为人民服务的根本宗旨； 3. 通过调查研究，培养"从点滴做起，从细节入手，久久为功"的职业品质和质量意识

学习框架

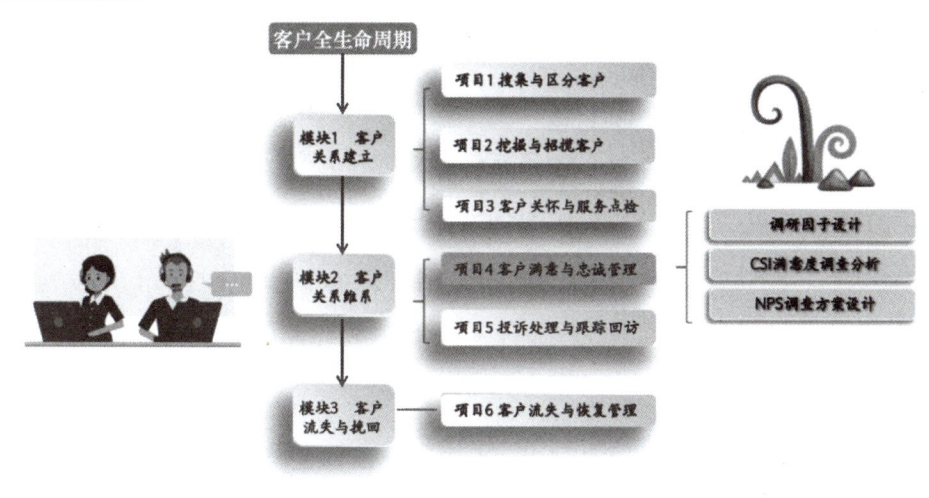

```
客户全生命周期
    │
    ├── 模块1 客户关系建立
    │      ├── 项目1 搜集与区分客户
    │      ├── 项目2 挖掘与招揽客户
    │      └── 项目3 客户关怀与服务点检
    │
    ├── 模块2 客户关系维系
    │      ├── 项目4 客户满意与忠诚管理 ─── 调研因子设计
    │      │                          ─── CSI满意度调查分析
    │      │                          ─── NPS调查方案设计
    │      └── 项目5 投诉处理与跟踪回访
    │
    └── 模块3 客户流失与挽回
           └── 项目6 客户流失与恢复管理
```

任务4-1　调研因子设计

任务背景

随着生活品质的提升，消费者需求日趋多样化和持续变化。企业需具备敏锐的市场洞察力，紧密追踪消费者需求变化趋势，并适时调整自身产品与服务，以适应不断变化的市场环境。同时，企业还面临着激烈的市场竞争，为了在市场中获得竞争优势，掌握市场需求并制定高效营销策略显得尤为重要。调研因子设计在此过程中发挥了关键作用，助力企业深入探究消费者需求与偏好，准确洞察市场趋势，为调整市场策略提供有力依据。通过合理且科学的调研因子设计，企业能够更好地应对市场挑战，满足消费者需求，进而实现可持续发展。

任务描述

某汽车品牌4S店客服部经理发现近期客户投诉有所增加，因此他决定系统地组织一次客户满意度调查，希望通过与客户的沟通，倾听客户的意见，及时反馈服务质量信息，将信息反馈记录表传给相应的责任部门，从而在有效时间内改进服务，最终提升客户满意度，并且每月产生服务质量月报，对服务因子进行分析，提出改进意见。请针对这一调查计划，设计一份CSI满意度调查因子及要素。

任务准备

（一）课前热身

客户满意度是企业经营的一个绩效指标，用来测量企业的产品或服

微课
调研因子设计

务是否达到或超过客户期望。几乎每家企业都在动态地测量客户满意度，试图通过这个重要的绩效指标分析市场反馈和客户口碑，预测市场走势并改进产品或服务的质量。客户满意度怎样测评呢？请通过扫描二维码，观看"调研因子设计"系列微课。

（二）任务分析

1. 客户满意度测评指标体系搭建

客户满意度测评指标体系是一个多指标的结构，运用层次化结构设计测评指标，能够由表及里、深入清晰地表述客户满意度的内涵。

1）指标体系建立的原则

企业在建立客户满意度测评指标体系时，首先应对该行业有一个大致的了解，这样才能使项目执行人员明确需要进一步深入研究的问题。指标体系的建立必须遵循下列四个原则。

（1）建立的客户满意度测评指标体系必须是客户认为重要的。"由客户来确定测评指标体系"是设计测评指标体系最基本的要求。企业要准确把握客户的需求，选择客户认为最关键的测评指标。

（2）测评指标必须是可控的。客户满意度测评会使客户产生新的期望，促使企业采取改进措施。如果企业在某一领域无条件或无能力采取行动加以改进，则应暂不采用这方面的测评指标。

（3）测评指标必须是可测量的。客户满意度测评的结果是一个量化值，因此设计的测评指标必须是可以进行统计、计算和分析的。

（4）建立客户满意度测评指标体系还需要考虑到与竞争者的比较，设计测评指标时要考虑到竞争者的特性。客户满意度测评指标体系会随着市场及客户的变化而变化，今天客户不在意的因素，有可能成为客户明天关注的"焦点问题"，因此对客户的期望和要求应进行连续跟踪研究，从而了解客户期望和要求的变化趋势，并对客户满意度测评指标体系做出及时的调整和采取相应的应对措施。

2）指标体系建立的层次

一般来讲，将满意度测评指标体系划分为四个层次较为合理，每一层次的测评指标都是由上一层次的测评指标展开的，而上一层次的测评指标则是通过下一层次的测评指标的测评结果反映出来的。

第一层次：总测评目标——客户满意度指数，为一级指标。

第二层次：客户满意度指数模型中的六大要素指标——客户期望、感知质量、感知价值、客户满意度、客户抱怨、客户忠诚为二级指标。

第三层次：由二级指标具体展开而得到的指标，符合不同行业、企业、产品或服务的特点，为三级指标。

第四层次：由三级指标具体展开而得到的满意度问卷上的问题，为四级指标。

由于客户满意度测评指标体系是依据客户满意度模型建立的，因此测评指标体系中的一级指标和二级指标的内容基本上对所有的产品或服务都是适用的，所以实际上企业要研究的是三级指标和四级指标。因各个企业实际情况不同，四级指标不尽相同，故此不作具体展示，客户满意度测评指标体系具体见表4-1-1。

表 4-1-1 客户满意度测评指标体系

一级指标	二级指标	三级指标
客户满意度指数	客户期望	客户对产品或服务质量的总体期望
		客户对产品或服务质量满足需求程度的期望
		客户对产品或服务质量稳定性的期望
	感知质量	客户对产品或服务质量的总体评价
		客户对产品或服务质量满足需求程度的评价
		客户对产品或服务质量稳定性的评价
	感知价值	给定价格时客户对质量级别的评价
		给定质量时客户对价格级别的评价
		客户对总成本的感知
		客户对总价值的感知
	客户满意度	客户总体满意度
		客户感知与期望的比较
	客户抱怨	客户抱怨情况
		客户投诉情况
	客户忠诚	客户重复购买的类别
		客户能承受的涨价幅度
		客户能抵制的竞争者降价幅度

2. 客户满意度测评程序

1）确定问题和目的

问题的定义和目的的明确是进行客户满意度测评的第一步。由于企业的生产经营过程相对稳定，而目标市场却千变万化，因此，企业经营与市场需求往往不相适应。这种不适应性在经营过程中会逐渐显现出来，而且大多数情况下会经客户的不满意体会凸显出来，因此，必须找出造成这种不适应性和客户不满的原因，这就是要研究并解决的问题。问题明确了，目的也就可以确定了。对于服务企业，客户满意度测评的目的在于：了解某企业、某品牌的客户满意程度，了解某行业整体客户满意度的情况。

2）制订满意度测评方案

任何正式的满意度测评活动都是一项系统工程，为了在调查测评过程中统一认识、统一内容、统一方法、统一步调，圆满完成任务，在具体开展调查工作以前，应根据研究的目的、调查对象的性质，事先对整个实施工作的各阶段进行通盘考虑和安排，制定出合理的工作程序，也就是提出相应的实施方案。整个调查工作的成败，很大程度上取决于所制定的方案是否科学、系统及可行与否,具体的测评方案一般需要说明以下几个方面的内容。

(1) 说明调查目的。

指出项目的背景、想研究的问题和可能的几种备用决策,指明该项目的调查结果能给企业带来的决策价值、经济效益、社会效益,以及在理论上的重大价值。例如,客观、科学、系统地评价客户对产品或服务的满意度,制定相应的改进措施,完善客户服务体系,提高客户服务水平和市场竞争的综合能力,取得最大的经营绩效。

(2) 确定调查内容。

开展客户满意度调查研究,必须识别客户及客户的需求结构,明确开展客户满意度调查的内容。不同的企业、不同的产品拥有不同的客户,不同群体的客户,其需求结构的侧重点是不相同的,例如,有的侧重于价格、有的侧重于服务、有的侧重于性能和功能等。一般来说,调查的内容应依据所要解决的调查问题和目的所必需的信息资料来确定,具体的内容应按照CSI(客户满意指数)三级测评指标体系的指标并结合实际情况加以确定。

(3) 确定调查对象。

确定调查对象即确定谁是企业的客户,企业要从哪里获得所需的数据。在客户满意度测评中,客户包括从前的客户、当前的客、潜在的客户、销售渠道的成员、批发商和零售商等不同的范畴。客户可以是企业外部的客户,也可以是企业内部的客户。如果客户较少,则应该进行全体调查。但对于大多数企业来说,要进行全部客户的总体调查是非常困难的,也是不必要的,应该进行科学的随机抽样调查。在抽样方法的选择上,为保证样本具有一定的代表性,可以按照客户的种类,如各级经销商和最终使用者、客户的区域范围等,进行随机抽样。在样本大小的确定上,为获得较完整的信息,必须保证样本足够大,但应同时兼顾调查的费用和时间的限制。

(4) 选择调查方法。

在确定研究方式上,定量调研可以采取的方式包括面访(包括入户访问、拦截式访问)、电话调查、邮寄调查、电话辅助式的邮寄调查等。其中入户访问的要求比较高,要求知道所有客户的住址,访问成本也是最高的;拦截式访问的成本较低,访问比较容易控制。电话调查要求知道客户的电话,对没有电话联系方式的客户则会被排除在调查范围之外,造成样本框的误差。邮寄调查的问卷回收期比较长,回答者的构成可能与实际客户样本构成不一致。电话辅助式的邮寄调查可用以提高邮寄调查的回收率。

(5) 说明调查时间、进度和经费开支情况。

在实际的调查活动中,根据调查范围的大小,时间有长有短,但一般为一个月左右,其费用也有多有少,不能一概而论。其基本原则是:保证调查的准确性、真实性,不走马观花;尽早完成调查活动,保证时效性,同时也节省费用。时间的安排一般按照整个测评活动的准备、实施和结果处理三个阶段来规划,经费预算也基本上遵循一定的原则。

3）量化和权重客户满意度指标

客户期望、客户对质量的感知、客户对价值的感知、客户满意度、客户抱怨和客户忠诚度都是不可以直接测评的，需要对这些隐性变量进行逐级展开，直到形成一系列可直接测评的指标，这些逐级展开的测评指标构成了客户满意度测评指标体系。客户满意度测评的本质是一个定量分析的过程，即用数字去反映客户对测量对象属性的态度，因此需对调查项的指标进行量化。客户满意度测评了解的是客户对产品、服务或企业的态度，即满状态等级。

在市场调研和客户满意度评估中，测评等级的设计是一个至关重要的环节。测评等级通常用于量化客户对产品或服务的满意程度，从而为企业提供有价值的反馈信息。在设计测评等级时，常见的做法是将满意程度分为7个级度或5个级度，分别见表4-1-2和表4-1-3。

表4-1-2　7个级度的设计

级度	描述
很满意	表示客户对产品或服务非常满意，没有任何不满之处
满意	表示客户对产品或服务较为满意，大部分需求都得到了满足
较满意	表示客户对产品或服务比较满意，但仍有一些小瑕疵或改进空间
一般	表示客户对产品或服务没有特别感觉，既没有不满意也没有满意
不太满意	表示客户对产品或服务有一些不满意的地方，但仍可接受
不满意	表示客户对产品或服务存在较多不满意之处，期望能有改进
极不满意	表示客户对产品或服务非常不满意，甚至可能考虑更换供应商

表4-1-3　5个级度的设计

级度	描述
很满意	表示客户对产品或服务非常满意，没有任何不满之处
满意	表示客户对产品或服务较为满意，大部分需求都得到了满足
一般	表示客户对产品或服务没有特别感觉，既没有不满意也没有满意
不满意	表示客户对产品或服务存在较多不满意之处，期望能有改进
极不满意	表示客户对产品或服务非常不满意，甚至可能考虑更换供应商

在设计测评等级时，应根据目标市场的特性和调研目的进行选择。通常情况下，7个级度能更精确地反映客户的满意程度，而5个级度则更为简洁明了。无论选择哪种级度的划分方式，都应确保级度的定义清晰、易于理解，以便于客户准确表达自己的意见和感受。

对于不同的产品与服务而言，相同的指标对客户满意度的影响程度是不同的。例如，售后服务对耐用消费品行业而言是一个非常重要的因素，但是对于快速消费品行业则恰恰相反。因此，相同的指标在不同指标体系中的权重是完全不同的，只有赋予不同的因素以适当的权重，才能客观真实地反映出客户满意度。权重的确定可采用德尔菲法，即邀请一定数量的有关专家分别对调查的每一项内容进行权重，并请他们将各自的权重结果发送给调查者，调查者将综合后的结果再返还给专家，他们利用这一信息进行新一轮的权重。如此往返几次，一直到取得稳定的权重结果。

各项客户满意度指标得分结果的计算公式为

$$满意度综合得分 = \sum(满意度 \times 重要性)/\sum 重要性$$

3. 客户满意度调查问卷设计

在测评工作中，问卷设计是一个至关重要的环节，它对于确保测评结果的准确性和有效性具有决定性影响。一份标准的问卷通常包含介绍语、填写说明、问题及被访者基本信息等部分。问卷设计的初衷在于深入理解客户的需求和期望，了解他们对产品质量的感知，以及为质量标准的制定提供依据。如图 4-1-1 所示。

图 4-1-1 客户满意度调查问卷设计

（1）在进行问卷设计时，必须明确客户满意度测评的目的。通常，这些目的包括：了解客户的要求和期望，调查他们对质量、价值的认知，以及制定相应的质量标准；计算客户满意度指数，以识别客户对产品态度的动态变化趋势；通过与竞争对手的比较，明确自身的优劣势，为改进提供方向。这些目的将作为确定问卷内容的重要依据。

（2）将测评指标转化为问卷中的问题是一项核心任务。测评指标是为了便于统计而设定的量度，而问卷中的问题则需要客户进行准确的回答。这就需要根据问卷设计的原则和要求、产品或服务的特性以及客户的消费心理和行为特征，将关键的五级测评指标转化为问卷中的问题。这一步骤对确保客户满意度测评的成功具有决定性作用。

（3）对设计的问卷进行预调查也是不可或缺的一环。预调查不同于正式调查，它所需的样本量较小。一般来说，预调查选取 30～50 个样本即可。在预调查中，应尽量采用面对面的访问方式，以便更详细地了解客户对产品和服务的态度，同时也可以了解客户对问卷本身的看法。根据预调查的分析结果，可以对问卷进行相应的修改和完善。

任务实施

根据任务描述，对照表 4-1-4 所示的要求完成"调研因子设计表"任务。

表 4-1-4 调研因子设计表

调研因子	调查要素	指标内涵	权重	调研问卷	评分细项

续表

调研因子	调查要素	指标内涵	权重	调研问卷	评分细项

任务评价

小组指派代表汇报本小组工单完成情况及展示成果，并完成调研因子设计任务评价表 4-1-5。

表 4-1-5　调研因子设计任务评价表

评定指标	评定指标	权重	评价				
			第1组	第2组	第3组	第4组	第5组
总体评价	1. 满意度调查信息及整理情况 （数据完整性、信息准确性、分析客观性）	5					
	2. 客户满意度数据分析情况 （准确、规范完成产品相关特征分析）	7					
	3. 客户满意度调查问卷设计情况 （方法正确、结果有效、建议合理）	15					
	4. 任务整体完成质量 （任务完成进度、作品质量）	8					
	5. 成果展示汇报效果 （PPT 版面、展示风采）	5					
过程评价	1. 计划完整，准备充分，执行有序	3					
	2. 相关信息、数据记录完整、整洁	4					
	3. 问卷设计合理、话术设计恰当	7					
	4. 与客户沟通，言行举止规范到位	4					

续表

评定指标		权重	评价				
			第1组	第2组	第3组	第4组	第5组
过程评价	5. 能抓住客户反馈信息的关键	7					
	6. 对客户满意情况分析全面、合理	7					
	7. 小组分工合理，合作能力强	7					
合计							
主要收获	（本组在本任务训练过程中的主要收获或经验）						
问题与建议	（本组在任务完成过程中所遇到的问题、原因分析及改进建议）						

知识链接

【典型案例】

"患者心声"计划

在遥远的古代，有一盛世王朝，都城内有一家赫赫有名的医馆——回春堂。其历经数代，医术盖世，药材珍奇，备受王公贵族与百姓的信赖。然而，随着时光的流转，都城内新医馆如雨后春笋般涌现，回春堂的声望逐渐被掩埋。

动画 "患者心声"计划

回春堂的掌门人华佗，目睹着往日门庭若市的景象变为冷清，心中忧虑不已。他深知，要想重现回春堂的辉煌，必须以患者的满意为宗旨，重塑医馆的口碑。

华佗首先从医馆的内部管理入手。他重新审视了医馆的诊疗流程，发现诸多烦琐之处，于是着手简化。挂号、问诊与药房之间，原本冗长的流程被大大缩短，患者不再需要各处奔波。同时，华佗还引入了预约制度，患者可提前预约就诊时间，省去了长时间的等待。

为了真正听到患者的心声，华佗推行了"患者心声"计划。他派遣专人走访患者家中，虚心询问他们对回春堂的看法与建议。此外，每月的月圆之夜，回春堂都会举办一场"医患座谈会"，让医患双方面对面交流，患者可以畅所欲言，提出自己的意见与需求。

在收集到这些宝贵的反馈后，回春堂针对患者提及的问题与不足逐一改进，增设的诊室让患者无须长时间等待，药材储存环境的改善确保了药材的药效，而免费的药膳与养生建议更让患者在治疗之余感受到了回春堂的关怀。

在华佗的带领下，回春堂不仅重现了往日的辉煌，更赢得了患者们的信赖与尊重。古道热肠的回春堂，成了都城内流传千古的佳话。

（一）客户满意的意义

1. 客户满意的内涵

随着市场从产品导向转变为客户导向，客户成为企业最重要的资源之一，谁赢得了客户谁就会成为赢家，这也是增加企业盈利、降低企业成本、提高企业美誉度的重要途径之一。著名市场营销学家菲利普·科特勒认为：企业的一切经营活动要以客户满意度为指针，要从客户角度、用客户的观点而非企业自身利益的观点来分析考虑消费者的需求。

1）客户满意的概念

客户满意理论，被誉为20世纪90年代管理科学的重大进展之一，深入地揭示了管理科学中以人为本的核心思想，并形成了一种全新的质量观念。这种观念强调，质量应以客户的满意度为衡量标准，而不仅仅是产品或服务的物理特性。这种观念在各类质量奖项的评审标准中得到了充分体现，例如在欧洲质量奖的9大评价指标中，"客户满意"一项就占据了2.0分，占总分的20%。

许多知名学者和企业领导人都将客户视为企业的重要资源，并高度重视客户对企业及其产品的满意度。简·卡尔森（斯堪的纳维亚航空公司的CEO）曾明确表示："在资产方面，我们应关注去年有多少愉悦的乘客。因为这是我们的真正资产——那些对我们的服务感到满意，并愿意再次购买机票的乘客。"联邦快递的创始人佛莱德·史密斯也提出："要想在市场上取得领先地位，首先要让客户的心跟随你，然后是他们的钱包。"施乐公司的前董事兼创始人瑟夫·威尔森也强调："我的生存与否，最终还是由客户来决定。"

这些学者的言论和企业的实践充分说明了客户满意对企业的重要性。从这些观点中我们可以看到，客户满意不仅是一种管理理念，更是企业成功的关键因素。

2）客户满意的定义

客户满意的定义：满意＝期望－结果。换句话说，客户满意是客户对产品的感知与认知相比后产生的一种失望或愉悦的感觉状态。菲利普·科特勒认为，满意是指一个人通过对一种产品的可感知的效果（或结果）与他或她的望值相比较后，所形成的愉悦或失望的感觉状态，是一种心理活动。所以客户满意是指客户使用前的预期与使用后所感知的效果相比较的结果。如果可感知的效果低于期望，客户就不满意；如果可感知的效果与期望值相匹配，客户就会满意；若感知的效果超过期望值，客户就会非常满意甚至惊喜。

2. 客户满意度的测评

客户满意度测评，是指在一定层面上，就某一类品（服务）或品牌对其客户群体进行调查，取得客户满意状况的数据，通过综合测算与分析，得到客户满意度评价结果。完整的客户满意度测评体系应包含满意度测量和评价两个方面，以便能够为客户满意度管理提供充足的决策依据。

1）客户满意度衡量的指标

客户满意度是衡量客户满意程度的量化指标，可以直接了解企业或产品在客户心目中的地位。下面通过几个主要综合性数据来反映客户满意状态。

（1）对产品的美誉度。美誉度是客户对企业的褒扬程度。对企业持褒扬态度者，肯定对企业提供的产品或服务满意，即使本人不曾直接消费企业提供的产品或服务，也一定直接或间接地接触过该企业产品和服务的消费者，因此他的意见可以作为满意者的代表。借助对美誉度的了解，可以知道企业所提供产品或服务在客户中的满意状况，因此美誉度可以作为企业衡量客户满意程度的指标之一。

（2）对品牌的知名度。知名度是指品牌为消费者所知晓的程度，也称品牌知晓度。品牌知名度反映的是品牌的影响范围或影响广度。

（3）消费后的回头率。回头率是指客户消费了该企业的产品或服务之后再次消费，或如果可能愿意再次消费，或介绍他人消费的比例。当一个客户消费了某种产品或服务之后，如果心里十分满意，那么他将会再次重复消费。如果这种产品或服务不能重复消费（比如家里仅需一台冰箱），但只要有可能，他还是愿意重复消费的；或者虽不重复消费，却向领导、亲朋大力推荐，引导他们加入消费队伍。因此，回头率也可以作为衡量客户满意度的重要指标。

（4）消费后的投诉率。投诉率是指客户在消费了企业提供的产品或服务之后产生投诉的比例。客户的投诉是不满意的具体表现，通过了解客户的抱怨率，就可以知道客户的不满意状况，所以投诉率也是衡量客户满意度的重要指标。投诉率不仅指客户直接表现出来的显性投诉，还包括客户存在于心底未表达的隐性投诉。因此，若想了解抱怨率，必须直接向客户征询。

（5）单次交易的购买额。购买额是指客户购买某产品或者服务的金额。一般而言，客户对某产品的购买额越大，表明客户对该产品的满意度越高；反之，则表明客户对该产品的满意度越低。

（6）对价格变化的敏感度。客户对产品或服务的价格敏感度也可以反映客户对某产品的满意度。当产品或服务价格上调时，客户如表现出很强的承受能力，则表明客户对该产品或服务的满意度很高。

（7）向其他人的推荐率。客户愿不愿意主动推荐和介绍他人购买或者消费，也可以反映客户满意度的高低。客户如果愿意主动介绍他人购买，则表明他的满意度是比较高的。

2）客户满意度调查对象

不同的客户在事前对企业的期待是不同的。有的客户容易满意，有的客户却不容易满意。因此在测试客户满意度时，仅调查少数人的意见是不够的，必须以多数人为对象，然后再将结果平均化。通常可以从以下几个方面对客户满意度进行调查。

（1）现实客户。针对现实客户进行满意度测试，是评估企业商品和服务质量的重要手段。这些客户已经体验过企业的商品和服务，因此他们的反馈意见对于企业改进产品和服务质量具有重要意义。实际上，许多企业失败的原因并非是吸引客户的能力不足，而是因为未能提供令客户满意的商品或服务，导致客户流失和业绩下滑。因此，对现实客户满意度的测试和提高至关重要，它不仅投入成本较低，而且能够快速获得明显的改进效果。由于测试目标明确，故可以针对特定客户的需求和期望进行优化，从而提高客户满意度和忠诚度。

（2）使用者和购买者。在客户满意度测试中，需要明确测试的对象是商品或服务的最终使用者还是实际购买者。由于商品或服务的性质不同，故这两者之间可能存在差异。在大多数情况下，购买者和最终使用者是同一人，但也有例外。通常的做法是以购买者为测试对象。因此，在实施客户满意度测试前，必须明确测试对象，以确保测试结果的准确性和有效性。

（3）中间商客户。各个企业把商品或服务提供给客户的方式是不一样的。有些企业并不与消费者直接见面，而是需要经过一定的中间环节，这时，客户对产品或服务的满意度不仅与产品或服务的直接提供者紧密相关，而且与批发商、零售商这样的中间商也有极大的关系。因此，在客户满意度测试中，对中间商的评估也不可忽略。这些中间商在产品的流通、服务和售后支持等方面扮演着重要角色，他们的表现直接影响到客户对产品或服务的整体满意度。

（4）内部客户。在评估客户满意度时，我们不仅要考虑外部客户的反馈，还应充分调查企业内部客户的意见。由于一些企业缺乏内部客户的意识，导致部门间存在严重的隔阂。这些企业的员工对外部客户需求高度关注，但却忽视了下线和上线其他部门等内部客户的需求，这种互不合作甚至互相拆台的情况时有发生，严重影响了企业的运营效率。

实际上，企业作为一个整体，各部门之间的关系应当与对待外部客户一样重要，只有确保整个流程中的各部门都能为其他部门提供满意的产品或服务，才能确保最终提供给客户（消费者）满意的商品或服务。因此，树立内部客户的观念、加强部门间的沟通与合作至关重要。

4. 客户满意是企业战胜竞争对手的重要手段

在当今的买方市场上，客户对产品或服务能满足甚至超越他们期望的要求变得越来越重视。例如，他们不但需要优质的产品或服务，同时希望能以最低的价格获得。客户是企业建立和发展的基础，如何更好地满足客户的需要，是企业成功的关键。如果企业不能满足客户的需要，而竞争对手能够使他们满足，那么客户很可能就会转向竞争对手。只有能够让客户满意的企业才能在激烈的竞争中获得长期的、起决定性作用的优势。市场竞争的加剧，使客户有了充实的选择空间。在竞争中，谁能更有效地满足客户需要，让客户满意，谁就能够营造竞争优势，从而战胜竞争对手。

5. 客户满意是企业取得长期成功的必要条件

客户满意是企业实现效益的基础。客户满意与企业盈利间具有明显的正相关性。客户只有对自己以往的购买经历感到满意，才可能继续重复购买同一家企业的产品或者服务。现实中经常发生这样的事情，客户因为一个心愿未能得到满足，就毅然离开一家长期合作的企业。企业失去一位老客户的损失很大。某企业评估其一位忠诚客户

10年的终生价值是8 000美元,并以此来教育员工失误一次很可能就会失去全部,要以8 000美元的价值而不是一次20美元的营业额来接待每一位客户,并提醒员工只有时刻让客户满意,才能确保企业得到客户的终生价值。此外,客户满意还可以节省企业维系老客户的费用,同时,满意客户的口头宣传还有助于降低企业开发新客户的成本,并且树立企业的良好形象。

6. 客户满意是实现客户忠诚的基础

从客户的角度讲,曾经带给客户满意经历的企业意味着可能继续使客户满意,或者是减少再次消费的风险和不确定性。因此,企业如果上次能够让客户满意,就很可能再次得到客户的垂青。客户忠诚通常被定义为重复购买同一品牌的产品或者服务,不为其他品牌所动摇,这对企业来说是非常理想的。但是,如果没有令客户满意的产品或服务,则无法形成忠诚的户。只有让客户满意,他们才可能成为忠诚的客户,也只有持续让客户满意,客户的忠诚度才能进一步得到提高。可见,客户满意是形成客户忠诚的基础。

(二) 客户满意度计算

客户满意度是指客户满意程度的常量感知性指标。客户满意度是一种感觉水平,来源于客户对产品或服务的绩效与其期望所进行的比较。因此,客户满意度是绩效与期望差异的函数,差异的不同就形成了不同的满意度。如果效果低于期望,客户就会不满意;如果可感知效果与期望相匹配,客户就满意;如果感知效果超过期望,客户就会高度满意或欣喜。客户满意度可以用数学公式表示为

$$C = b/a$$

式中,C——客户满意度;

b——客户的感知值;

a——客户的期望值。

当 C 值小于1时,表示客户对一种产品或事情的可以感知到的结果低于自己的期望值,即没有达到自己的期望目标,此时客户就会产生不满意。该值越小,表示客户越不满意。

当 C 值等于1或接近于1时,表示客户对一种产品或事情的可以感知到的结果与自己事先的期望值是相匹配的,这时自己就会表现出满意。

当 C 值大于1时,表示客户对产品或事情的可以感知到的效果超过自己事先的期望,此时客户就会兴奋、惊奇和高兴,感觉的状态就是高度满意或非常满意。

(三) 客户满意度调查方法

根据调查对象和调查目的,常用的客户满意度调查方法有以下几种:

1. 现场发放问卷调查

在客户较为集中的场合,如展览会、新闻发布会及客户座谈会等,可以通过现场发放并回收调查问卷的方式来收集数据。这种方式的优点在于迅速且高效,若再配合小奖品进行奖励,则能提高问卷的回收率。同时,此举还能起到宣传企业的作用。但我们必须明确区分现有客户与潜在客户。

在调查问卷中应包含以下关键问题：
(1) 当客户购买本企业产品时，其满意或不满意的原因是什么？
(2) 客户忠诚于本企业的原因是什么？
(3) 从客户的使用频率出发，探究其使用的理由。
(4) 客户不购买本企业产品的原因是什么？
(5) 从使用频率来了解客户的期望和需求。
(6) 客户不使用或不再继续使用本企业产品的原因是什么？是否有改进的可能？
(7) 客户最初对本企业产品有何期待？他们对现在的满意度如何？
(8) 对比初期的期待与现况，两者的差异点是什么？
(9) 从客户对本企业产品及服务的印象出发，我们需要在哪方面进行改进或充实？
(10) 对于产品本身及服务体系，客户的具体评价、需求及不满是什么？
这些调查项目应根据企业的具体情况进行灵活调整。

2. 电话调查

电话调查适合于客户群比较固定、重复购买率较高的产品。该调查方法的好处是企业可以直接倾听客户的问题，信息收集速度快，能体现客户关怀，效果较好；不利之处在于可能干扰客户工作或生活，导致客户反感。因此调查的项目应尽可能简洁，以免拉长调查时间。如果客户数量较少，则可以由企业营销人员直接联系客户；如果客户数量多，则可以采取抽样方式，委托专业调查公司，或双方合作进行。

3. 邮寄问卷调查

在庆典或重大节日来临之际，向客户邮寄问卷，并配合慰问信、感谢信或小礼品。邮寄卷调查数据比较准确但费用较高，周期长，一般一年最多进行1~2次。

4. 网上问卷调查

网上问卷调查是在目前互联网快速普及的情况下发展最快的调查方式，具有快速、节省费用的特点，特别是在门户网站，如新浪网上开展的调查很容易引起公众对企业的关注。存在的问题是：网上调查只对网民客户有效，结论有失偏颇；所提问题不可能太多；真实性值得怀疑。

不论哪种方式，调查以后均应进行数据统计、分析处理，写出调查报告，重点分析主要问题并提出相应的改进建议，从而让调查活动发挥检验客户满意度，以及促进企业提高客户满意度的作用。

（四）客户满意度调查数据处理

1. 整理数据资料

为确保调查工作的质量，首先需对收集回来的数据资料进行确认。这一步骤至关重要，它关乎资料的准确性、真实性和完整性。因此，调查或其他数据收集工具都需要经过仔细检查，确保不存在冗余、不完整或无用信息，如模糊或明显的不相容等情况。经过这一系列严格的筛选程序，我们能够确定哪些问卷是合格的，可以被接受，而哪些问卷是不合格的，必须作废。

2. 分析数据资料

为了客观地反映客户满意度，企业必须运用科学有效的统计分析方法分析适当的客户满意度数据，以证实质量管理体系的适宜性和有效性，并评价在何处可以持续改进。数据分析包括定量分析、定性分析，或者二者兼有，具体选用哪种类型的分析应当取决于研究对象、所收集数据的特性及谁使用这种分析结果。采用定性分析方法分析调查资料，得到对调查对象本质、趋势及规律等方面的认识，其方法依据是科学的逻辑判断，能够得到有关新事物的概念，却不能表明事物发展的广度和深度，也无法得到事物数量上的认识。定量分析则恰好弥补了定性分析的缺陷，它可以深入、细致地研究事物内部的构成比例，研究事物规模的大小及水平的高低。客户满意度数据的分析将提供以下有关方面的信息：

（1）客户满意度。
（2）与服务要求的符合性。
（3）过程和服务的特性及趋势，包括采取预防措施的机会。
（4）持续改进和提高产品或服务的过程与结果。
（5）不断识别客户，分析客户需求变化情况。

因此，企业应建立健全分析系统，将更多的客户资料输入到数据库中，不断采集客户有关信息，并验证和更新客户信息，删除过时信息。同时，还要运用科学的方法，分析客户发生变化的状况和趋势，研究客户消费行为有何变化，寻找其变化的规律，为提高客户满意度和忠诚度打好基础。

课后测试

【选择题】

1. 下面哪一项最能体现"客户满意度指数（Customer Satisfaction Index，CSI）"的核心概念？（　　）
   A. 客户对产品或服务的整体印象
   B. 客户对产品或服务的期望与实际感受的匹配程度
   C. 企业为满足客户需求所做的努力
   D. 客户对企业产品或服务的重复购买率

2. 客户满意度调查的主要目的是什么？（　　）
   A. 提高产品质量　　　　　　　　B. 了解客户需求和期望
   C. 降低生产成本　　　　　　　　D. 提高员工工作效率

3. 以下哪个不是客户满意度的影响因素？（　　）
   A. 产品价格　　　　　　　　　　B. 服务质量
   C. 企业形象　　　　　　　　　　D. 国家政策

4. 客户忠诚度与客户满意度之间的关系是怎样的？（　　）
   A. 客户忠诚度高于客户满意度　　B. 客户忠诚度低于客户满意度
   C. 客户忠诚度与客户满意度无关　D. 客户忠诚度是客户满意度的结果

5. 如何提高客户满意度？（　　）
   A. 提高产品价格　　　　　　　　B. 降低产品质量
   C. 加强客户服务与售后支持　　　D. 减少产品功能

试题
任务 4-1
课后测试答案

【判断题】
1. 客户满意度是衡量企业成功与否的唯一标准。（   ）
2. 高客户满意度一定带来高销售额。（   ）
3. 客户满意度主要取决于产品的价格和质量。（   ）
4. 提高客户满意度是企业的长期目标。（   ）
5. 只要产品质量好，客户满意度就一定高。（   ）

【填空题】
1. 客户满意度是指客户对产品或服务的_____与_____匹配程度的感知。
2. 满意度综合得分 = $\sum$（_____×重要性）/ $\sum$ 重要性。
3. 客户满意度测评程序有：确定问题和目的、_____和_____。
4. 客户满意度指数有：客户期望、感知质量、_____、_____和_____。
5. 客户满意度调查方法有：现场发放问卷调查、_____、_____和_____。

任务4-2　CSI满意度调查分析

任务背景

在汽车行业中，市场变化快速，客户需求多样化。为了在竞争激烈的市场中立足，企业对 CSI 满意度调查分析工作的重视程度应不予忽视。如果客户对企业的产品或服务感到满意，就会将他们的消费感受通过口碑传播给其他的客户，扩大企业的知名度，提升企业的形象，为企业的长远发展不断地注入新的动力。

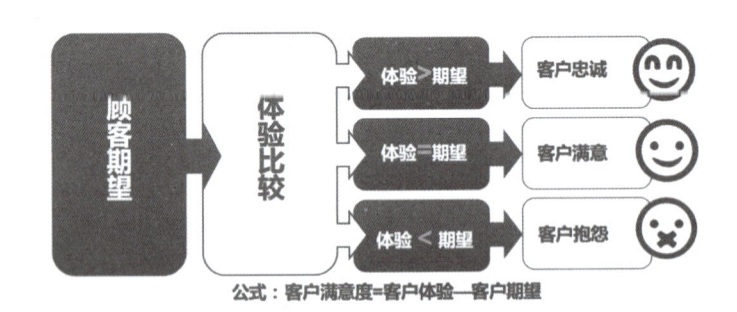

顾客期望 → 体验比较 →
- 体验＞期望 → 客户忠诚
- 体验＝期望 → 客户满意
- 体验＜期望 → 客户抱怨

公式：客户满意度=客户体验－客户期望

任务描述

在行业快速发展的背景下，客户对于汽车服务的需求和期望也随之水涨船高。然而，当前的汽车服务行业中存在一些弱项，这些问题不仅影响了客户的满意度，还制约了企业的市场竞争力。为了应对这一挑战，一家领先的汽车企业启动了一项名为"卓越服务计划"的项目，以全面优化服务流程，提升客户体验。

作为这一项目的参与者，我们需要参与到实际的改进工作中，为解决汽车行业服务的弱项出谋划策。通过实地调查、数据分析和创新思维的运用，团队一起完成服务弱项改进表的相关内容。

任务准备

（一）课前热身

学习 CSI 满意度调查分析，我们将掌握一种强大的市场调研工具，使我们具备深入了解客户需求、评估市场竞争力、优化产品和服务的能力，这将为未来的职业生涯增添显著的竞争优势，同时助力企业实现可持续发展。请通过扫描二维码，观看"CSI 满意度调查分析"系列微课。

微课
CSI 满意度调查分析

（二）任务分析

1. 识别汽车行业服务中的弱项和问题

汽车行业服务是一个复杂的系统，涉及多个环节和方面。为了提高服务质量，必须首先识别服务中的弱项和问题。这些弱项和问题可能出现在销售、维修、保养、配件供应等多个环节，需要我们深入挖掘和发现。

2. 分析问题产生的原因和影响

在识别出问题后，需要分析问题产生的原因和影响。例如，销售人员的服务态度不好可能导致客户流失，维修质量不达标可能影响客户信任度，配件供应不及时可能影响客户满意度等。这些问题不仅会影响客户的满意度，还可能对企业的声誉和长期发展造成影响。

3. 提出针对性的改进措施和解决方案

针对服务中出现的问题，需要提出针对性的改进措施和解决方案。例如，可以加强员工培训，提高服务意识和技能水平；优化流程，提高效率；完善配件供应链，确保及时供应等。这些措施需要具体、可行，且能够真正解决问题。

4. 实施改进措施并跟踪评估效果

在实施改进措施后，需要跟踪评估效果，这可以通过客户满意度调查、员工反馈、业绩指标等多方面来实现。如果措施有效，则需要总结经验教训，进一步优化服务流程；如果措施效果不佳，则需要重新审视问题，调整方案，直至达到预期效果。

5. 总结经验教训并优化服务流程

汽车行业服务是一个持续改进的过程，只有不断发现问题、分析问题、解决问题，才能不断提高服务质量，赢得客户的信任和支持。

任务实施

根据任务描述，对照下方的要求完成"服务弱项改进表"任务

步骤一：项目分析

提示：根据调查因子，结合满意度四分图模型对各项因子进行归类，找出弱项因子，并针对弱项因子提出改善建议。

(**)项目分析	修补区 B	优势区 A
	1	1
	2	2
	3	3
	4	4
	5	5
	机会区 C	维持区 D
	1	1
	2	2
	3	3
	4	4
	5	5

备注：A区（优势区）：当指标分布在这些区域时，表示对顾客来说，这些因素是重要的关键性因素，顾客目前对这些因素的满意度评价也较高，这些优势因素需要继续保持并发扬，使之成为自己的优势。

B区（修补区）：当指标分布在这些区域时，表示这些因素对顾客来说是重要的，但当前企业在这些方面的表现比较差，顾客满意度评价较低，需要重点修补、改进。

C区（机会区）：当指标分布在这些区域时，代表着这一部分因素对顾客不是最重要的，而满意度评价也较低，但对企业的影响并不是很大，因此不是现在最急需解决的问题，没有必要投入大量的精力，可以暂时将其忽略。

D区（维持区）：这个区域指标满意度评价较高，但对顾客来说不是最重要的因素，属于次要优势（又称锦上添花因素），对于这些因素一方面企业可以注意发挥这些因素的优势，使之向保持区变化；另一方面由于其对企业当前的实际作用不大，如果从企业资源的有效分配考虑，则可以先从该部分做起。

步骤二：改善计划

提示：针对优势区和维持区的项目，设计项目改善计划，内容表达要清楚，计划内容要可以用于实际操作。

下一步工作改善计划
1
2
3
4
5

步骤三：汇报"服务弱项改进"任务。

任务评价

小组指派代表汇报本小组工单完成情况及展示成果，并完成服务弱项改进任务评价表4-2-1。

表4-2-1 服务弱项改进任务评价表

评定指标		权重	评价				
			第1组	第2组	第3组	第4组	第5组
总体评价	1. 依照四分图形分析法的要求罗列（数据完整性、信息准确性、分析客观性）	15					
	2. 改善计划具备弱项改进的作用（完整性、创新性、可操作）	12					
	3. 任务整体完成质量（任务完成进度、作品质量）	8					
	4. 成果展示汇报效果（展示风采、清晰传达）	5					
过程评价	1. 计划完整、准备充分，执行有序	3					
	2. 相关信息、数据记录完整、整洁	4					
	3. 问卷设计合理、话术设计恰当	7					
	4. 与客户沟通，言行举止规范到位	4					
	5. 能抓住客户反馈信息的关键	7					
	6. 对客户满意情况分析全面、合理	7					
	7. 小组分工合理，合作能力强	7					
合计							

评定指标		权重	评价				
			第1组	第2组	第3组	第4组	第5组
主要收获	（本组在本任务训练过程中的主要收获或经验）						
问题与建议	（本组在任务完成过程中所遇到的问题、原因分析及改进建议）						

知识链接

（一）对客户期望的管理

客户满意度是客户期望与客户实际感知到的结果的差值，是对两者比较结果的度量。企业在进行客户满意度管理时，不仅要不断满足客户需求，以提升客户实际感知到的结果，还要注重对客户期望的管理。客户满意需要提高，客户期望需要管理。

【典型案例】

产品性能与客户期望

张先生是一位热爱驾驶的汽车爱好者，他对于汽车的各项性能都有着极高的要求。经过多次比较和挑选，他选择了一家知名汽车品牌的4S店，购买了一辆最新款式的运动型轿车。

在购买时，4S店的销售人员向张先生详细介绍了车辆的性能和特点，张先生也对这些信息表示了认可。然而，在车辆保养时，张先生发现4S店的服务并不如他所期望的那样。首次保养时，他发现4S店对于车辆的检查并不够仔细，一些小问题被忽略了。尽管这些问题并不影响驾驶安全，但对于追求完美的张先生来说，这是无法接受的。他向4S店的服务人员提出了这些问题，但得到的回复仅仅是"我们会处理好的"，而并没有具体的解决方案。在随后的几次保养中，问题依然存在。4S店的服务人员并没有真正重视张先生的反馈，这让张先生感到非常失望和不满。他开始怀疑自己选择的这个品牌是否值得信任。

最终，张先生决定不再在这家4S店进行保养，而是选择了其他的服务提供商。同时，他也向自己的朋友和家人分享了这段不愉快的经历，建议他们选择其他品牌或服务提供商。

动画
产品性能与客户期望

这个故事表明，消费者对于产品或服务的满意度不仅仅取决于产品本身的质量，更取决于产品或服务提供商对消费者需求的满足程度。如果消费者对于产品或服务有着明确的期望，而实际体验却无法满足这些期望，那么消费者对该产品或服务的满意度将会大大降低。

1. 控制客户期望

控制客户期望是指合理安排客户的期望，在一定限度内尽量降低客户期望值，在客户得到实际产品或接受服务之前，不人为增加客户的期望。客户的期望会随着时间的推移而上升，从最初的惊喜需求转为期望需求，甚至是基本需求。企业要做的是按自己实际能力，合理引导客户的期望水平，有效地控制客户期望值的攀升，以免应了那句话——希望越大失望越大。通常可以通过设定期望值和降低期望值的方法来控制客户期望攀升。

设定期望值就是设定对客户来说最重要的期望值，同时还要明确地告诉客户哪些期望是可以实现的、哪些是根本不可能实现的，这样与客户之间设定一致的期望值就容易很多。例如之前所说的，客户最关心的是提高收益，那么提案时就要弄清楚如何提高收益，以及提高到什么程度。另外，要让客户清楚地知道，收益提高了，成本也会相应的上升。

降低期望值是指在满足不了客户的期望时，就降低客户的期望值。但是在降低客户期望值的同时，要明确告诉客户为什么不能满足他原先的期望值，以及能提供给客户的其他选择和这些选择的优势是什么、为什么提供这些选择，从而与客户再次达成共识。如果不能提高客户最关心的获益，则需要明确告诉客户为什么不能提高。这种方案也许不是客户最满意的，但可能是客户能接受的。

2. 客户期望的相关因素

客户预期服务（ES）与感知服务（PS）构成了客户满意度，满足状况即客户满意度理论基础概念。与客户期望相关的因素有三个：口碑、个人需求及经历。此外，服务质量要素也与预期服务和感知服务有直接关系。

（1）口碑。口碑就是客户在购买产品或接受服务前，通过各种渠道得到的关于企业的产品或服务的信息，这些信息可以是正面的，也可以是负面的。这些信息形成一种印象，这个印象对客户期望产生直接影响。

（2）个人需求。每一个人的个性不同，为人处世的方式也不尽相同，个人的需求的不同会导致期望值上升。

（3）经历。每一个人的经历不同，要求也各不一样。相对而言，经历越少的人期望就相应地越容易被满足，而经历越多的人往往就不容易被满足。

（4）服务质量要素。提升服务效果，从服务质量的角度让客户获得更多，从而提升客户满意度。

（二）客户需求与客户满意

1. 客户需求与客户满意的关系

让客户满意的关键是要理解哪些东西对他们来说是重要的，并且要尽力满足他们的那些期望（如果不能超过的话）。这些需求不仅仅是相关的产品或者服务，许多核心产品之外的因素也会影响到客户的满意度。

有些企业正是通过满足和超越客户的期望、满足他们的需要来创造客户满意度的。当客户进入一家企业时，企业要着重考虑客户与企业进行交易时所交换的什么东西对客户来说是有用的，客户购买一件产品或者服务时会放弃哪些东西？通常，货币的支出是最明显的，但还有许多其他的东西，如花在搜寻、比较可替代品及进行购买上的时间和精力都必须被考虑到。而在一些特殊的交换中，例如慈善募捐，会出现一些心理成本。客户为了达到目标所耗费掉的注意力常常因为对货币成本的关注而被忽视掉。

认识到客户的需求存在于几个不同的水平上也很重要，而且为了提高客户满意度就必须将注意力投入到满足各种不同水平的需求上。企业可以提高客户获得的价值，或者通过减少客户的货币或者非货币形式的成本，或者通过某种方式增加客户所得的价值。

2. 影响客户满意度的因素

客户满意度是客户建立在期望与现实基础上的、对产品与服务的主观评价，一切影响期望与服务的因素都可能影响客户满意度。从企业工作的各个方面分析，影响客户满意度的因素归结为以下几个方面。

1) 企业因素

企业是产品与服务的提供者，其规模、效益、形象、品牌、公众舆论等内在或外部表现的东西都会影响客户的判断。如果企业给客户一个很恶劣的形象，则很难想象客户会选择其产品。

2) 产品因素

产品因素主要包含以下四个层次的内容：

（1）产品与竞争者同类产品在功能、质量、价格方面的比较。如果有明显优势或个性化较强，则容易获得客户满意。

（2）产品的消费属性。客户对高价值、耐用消费品的要求比较苛刻，因此这类产品难以取得客户满意。但一旦满意，客户的忠诚度就会很高。客户对价格低廉、一次性使用的产品要求相对较低。

（3）产品包含服务的多少。如果产品包含的服务较多，销售人员做得不够，就难以取得客户满意。而不含服务的产品只要主要指标基本合适，客户就容易满意。但如果产品与其他厂家差不多，服务也不好，客户就很容易转向他处。

（4）产品的外观因素。如包装、运输、品位、配件等，如果产品设计细致，有利于客户使用并且能体现其地位，就会取得客户满意。

3) 服务和系统支持因素

企业的营销与服务体系是否一致、简洁，是否能为客户带来方便，售后服务时间的长短，服务人员的态度、响应时间，投诉与咨询的便捷性等都会影响客户的满意度。例如，公司如约送去新的洗碗机了吗？到达的航班与时刻表上显示的一致吗？客户期望事情能进展顺利并且企业能遵守承诺，这种愿望如未能得到满足，客户就会产生不满和失落。很多企业都是在这个层次上失败的,因为他们不能信守承诺,无法更好地满足客户对服务外在或内在的期望。而如果企业实施高标准的满足服务,甚至超过了客户对服务本身的期望,就会取得令人羡慕的竞争优势,即客户知道他们可以信赖这些企业。

在一些运营行业中,以较好的核心产品或者服务基础取得竞争上的优势是很困难的,甚至是不可能的。处在这些行业的企业可以提供与分销和信息有关的支持和辅助服务,并通过这些服务逐步将自己同竞争对手区别开来并为客户增加价值。这些服务的提供可以使客户与企业之间的交易变得更加方便。这些服务要求做到禁止员工与客户争论、为客户提供有关产品的详细信息,以及为客户提供24小时的服务,从而使客户在需要服务时不会感到不方便。将这些系统和政策安排到位,企业即可开始为客户增加价值了,并且将自己同竞争对手区别开来。

4)互动沟通因素

客户期望能很方便地与企业沟通。对于国外企业,客户则希望能采用电子通信手段来下订单。目前的趋势是所有的交易都将走向电子化,包括付款方式等。客户也希望在货品不能按期发运,或者已经发运后发现其中有误时,能得到及时的通知。企业亦应派出专业人员对客户及那些真正使用产品或物品的生产工人进行访问交流,征求其意见。

客户服务可以包括一些平凡的事,比如采用免费电话使客户方便与企业沟通。如果有些客户吹毛求疵,则企业员工应该耐心提供服务,保持积极的态度并提供任何需要的组织支持。必须特别注意,在知晓客户的要求之后,在随后的服务中必须按客户的要求改进服务,必须将客户的要求和期望通知所有相关的部门,公司的客户满意度数据必须统计公布,必要时通知所有管理人员。

5)情感因素

从客户的调查中获得的很多证据说明,相当一部分的客户满意度与核心产品或者服务的质量并没有关系。实际上,客户甚至可能对他与服务提供商及其员工的互动中的大多数方面都感到满意,但因为一位员工的某些话或者其他的一些小事情没有做好,而使企业失去了这个客户的业务,而员工可能并没有注意到这些事情。

在与目标群体的访谈和调查中,客户经常会描述服务提供商带给他们的感受如何。结果发现,很少有企业对自己的员工给客户的感受如何给予特别的关注。但事实上很多服务经历使客户对企业产生了不好的感觉,也有一些经历可以让客户对企业产生好的感觉,但这样的经历可能会很少。

6)环境因素

通常让这个客户满意的东西可能不会让另外一个客户满意,同样地在这种环境下令客户满意的东西在另一种环境下可能就不会让客户满意。客户的期望和容忍范围会随着环境的变化而变化。对于企业员工来说,认识到环境中存在的区别,对提供高质量的服务和创造客户满意度是很重要的。客户面对每一种服务环境时,都带着对结果的期望。通常这些期望都是建在他们自己以前的经历上或者是他们所信任的那些人的经历上的，企业员工通过自己在交流上的努力和掌握的信息分辨出所面对的情况，并且对它做出反应。对员工来说，要花费时间和积累经验才能变得善于读懂客户。在许多情况下，员工可以提前做准备。老员工会凭借他们的经验来帮助新员工应付这些情况。

从对客户满意度的直接影响因素看，可以将影响满意度的因素分为不满意因素、满意因素与非常满意因素三类：

（1）不满意因素是指与客户希望相反的消极条件或事件。客户购买产品的最低要求，集中在产品或服务的主要方面，如产品质量、应该提供的基本服务、客户意见反馈渠道等方面。如果产品或服务存在不满意因素，则客户的满意度下降；反之，则客户的满意程度既不会提高，也不会下降。

（2）满意因素是指与客户期望相当或略好的因素或事件。例如，价格折扣、款式、性能、型号的多样选择性等。满意因素越多，客户的满意度也越高。比如：车辆加速性能好、油耗低、操控性好等，这些性能可以满足客户的日常需求，提高客户的满意度。但是，满意因素并不能弥补不满意因素。

（3）非常满意因素是超出客户事先预料，对企业产品有积极影响的性能、服务。比如：为客户定制内饰、提供个性化的汽车保养服务等，这些超出客户预期的服务可以让客户感到非常满意。

企业可以通过减少或彻底消除客户的不满意因素、提供更多的满意因素和非常满意因素来达到提高客户满意度的目的。

（三）客户满意度构成要素

目前，国内外大多数的专家、学者认为客户满意主要由理念满意、行为满意和视听满意三大要素构成。

1. 理念满意

理念满意（Mind Satisfaction）是客户对提供产品或服务的企业在理念上的要求被满足程度的感受。企业的理念是企业精神、经营宗旨、质量方针、企业文化、管理哲学、价值取向、道德规范、发展战略等方面的综合反映，是企业对其自身的存在意义和发展目标的认识，它产生于企业的价值观，影响着企业的经营战略、管理原则和行为取向，集中反映了企业利益与客户利益乃至社会利益的关系。

理念满意是客户满意的基本条件，不仅要体现企业的核心价值观，而且要使企业的价值观得到内部与外部所有客户的认同及满意。

2. 行为满意

企业的行为满意（Behavior Satisfaction）是指客户对提供产品或服务的企业在经营的行为机制、行为规则和行为模式上的要求被满足程度的感受。行为是理念的具体体现，再好的理念如果不能通过行为去实现，也就仅仅是一句空洞的口号而已。虽然对企业的理念满意是客户满意的基本条件，但这并不意味着是主要条件，因为客户满意主要是来自对企业具体行为的要求被满足程度的感受和体验，企业的理念再诱人和动人，如果同其行为相去甚远，客户非但没有丝毫满意的感觉，还会深深感到被欺骗和愚弄，从而产生失望和不满。所以，企业在努力实现理念满意的同时，要更多地去关注自己在理念支持下的行为如何满足客户的要求，只有言行一致，才能获得客户的满意和信任。

行为满意是客户满意战略的核心，是企业实理念满意的操作中心。企业要使自己的行为满意，首先必须树立以客户为关注点的价值观念，建立以客户需求为导向的行为准则和运行系统。这个价值观念、行为准则和运行系统，必须要求企业全体员工认同和遵守，并在每一位员工的行为上得到体现。

3. 视听满意

视听满意（Visual Satisfaction）是指客户对企业的各种形象要求在视觉、听觉上被满足程度的感受。视听满意可以使企业的理念满意和行为满意的各种信息传达给客户，让客户通过视觉和听觉直接去感受。显然，企业的视听满意是实现理念满意和行为满意不可缺少的一种形象载体。

企业的视听满意是客户快速认识、认知和认同企业的一种重要途径，在市场竞争中能起到重要作用。视听满意有以下四个主要特征：

（1）强烈的个性。每个企业策划视听满意首先必须具有自己个性化的特点，能够让客户迅速、容易地识别和区分，这也是客户对企业视听满意能够接受的首要条件。

（2）丰富的美感。企业的视听满意要给人一种美感，应符合大多数人的审美观，从静态的图案、颜色、标志到动态的画面、话语、配曲，都需要给人以美的感受。

（3）鲜明的主题。主题鲜明、简洁明了，是客户对企业视听满意的另一个重要条件。在现实生活中，一句主题突出、简洁明了的广告语可以使企业家喻户晓，对客户的视听满意有着事半功倍的效果。

（4）时代的特征。企业的视听满意要符合经济与社会发展的要求，要着眼于新时代客户的价值观念，同时，还要考虑不同民族、不同语言、不同信仰、不同风俗的习俗。

（四）客户满意度具体实施

1. 客户满意度实地调查

1）深入了解服务中的问题与挑战

在服务行业中，客户的反馈和意见犹如一面镜子，反映出我们的优点与不足。为了真正理解服务中存在的问题和弱项，必须深入实地，与客户进行面对面的交流。通过实地调查，可以更全面地了解客户的真实期望和需求，为提升服务质量和客户满意度打下坚实基础。

2）在访谈中倾听客户心声

访谈是实地调查的重要手段之一。通过与客户的深入交流，可以直接了解他们对于服务的期望、不满和建议。在访谈过程中，不仅要关注客户提出的具体问题，还要注意捕捉客户的情绪和态度。客户的言辞、语气和表情都能为我们提供宝贵的信息，帮助我们更准确地把握客户的需求和期望。

3）问卷调查挖掘群体意见

虽然访谈能让我们更深入地了解个别客户的感受，但为了更全面地了解广大客户的需求，还需要进行问卷调查。通过精心设计的问卷，可以收集到大量客户的意见和建议，从而分析出服务中存在的问题和改进的方向。问卷调查的结果可以帮助我们把握整体趋势，发现服务中的共性问题。

4）细致观察捕捉服务细节

除了访谈和问卷调查外，实地观察也是非常重要的一个环节。在观察过程中要注意服务过程中的每一个细节，包括员工的服务态度、工作效率、设施的完善程度等。通过细致的观察，可以发现一些访谈和问卷调查中可能无法察觉的问题，同时还能帮助我们更准确地了解客户的真实感受，为改进服务提供有力的依据。

所以，提升服务质量的关键在于真正了解客户的需求和期望。只有通过实地调查，深入了解客户的真实感受，才能找出服务中的问题和不足，有针对性地进行改进。让我们以实地调查为契机，不断提升服务质量和客户满意度，为客户创造更加美好的体验。

2. 客户满意度数据分析

1）服务行业的指南针

在信息时代，数据已经成为一种宝贵的资源。对于服务行业来说，数据分析不仅是一个工具，更是一种思维方式。通过数据分析，可以深入了解服务中存在的问题和趋势，从而优化服务流程，提高服务效率。

2）数据分析能够揭示服务中存在的问题

客户反馈、交易记录等数据都是服务质量的"镜子"。通过分析这些数据，可以发现服务中存在的问题和短板。例如，一家餐饮企业可以通过分析客户点餐数据，发现最受欢迎的菜品和顾客的口味偏好，从而调整菜单和食材采购策略。

3）数据分析还能帮助我们预测市场趋势

通过对历史销售数据、消费者行为等数据的分析，可以预测未来的市场需求和趋势，这有助于企业提前做好市场布局和战略规划。例如，一家电商企业可以通过分析消费者的购买记录和浏览行为，预测未来的销售趋势，提前备货和调整营销策略。

4）数据分析工具的发展也为服务行业提供了强大的支持

各种数据分析软件和工具有助于对大量数据进行高效的处理和分析，这使得企业能够从海量数据中发现潜在的规律和关联，进一步优化服务质量和效率。

在未来的发展中，随着数据科学技术的不断进步，数据分析将在服务行业中发挥更加重要的作用。因此，对于服务行业的企业来说，重视并加强数据分析能力是至关重要的。

3. 客户满意度创新思考

在面对各种问题时，我们应积极运用创新思维，与团队共同探讨解决方案。创新思维有助于打破常规，发现新的解决途径。通过集思广益，可以激发团队的创造力，提出新颖、有效的改进措施。在当今竞争激烈的市场环境中，创新是推动服务进步的重要动力，只有不断创新，才能在激烈的竞争中脱颖而出。

1）创新方法与工具

（1）头脑风暴：一种非常有效的创新方法。它鼓励团队成员自由发表意见，激发创意思维。通过集思广益，可以收集各种不同的观点和想法，从中寻找新的启示和创意。

（2）角色扮演：有助于从不同角度思考问题。通过模拟真实场景，团队成员可以亲身体验问题所在，从而提出更贴近实际的解决方案。

（3）原型设计：在创新过程中起着至关重要的作用。通过制作产品或服务的原型，可以测试各种创意方案的可行性和市场潜力，有助于及时发现并修正问题，不断完善方案，使其更符合市场需求。

2）培养创新思维的关键要素

（1）为了培养创新思维，需要关注市场动态和客户需求的变化，深入了解市场趋势和消费者需求，是确保创新方向正确的关键。

（2）持续学习和反思也是提升创新能力的重要途径。通过不断汲取新知识、总结经验教训，可以不断提升自身的创新能力和解决问题的能力。

总之，创新思维是解决问题的关键。只有充分发挥创新思维的力量，与团队成员共同探讨解决方案，关注市场变化和客户需求，才能在激烈的竞争中立于不败之地。

4. 客户满意度方案实施

在弱项服务改进中，方案实施是至关重要的环节。只有将理论转化为实践，才能真正实现预期的目标。因此，在实施改进措施时，必须密切关注方案的执行情况，确保其有效性和可行性。

1）明确实施方案的具体步骤和时间表

这包括明确责任分工、制订详细的工作计划、配置必要的人力和物力资源等。只有确保每个环节都得到充分的准备和安排，才能顺利推进实施工作。

在实施过程中，需要不断跟踪评估效果，及时发现问题并进行调整，这需要建立有效的反馈机制，收集各方面的意见和建议，以便更好地适应客户需求和市场变化。

2）注重方案的持续改进和完善

因为随着时间的推移，市场和客户需求也在不断变化。只有不断调整和完善方案，才能使服务更加贴近客户需求，提高客户满意度和忠诚度。

3）建立相应的考核和激励机制

这可以通过设定明确的目标和考核标准来实现，同时也要给予员工相应的奖励和惩罚，以激发他们的工作积极性和创造力。

5. 客户满意度总结优化

在项目完成之后，必须进行深入的总结和优化。总结过程中，需要全面分析项目的各个环节，通过对比预期效果和实际结果，找出项目中的不足之处，同时还要与项目团队成员进行充分的沟通和交流，收集他们的反馈和建议。这些反馈和建议往往来自一线工作人员，他们对项目的细节和执行过程有着最直接的了解，因此对于改进项目具有非常重要的价值。

在总结的基础上，需要制定针对性的优化方案。这些方案应该聚焦于那些在总结中被认定为需要改进的环节，同时要考虑到项目的长期发展目标。方案的实施需要有一套明确的计划和时间表，并分配到具体的责任人，以确保执行效果。为了监测优化方案的执行情况，需要利用数据和指标及时发现问题并进行调整。

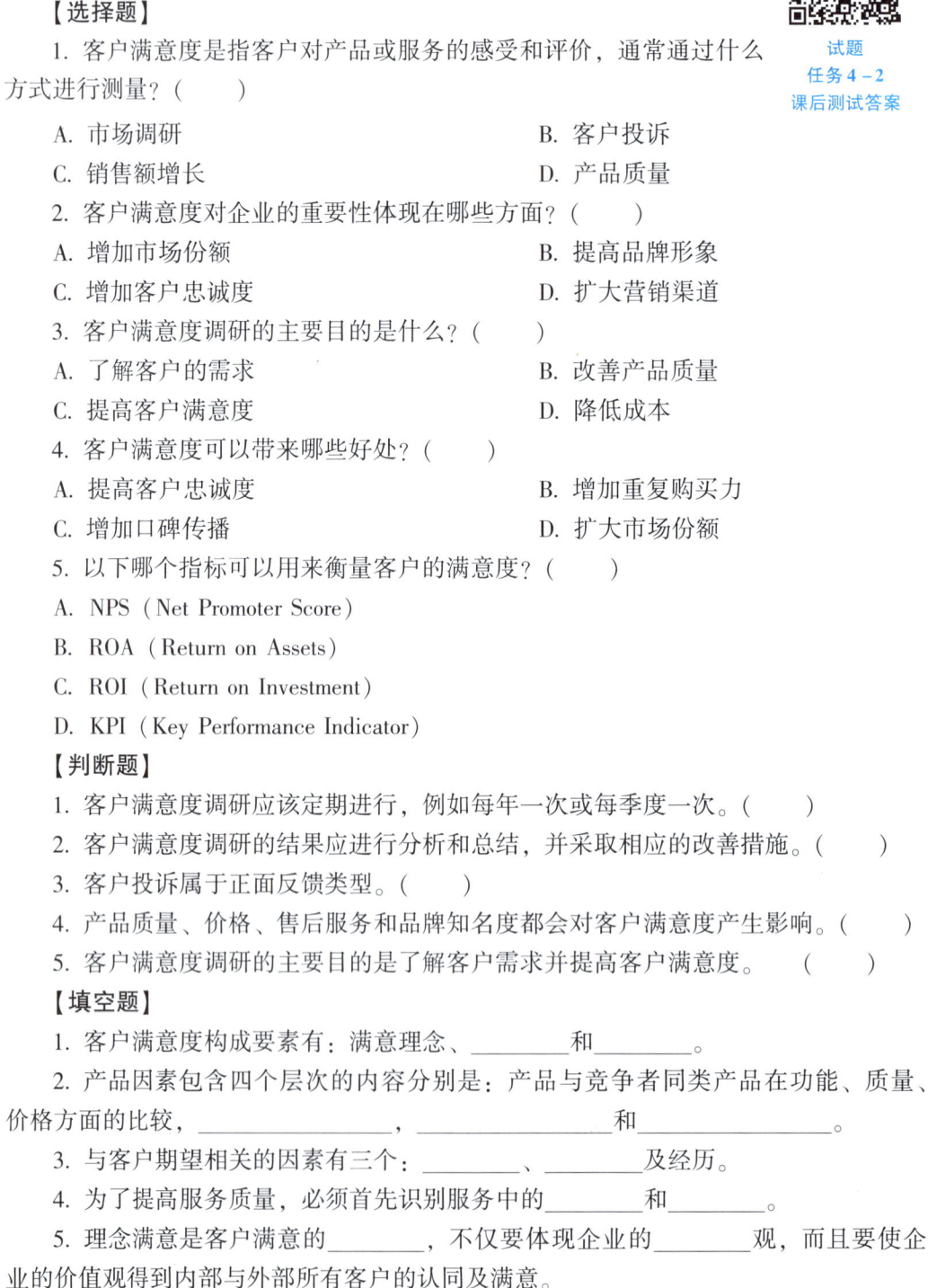

课后测试

【选择题】

1. 客户满意度是指客户对产品或服务的感受和评价，通常通过什么方式进行测量？（　　）
   A. 市场调研　　　　　　　　　　B. 客户投诉
   C. 销售额增长　　　　　　　　　D. 产品质量

2. 客户满意度对企业的重要性体现在哪些方面？（　　）
   A. 增加市场份额　　　　　　　　B. 提高品牌形象
   C. 增加客户忠诚度　　　　　　　D. 扩大营销渠道

3. 客户满意度调研的主要目的是什么？（　　）
   A. 了解客户的需求　　　　　　　B. 改善产品质量
   C. 提高客户满意度　　　　　　　D. 降低成本

4. 客户满意度可以带来哪些好处？（　　）
   A. 提高客户忠诚度　　　　　　　B. 增加重复购买力
   C. 增加口碑传播　　　　　　　　D. 扩大市场份额

5. 以下哪个指标可以用来衡量客户的满意度？（　　）
   A. NPS（Net Promoter Score）
   B. ROA（Return on Assets）
   C. ROI（Return on Investment）
   D. KPI（Key Performance Indicator）

【判断题】

1. 客户满意度调研应该定期进行，例如每年一次或每季度一次。（　　）
2. 客户满意度调研的结果应进行分析和总结，并采取相应的改善措施。（　　）
3. 客户投诉属于正面反馈类型。（　　）
4. 产品质量、价格、售后服务和品牌知名度都会对客户满意度产生影响。（　　）
5. 客户满意度调研的主要目的是了解客户需求并提高客户满意度。（　　）

【填空题】

1. 客户满意度构成要素有：满意理念、_____和_____。
2. 产品因素包含四个层次的内容分别是：产品与竞争者同类产品在功能、质量、价格方面的比较，_____，_____和_____。
3. 与客户期望相关的因素有三个：_____、_____及经历。
4. 为了提高服务质量，必须首先识别服务中的_____和_____。
5. 理念满意是客户满意的_____，不仅要体现企业的_____观，而且要使企业的价值观得到内部与外部所有客户的认同及满意。

任务4-3　NPS调查方案设计

任务背景

伴随着智能化、电动化、网联化等创新技术的不断涌现，开展 NPS（Net Promoter Score，净推荐值）调查对于企业而言具有重大而深远的影响。汽车行业的竞争格局正在经历深刻的变革，客户对汽车产品及服务的需求和期望也日益升级。通过 NPS 调查，汽车企业能够更为精准地洞察客户需求，获取宝贵的客户反馈，全面掌握客户对于产品、服务、品牌等方面的满意度与忠诚度。这将助力企业发掘改进契机，优化产品设计与功能，提升客户体验，进而提升品牌价值。

用户思维

任务描述

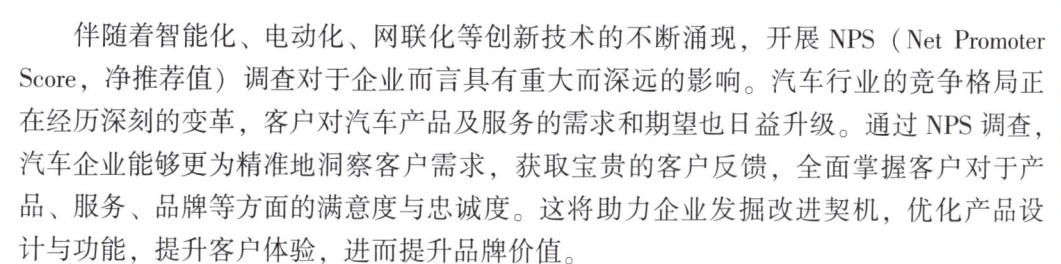

在竞争激烈的汽车市场中，客户忠诚度对于企业的成功至关重要。为了在众多竞争对手中脱颖而出，企业需要制订一份感动客户的行动计划表，这份行动计划表应立足于客户需求，关注客户体验，从而提高客户满意度，并进一步培养客户的忠诚度。

任务准备

（一）课前热身

对于汽车营销这种服务属性鲜明的岗位来说，客户的忠诚度与流失率直接关系到企业盈利，而通常 NPS 既是其业绩考核，也是制定策略的关键指标。通常 4S 店会聘请第三方的公司开展包括周期为月度、季度、年度的 NPS 调查，同时提供反馈渠道（包括反馈意见薄、电子打分等）收集客户的满意度信息。什么是 NPS 调查？如何有效开展 NPS 调查设计与实施？请通过扫描二维码，观看"NPS 调查方案设计"系列微课。

微课
NPS 调查方案设计

（二）任务分析

1. 确定客户忠诚度的衡量指标

客户忠诚是客户基于对品质的认可、体验的满意和情感的皈依而自然产生的对品牌产品和服务的持续购买行为，它对品牌的成长具有决定性的意义。通常可以用以下六大指标对其进行衡量。

1)重复购买的次数

在一定时期内,客户对某一品牌产品或服务的重复购买次数,是衡量其对这一品牌忠诚度的重要指标。重复购买次数越多,表明客户对品牌的忠诚度越高;反之,则忠诚度越低。在设定该指标的合理界限时,应充分考虑产品或服务的差异性。例如,汽车和可乐是两种截然不同的产品,其重复购买次数不具有直接可比性。因此,在评估客户忠诚度时,需要根据不同产品或服务的特点,制定相应的评估标准。

2)决策时间的长短

基于对消费心理的深入研究,消费者在购买商品,尤其是选择性较高的商品时,往往需要经过一番细致的比对和筛选。由于每位消费者对不同品牌的信赖程度各异,故他们做出购买决策的时间长短也有所不同。通常情况下,如果消费者在短时间内做出购买决策,这表明他对某一特定品牌的商品有着较高的偏爱,对该品牌的忠诚度也相应较高;反之,如果消费者在较长的时间内才做出购买决策,则说明他对该品牌的忠诚度较低。在运用这一标准来评估品牌忠诚度时,我们应排除产品性能、质量等方面的差异所产生的影响,以确保评估结果的客观性和准确性。

3)购物路程的远近

通常来说,消费者倾向于在就近地点购买商品,以节约时间和精力。然而,由于品牌偏好的差异,当就近地点没有特定品牌的商品时,一些消费者可能不会遵循就近原则,而是选择更远的地方购买心仪品牌的商品。这表明他们对该品牌的忠诚度较高。反之,则忠诚度较低。值得注意的是,价格等因素可能对消费者的选择产生影响,例如消费者可能愿意多走两里路去沃尔玛而不是附近的超市购物,可能是由于沃尔玛的价格更低。因此,在评估消费者忠诚度时,需要排除价格等因素的干扰。

4)对价格的敏感度

通常来说,消费者对商品的价格都持有高度的关注,但这并不代表所有品牌商品的价格敏感度在消费者心中都是一致的。研究显示,对于那些深受消费者喜爱和信赖的商品,他们对价格的变动展现出更强的承受能力,即敏感度较低;相反,对于不受喜爱的商品,消费者对价格变动的承受能力较弱,显示出更高的敏感度。这一现象为我们提供了一个评估消费者对某一品牌忠诚度的重要依据。在运用这一标准时,我们必须考虑三个关键因素:消费者对该产品的必需程度、产品供需状况以及市场竞争程度。在实际应用时,应排除这些因素的影响。

5)对竞争者的态度

当涉及人们对某一品牌态度的变化时,通常是通过与竞争产品进行比较而产生的。通过了解消费者对竞争者产品的态度,可以判断其对其他品牌的忠诚度高低。如果消费者对竞争者的产品表现出浓厚的兴趣和强烈的好感,则意味着对某一品牌的忠诚度相对较低;相反,如果消费者对其他品牌的产品没有太多好感或兴趣,则表明对某一品牌的忠诚度较高。

6)对瑕疵品的态度

品牌出现瑕疵品的问题是不可避免的,即便是享有盛誉的品牌,如可口可乐等,也难以幸免。当消费者对某一品牌的忠诚度较高时,他们会对该品牌偶尔出现的产品质量问题持宽容和同情的态度,并相信品牌会对此进行妥善处理。然而,如果消费者对某一品牌的忠诚度较低,一旦产品出现质量问题,他们将变得非常敏感,极有可能放弃购买该产品,甚至传播负面消息。

2. 建立有效的客户忠诚计划

企业实施客户忠诚度计划,目的在于稳定客户群体,防止竞争对手介入,维护企业的直接利益,并满足客户关系发展、客户需求提升的需要。

客户忠诚计划就是对重复购买特定商家产品或服务的消费者给予回报的计划。麦肯锡公司的调查显示,在美国,约有5%的日用品消费者和21%的休闲服饰消费者加入了忠诚计划。在加入日用品忠诚计划的消费者中,有48%的人比加入前增加了消费支出;而休闲服饰的消费者中,有18%的人增加了消费,但即使只是18%也已经相当可观了。

1)确定忠诚计划的层级

企业处于不同的行业、不同的发展阶段,客户对于他们的认知程度也完全不同。因此,不同的企业应该采取不同的方法找出自己的目标细分忠诚客户群,通过控制他们对于企业产品和服务的满意度,以及提高他们不同层面的转换成本,来制订忠诚计划,实现客户对于企业的忠诚。

一级阶梯忠诚计划:这一级别的忠诚计划主要关注价格优惠和促销活动。汽车企业可以通过提供折扣、现金返还、免费保养等奖励来吸引和留住客户。对于价格敏感度较高的消费者,这些直接的财务利益可以有效地增加他们的购买意愿和忠诚度。例如,雪佛兰在美国推出了"Chevrolet Momentum"忠诚计划,提供折扣和优惠券,吸引客户持续购买雪佛兰车型。

二级阶梯忠诚计划:这一级别的忠诚计划更加注重建立客户关系的个性化。除了价格优惠外,汽车企业可以通过提供定制化的服务和产品来满足客户的特定需求。例如,一些汽车企业提供了会员专属的金融方案、延长保修期限、免费道路救援等增值服务。通过满足客户的个性化需求,企业可以进一步加深与客户的关系,提高他们的忠诚度。例如,宝马的"My BMW Club"忠诚计划提供了会员专属的服务和优惠,包括定制的金融方案、维修保养套餐等。

三级阶梯忠诚计划:这一级别的忠诚计划致力于为客户创造独特的体验和价值。汽车企业可以通过提供独特的品牌体验、会员社区和专属活动来建立与客户之间的结构性纽带。例如,特斯拉的"Tesla Club"不仅提供了会员专属的优惠和服务,还通过建立社区让客户能够分享驾驶体验、参与品牌活动及与其他特斯拉车主交流。这种社区化的忠诚计划为客户提供了归属感和特权感,进一步加强了客户的忠诚度。

2)提升忠诚计划的有效性

客户忠诚计划并非"万金油",企业要想真正"玩转"也并非易事。企业实施客户忠诚计划要明确三个关键点:第一,这不是一项战术性计划。虽然"常客计划"有很多营销策略的运用,但更确切地说,这是一项战略计划。正因如此,只要企业迈出了第一步,想停下脚步不是一件容易的事。如果企业那样做了,会"得罪"很多长期追随企业的客户,恰是"上山容易下山难"。第二,客户忠诚计划需要企业做长期性资源投入,也需要很高昂的成本,这就需要企业事先考虑自己能否吃得消,是否具有足够的体力与耐力坚持下去。第三，企业必须拥有健全的管理机制，这包括健全的组织平台、完善的管理机制、持续的激励机制、畅通的沟通平台等。无论是企业增设一个部门，还是专门成立一个独立的营销组织，在运营管理上都存在着一定的复杂性。所以说忠诚计划实施也会给商家带来麻烦，具体体现为许多忠诚计划均面临着棘手的问题。

3. 提升客户忠诚

在汽车行业中，客户忠诚度是一个至关重要的指标，它直接影响着企业的市场份额和盈利能力。因此，提升客户忠诚度成为许多汽车企业的核心战略之一。以下是一些具体提升的方法：

1）聚焦核心价值客户

核心价值客户是指那些对企业的产品或服务有着高忠诚度和高贡献度的客户。企业应该通过市场调查和数据分析，识别出这些核心价值客户，并制定专门的营销策略来满足他们的需求。这样可以确保企业在有限的资源下，更加精准地提升客户忠诚度。

2）激励导向的客户回报计划

客户回报计划是一种有效的激励方式，即通过给予忠诚客户一定的奖励或回馈，增强他们对企业的认同感和满意度。例如，企业可以推出积分兑换、折扣优惠、免费维修等回报活动，让客户感受到企业的关怀和价值。

3）深化客户洞察与反馈

了解客户的需求和反馈是企业提升客户忠诚度的基础。企业应该通过多种渠道收集客户的声音，如调查问卷、社交媒体、在线评价等，并深入分析这些数据，找出提升客户忠诚度的关键因素。同时，企业还应该积极回应客户的反馈，采取改进措施，提升客户满意度。

4）强化品牌价值定位

品牌价值定位是指企业通过塑造独特的品牌形象和价值观，吸引目标客户的认同和信任。在汽车行业中，品牌价值定位尤为重要，因为消费者往往更加注重品质、品味和价值。企业应该强化自身的品牌价值定位，打造具有差异化和竞争优势的品牌形象。

5）构建客户转换壁垒

构建客户转换壁垒是指企业通过增加客户转换成本或提供难以复制的独特价值，降低客户的流失率。在汽车行业中，构建客户转换壁垒可以通过提供定制化的服务、优质的售后服务以及智能化、个性化的车载服务等方式实现，这样可以增加客户的转换成本，提升客户的忠诚度和满意度。

6）优化客户体验与参与度

优化客户体验与参与度是指企业通过提供卓越的产品和服务体验，增强客户的参与感和归属感。不同企业推出的客户忠诚计划，差异点主要体现在四个方面：首先，计划模式差异化，即采取与竞争对手不同的模式；其次，激励政策的差异化，即采取与竞争对手不同的激励政策，给客户不同的"甜头儿"；再次，客户管理级别化，即不同级别予以不同的政策；最后，服务差异化，即为客户提供差异化的超值服务或增值服务。

7）提升客户满意度与忠诚度

企业要认识到，为客户创造价值的脚步一天都不能停止，有效的客户忠诚计划必须能够持续为客户创造价值，诸如不断推出新产品（或新服务），提供增值服务，以及持续的购买奖励，并且购买奖励要随着户购买业绩差异而不同。出色的客户忠诚计划会激励客户不断"进阶"。正如中国移动全球通俱乐部推出"消费者积分奖励计划"时的广告语一样："越积越有甜头"，这样才能得到消费者的积极而热烈的响应。也就是说，企业要根据自身行业的特点，以及企业所处的不同发展阶段，对自己的目标客户继续进行精确细分，根据不同的细分客户制定不同的政策，这样企业就可以通过不断提升客户的满意度，以及提升客户的品牌转换成本来提升客户的忠诚度。

任务实施

根据任务描述，对照下方的要求完成"感动客户行动计划表"任务。

步骤一：客户群体现状分析。

提示：描述清楚感动客户行动计划的客户背景分析。

背景分析：

步骤二：设计感动客户行动计划

提示：通过这个表格，企业可以系统地列出针对客户的各种行动计划，包括发送节日祝福、提供定制化服务、组织客户活动、赠送礼品或优惠券、定期回访客户、提供免费咨询或培训服务、邀请客户参与产品调研以及提供限时优惠或折扣活动等。

序号	行动计划	实施内容
例1	提供定制化服务	根据客户需求提供个性化服务

步骤三：汇报感动客户行动计划任务

任务评价

小组派出代表，汇报本小组对客户忠诚度调查的情况，展示分析成果，并完成感动客户行动计划评价表4-3-1。

表4-3-1 感动客户行动计划评价表

	评定指标	权重	评价				
			第1组	第2组	第3组	第4组	第5组
总体评价	1. 忠诚度调查信息及整理情况 （数据完整性、信息准确性、分析客观性）	5					
	2. 描述客户背景分析 （准确、相关特征分析）	7					
	3. 设计感动客户行动计划 （方法正确、结果有效、建议合理）	15					
	4. 任务整体完成质量 （任务完成进度、作品质量）	8					
	5. 成果展示汇报效果 （展示风采、清晰传达）	5					
过程评价	1. 计划完整、准备充分、执行有序	3					
	2. 相关信息、数据记录完整、整洁	4					
	3. 问卷设计合理、话术设计恰当	7					
	4. 与客户沟通，言行举止规范到位	4					
	5. 能抓住客户反馈信息的关键	7					
	6. 对客户满意情况分析全面、合理	7					
	7. 小组分工合理，合作能力强	7					
	合计						

续表

评定指标		权重	评价				
			第1组	第2组	第3组	第4组	第5组
主要收获	（本组在本任务训练过程中的主要收获或经验）						
问题与建议	（本组在任务完成过程中所遇到的问题、原因分析及改进建议）						

知识链接

（一）客户忠诚的内涵

1. 客户忠诚营销理论

客户忠诚营销理论（Customer Loyal，CL）是在流行于20世纪70年代的企业形象设计理论（Corporate Identity，CI）和20世纪80年代的客户满意理论（Customer Satisfaction，CS）的基础上发展而来的，其主要内容可表述为：企业应以满足客户的需求和期望为目标，有效地消除与预防客户的抱怨和投诉，不断提高户满意度，促使客户的忠诚，在企业与客户之间建立起一种相互信任、相互依赖的"质量价值链"。

2. 客户忠诚

有学者从研究角度出发，把客户忠诚细分为行为忠诚、意识忠诚和情感忠诚，但是，对企业来说，他们最关心的是行为忠诚，如果只有意识忠诚或者情感忠诚，却没有实际的行动，对于企业来说就没有直接意义。

客户忠诚是指客户对企业的产品或服务的依恋或爱慕的感情，它主要通过客户的情感忠诚、行为忠诚和意识忠诚表现出来。其中情感忠诚表现为客户对企业的理念、行为和视觉形象的高度认同和满意；行为忠诚表现为客户再次消费时对企业的产品和服务的重复购买行为；意识忠诚则表现为客户做出的对企业的产品和服务的未来消费意向。这样，由情感、行为和意识三个方面组成的客户忠诚营销理论，着重于对客户行为趋向的评价，通过这种评价活动的开展，反映企业在未来经营活动中的竞争优势。

3. 客户忠诚度

客户忠诚度，又可称为客户黏度，是指客户对某一特定产品或服务产生了好感，形成了"依附性"偏好，进而重复购买的一种趋向，是一种忠心的表现形式，简单地说是客户对其产品或是服务的回头率的大小。

总的来说，客户忠诚度是一种心理活动，是客户对某种需求或欲望的认定，表现出对一种产品或是服务的认同，即使其本质发生了变化，也一再认为它是好的、是对的，不会产生任何的怀疑态度，某种程度上是一种病的变现，有时候表现会很强烈，甚至会对与自己看法不一样的人产生敌对的态度。

（二）提升客户忠诚的途径

忠诚型的客户通常是指会拒绝竞争者提供的优惠，经常性地购买本公司的产品或服务，甚至会向家人或朋友推荐的客户。忠诚客户所带来的收益是长期且具有累积效应的。企业施行以客户忠诚为基础的管理是其提高利润的一个有效途径。客户忠诚之所以产生如此高的经济效果，主要源于客户数量增长效应及客户保持时间效应，其造成利润增长的主要原因是：客户人均的营业收入增长效应。

基于忠诚管理的商业体系，要求企业必须学会领先企业构筑忠诚力量的策略与方法。各个忠诚领先企业的策略各具特点，但基本的做法有以下几种。

1. 理解客户需求与期望

（1）市场调研与数据分析：持续开展市场调研活动，全面掌握当前市场动态及客户需求变化。通过对数据进行深入分析，探索客户的购买行为、喜好和预期。

（2）客户访谈与反馈机制：积极与客户沟通，通过访谈深入了解真实需求，同时构建高效的意见反馈渠道，鼓励客户提出建设性意见和建议。

2. 提供卓越的产品与服务

（1）产品质量保证：确保汽车产品性能稳定、安全可靠，满足甚至超越国家和行业的标准。

（2）服务卓越：提供专业、及时、友好的售前和售后服务，注重服务细节，确保客户在整个购车和使用过程中得到满意的体验。

3. 建立客户关系管理系统

（1）客户信息整合：收集并整合客户的基本信息、购车记录、维修保养历史等，以便更好地了解客户需求和提供个性化服务。

（2）个性化沟通与服务：基于客户数据，为客户提供个性化的推荐和服务，如定制化的保养计划、金融方案等。

4. 提供附加价值与忠诚计划

（1）增值服务：提供与汽车相关的增值服务，如车载娱乐系统、智能导航、保险服务等，增加客户对品牌的依赖性。

（2）忠诚奖励计划：设立忠诚奖励计划，如积分兑换、会员特权、推荐奖励等，鼓励客户进行重复购买和口碑传播。

5. 持续的沟通与互动

（1）定期沟通：与客户保持定期沟通，了解他们的需求变化和反馈意见，及时调整策略。

（2）社交媒体与线上社区：利用社交媒体平台和线上社区，与客户进行互动，增强品牌忠诚度。

6. 问题解决与预防措施

（1）预防措施：主动识别可能出现的问题，采取预防措施，减少客户的不满和纠纷。

（2）高效应对机制：针对客户所遭遇的困境，及时提供高效且切实可行的解决方案，确保客户满意度维持在高水平。

（3）预判和防范：积极洞察潜在问题，采取预先措施，降低客户的不满情绪及纠纷发生的可能性。

7. 品牌形象建设

（1）品牌定位与传播：明确品牌定位，借助广告、公关活动等途径，传播品牌独特的价值与形象。

（2）口碑营销：激发满意客户为品牌代言，凭借口碑效应，提升品牌知名度与美誉度。

8. 创新与技术进步

（1）产品创新：持续研发新技术及新产品，以满足市场与客户的创新需求。

（2）服务创新：推行创新售后服务模式，包括移动维修服务、智能预约等，提升客户服务便利性与满意度。

9. 长期关系建设

（1）客户关系管理：旨在与客户建立持久稳定的关系，通过持续的服务和互动来维护客户忠诚度。

（2）客户关怀：注重客户生命周期管理，实施关怀措施，例如生日祝福和节日问候等，以提供个性化服务。

（三）实现客户忠诚的意义

企业竞争的目标由追求市场份额的数量而转向追求市场份额的质量，忠诚客户的数量决定了企业的生存与发展，也是企业长治久安的保障。

其实，每个商人都在不同程度上知道拥有忠诚的客户是好事，可是忠诚的客户对于企业来说究竟有多少价值，可能绝大多数的企业并不知道。企业所使用的会计利润通常会掩盖忠诚客户的价值。会计中的销售收入只能告诉我们量的概念，却缺少质的表达，其无法告诉我们收入中的哪一部分来自忠实的老客，更无法让我们知道一个忠诚客户的一生将给企业带来多少价值。

研究表明，在企业经营的大部分情况下，客户的利润期与其停留的时间成正比。失去一个成熟的客户与争取到一个新顾客，在经济效益上是截然不同的。哈佛学者以美国市场为研究标的，发现在汽车服务业，流失一位老客户所失去的利润空洞起码要三位新客户才能填满。同时，由于与老客户之间的熟悉、信任等原因使得服务一个新客户的成本和精力要比服务一个老客户大得多。

客户的忠诚对企业市场占有率具有一定的促进作用。客户忠诚度越高，企业的市场占有率也越高，其收入也会随市场占有率的提高而相应提高。

(四) 影响客户忠诚的主要因素

影响客户忠诚度的因素可分为积极因素与消极因素。积极因素指的是能驱使客户主动维持与企业关系的因素,主要源于企业为客户创造的价值;消极因素则是指迫使客户被动维持关系的因素,如退出关系所带来的损失和代价。对企业而言,一方面,应持续提高客户的价值感知,强化客户对企业的心理依赖;另一方面,应提高客户退出关系的门槛,延长客户与企业保持关系的时间。此外,众多研究及企业实践均表明,客户满意度是影响客户忠诚度的重要因素。

1. 积极因素

1) 提升客户收益

客户选择与企业建立合作关系,主要源于企业提供的产品或服务能为其带来满意的收益。据调查数据显示,客户普遍愿意与企业保持长期关系,主要原因在于他们期望通过忠诚度获得优惠和特别待遇。客户从忠诚度中获得的额外收益包括:

(1) 降低购买成本或获得额外奖励。以汽车服务企业为例,实行会员卡制度的企业往往会对频繁购买的客户提供优惠和奖励。

(2) 在提供产品的基础上,为客户提供附加服务。

案例分享:传统的会员积分卡模式已不再适应时代发展,在移动互联网时代,如何改变激励方式?主要有以下六点:

①即时性。随着客户年轻化,90 后、00 后逐渐成为主要客户群体,他们往往缺乏耐心,期望立即获得回报。因此,会员激励措施也应注重即时性。例如,酒店告知客户本次入住可获得 2 000 积分,并将这些积分兑换成免费拿铁咖啡,相较于等待几天后收到邮件通知积分到账,即时性激励更具吸引力。显然,即时性已成为当前忠诚度计划激励的重要趋势。

②个性化。近年来,众多企业已开始实行激励措施的个性化,根据客户的喜好提供相应的激励。例如,对于热衷于音乐会的人士,可提供音乐会门票等作为激励。通过赋予各类权益个性化特点,有助于提高客户的消费意愿。

③游戏化。以加油为例,传统的积分兑换方式为加 1 L 油积几分,累积到一定分数后可兑换礼品。而今,我们设定了一系列任务,如在两个月内于本市区超过 5 座加油站加油,即可完成任务一。此类举措旨在让客户了解我方加油站分布,完成任务后可获得相应积分。任务二为欢乐郊游,若客户在特定郊区加油站加油,可获得更多积分。任务三为黑暗骑士,鼓励客户在晚上 8 点后加油,因为此时加油站的排队人数较少。通过对各项任务进行排名,实现任务化、标签化的激励,客户的参与兴趣将远超简单的积分兑换礼品。

④社群化。以宝马俱乐部为例,其定位具有强烈的社交性和社群性。通过整合现有社交媒体移动终端,客户可便捷地进行观点分享、点赞和转发,从而加强车主间的互动。

⑤联盟化。汽车企业可针对特定群体用车习惯,构建场景化的服务联盟,此举至关重要。

⑥移动化。随着手机 App 的普及,如何实现移动化以提升客户忠诚度,成为关键所在。

2）客户的情感因素

客户的情感因素主要涉及客户对企业的信任以及对企业的喜爱，这种情感因素体现了客户对企业及其产品的良好印象。《情感营销》一书的作者认为，情感是成功的市场营销的唯一的、真正的基础，是价值、客户忠诚和利润的秘诀。

案例分享：一家4S店的店长开展了一项活动——"把感动留给您的服务月"。活动中列有一条：洗车时必须检查顾客车的玻璃清洗液，如有必要则为顾客添加。一位顾客来店洗车，员工发现玻璃清洗液没有了。洗完之后，员工问顾客要不要加玻璃清洗液。顾客看了一眼没有反应，然后就开车上路了。过了两天，在高速上下雨了，这位顾客想起没有玻璃清洗液，当他试着喷玻璃清洗液的时候，竟喷出来了，这位顾客一下感动了。虽然该顾客后来搬走了，但还是会来这个店做保养。

2. 消极因素

1）沉没成本

沉没成本是指客户过去在关系中投入的、在终止关系时将损失的关系投资。对客户而言，这种关系投资只有在特定的关系中才有价值，一旦关系终止，所做的投资都将失去其价值。这些沉没成本包括学习特定的产品使用而花费的时间、精力以及培训费用，以及为了使用某种产品或者流程、系统而进行的投资等。

2）转移成本

转移成本是指客户从一个供应商转移到另一个供应商的过程中所付出的成本，主要包括：收集信息的成本，与新供应商进行谈判所花费的时间、金钱、人力等费用，调整现有业务、流程体系所需的各种费用，熟悉新供应商产品或者服务所需要的学习成本等。

3）其他因素

除了上述两方面因素之外，还有其他因素也会影响客户忠诚度，如企业的内部管理，即如果企业不注重对员工进行培训、不注重对客户抱怨的处理，则将影响客户忠诚度。

（五）从客户满意到客户忠诚的策略

客户满意度不等于客户的忠诚度，客户满意度是一种心理的满足，是客户在消费后所表露出的态度；但客户的忠诚是一种持续交易的行为，能够促进客户重复购买的发生。客户满意度调查反映了客户对过购买经历的意见和想法，只能反映过去的行为，不能作为未来行为的可靠预测。忠诚度调查却可以预测客户最想买什么产品、什么时候买、这些购买可以产生多少销售收入等。

从客户满意到客户忠诚有以下两种做法。

（1）为确保企业持续、稳健发展，巩固并提高客户满意度至关重要。此举旨在培养客户的忠诚度，形成以忠诚客户为核心的"羊群效应"，从而促使客户从行为忠诚、意识忠诚到情感忠诚的递进式转变。

我们需要根据客户的忠诚度进行分类，并制订具有针对性的忠诚计划。遵循"二八原则"，将企业资源集中于核心客户，为核心客户提供优先服务，确保他们能够为企业创造主要利润；深入理解客户的诉求，全面提供产品和服务信息，降低客户的信息搜寻成本；确保客户对产品和服务的全面了解，提升客户体验；为客户提供个性化的产品和服务解决方案，帮助客户最大化地发挥产品和服务的效能；定期跟踪回访客户，了解客户的反馈和意见，并及时解决客户问题。

（2）提升客户转换壁垒。转换壁垒是指客户在选择更换产品或服务供应商时所需面临的一系列成本，包括但不限于经济成本、时间成本、精力成本和情感成本。当客户面临的转换壁垒高于其因转换而获得的潜在收益时，即使他们对企业的产品、服务或价格存在一定的不满，他们仍可能倾向于保持现有的供应商关系。因此，提升客户的转换壁垒有助于确保客户更倾向于留在企业，而不是转向竞争对手。这不仅能够提高客户对企业的依赖度，还有助于将原本处于被动忠诚状态的客户转化为更加主动忠诚的客户。所以说，客户满意度反映的是过去的表现，而客户忠诚度则代表着现在和未来持续的关系。

（六）NPS 净推荐值计算

NPS 净推荐值是衡量客户对产品或服务的忠诚度和口碑传播意愿的一个重要指标，它可以帮助企业了解客户满意度和客户对企业产品或服务的推荐意愿。通过 NPS 净推荐值的计算和分析，企业可以发现产品或服务中的优点和不足之处，以及改进和优化的方向。

NPS 净推荐值的计算方法相对简单，只需要通过一个简单的问卷调查来收集客户反馈数据。问卷中通常包含一些关于客户满意度和推荐意愿的问题，例如"您是否愿意向朋友或家人推荐我们的产品或服务？"或"您对我们的产品或服务有哪些建议或意见？"如图 4-3-1 所示。

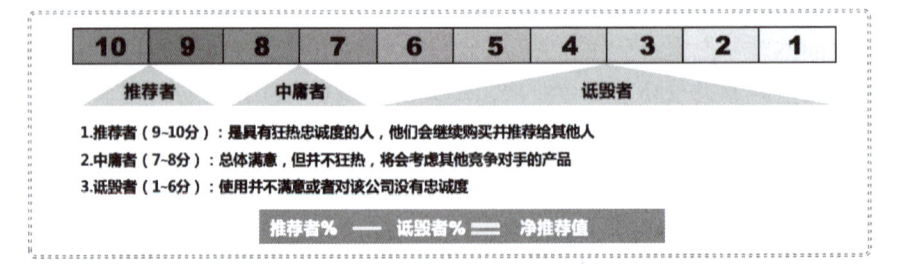

图 4-3-1 调查问卷

收集完数据后，就可以使用 NPS 的计算公式来得出 NPS 分数，公式如图 4-3-2 所示。

特别说明：
把推荐者定义为非常热情/积极的忠诚客户，选择9和10分的客户是为了避免在传统客户满意度调查中经常出现的"分数贬值"的现象，也就是把某些态度中立的客户也定义成"满意"。同时，也是希望把工作重点放到最有价值的这部分客户的身上。

图 4-3-2　NPS 计算公式

通过分析 NPS 分数，企业可以了解客户对产品或服务的满意度和忠诚度，以及客户对企业产品或服务的口碑传播意愿。这些数据可以帮助企业制定改进和优化产品或服务的策略，提高客户满意度和忠诚度，从而提升企业的竞争力和市场份额。

课后测试

【选择题】

1. 客户忠诚对企业最重要的意义是什么？（　　）
   A. 促进品牌传播　　　　　　　　B. 增加回购率
   C. 降低获客成本　　　　　　　　D. 抵御竞争对手

2. 在汽车行业中，客户口碑对于哪个方面至关重要？（　　）
   A. 销售业绩　　　　　　　　　　B. 品牌传播
   C. 产品研发　　　　　　　　　　D. 客户关系管理

3. 客户忠诚度的高低对企业最直接的影响是什么？（　　）。
   A. 提高品牌知名度　　　　　　　B. 增加企业利润
   C. 扩大市场份额　　　　　　　　D. 提高员工士气

4. 对于客户忠诚度的说法，以下哪项是错误的？（　　）
   A. 客户忠诚度是客户对企业的信任和满意度的体现
   B. 客户忠诚度可以通过一系列的指标来衡量
   C. 只要客户重复购买，就说明客户忠诚度高
   D. 企业可以通过提供优质的产品和服务来提高客户忠诚度

5. 以下哪项不是提高客户忠诚度的有效措施？（　　）
   A. 建立会员体系，提供积分兑换等优惠活动
   B. 加强售后服务，及时解决客户问题
   C. 不断推出新产品，满足客户需求

试题
任务 4-3
课后测试答案

D. 提高产品价格，提供更高端的服务

【判断题】
1. 忠诚的客户往往只会在推荐亲友时才会产生价值。（   ）
2. 企业可以通过提高产品质量和服务水平来提升客户忠诚度。（   ）
3. 忠诚的客户只会对企业的产品或服务产生好感，不会产生任何质疑。（   ）
4. 只要产品质量好，客户忠诚度自然会提高。（   ）
5. 客户忠诚度对企业抵御竞争对手没有帮助。（   ）

【填空题】
1. 客户忠诚主要表现在_____和_____两个方面。
2. 根据哈佛学者的研究，失去一个老客户的损失需要_____新客户才能弥补。
3. 提高客户忠诚度的关键在于_____和_____。
4. 高忠诚度的客户通常具有_____和_____的特点。
5. 提高客户忠诚度的措施之一是通过_____来增强客户的信任感。

【简答题】
1. 客户忠诚对企业有哪些方面的促进作用？请列举至少三点。
2. 请解释什么是客户忠诚度，并给出其对企业重要性的理由。

项目5　投诉处理与跟踪回访

项目概述

客户投诉是指客户对企业产品质量或服务上的不满意，而提出的书面或口头上的异议、抗议、索赔和要求解决问题等行为。在汽车销售服务与售后维修的过程中，因在工作上存在失职、失误、失度、失控行为，伤害了客户的自尊或利益，常会碰到客户提出各种各样的异议和投诉，导致出现大量4S店被堵门、大面积的315汽车维权事件，因此，做好客户投诉处理与跟踪回访是企业的重要任务。

学习目标

知识目标	能力目标	素养目标
1. 能描述客户投诉相关理念、内涵； 2. 能说明客户投诉分析方法和处理准备事项； 3. 能解析投诉处理流程、规范与技巧	1. 能根据品牌与客户特征，完成投诉预判及对策分析； 2. 能根据客户投诉信息，分析投诉原因，判断影响程度； 3. 能根据客户投诉原因，完成投诉案件的跟踪处理； 4. 能分析投诉的要因，撰写投诉分析报告	1. 认同并始终执行"以客户为中心"的服务理念； 2. 有良好的环保、服务、质量意识和社会责任感； 3. 有较强的沟通表达能力、创新能力和协作能力； 4. 对品牌忠诚度高，发现、分析和解决问题的能力强

学习笔记

学习框架

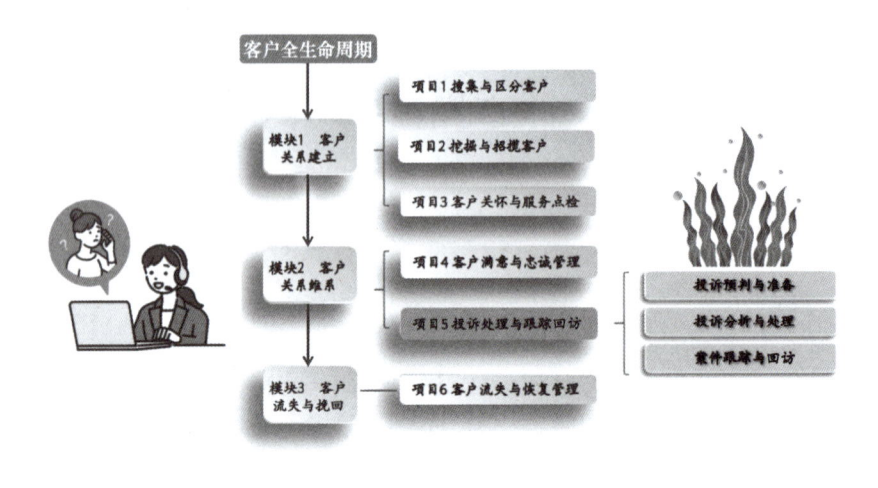

```
客户全生命周期
    │
    ├── 模块1 客户关系建立 ── 项目1 搜集与区分客户
    │                    ── 项目2 挖掘与招揽客户
    │                    ── 项目3 客户关怀与服务点检
    │
    ├── 模块2 客户关系维系 ── 项目4 客户满意与忠诚管理
    │                    ── 项目5 投诉处理与跟踪回访 ── 投诉预判与准备
    │                                              ── 投诉分析与处理
    │                                              ── 案件跟踪与回访
    │
    └── 模块3 客户流失与挽回 ── 项目6 客户流失与恢复管理
```

任务5-1 投诉预判与准备

任务背景

客户投诉是客户对产品和服务不满的表达方式，是企业最有价值的信息来源，为企业发现管理问题、改进产品性能、改善服务质量提供了机会。因此，如何利用客户投诉这一契机，及时有效地处理好客户投诉，不仅可挽回客户和企业的直接利益，也可有效提升企业形象和竞争力。

任务描述

客户投诉事件对于汽车企业而言危害极大，会带来直接或间接的经济损失，也会带来声誉风险与品牌损失，因而，对于客户投诉事件进行监测预警，及时做出恰当的应对策略，通过内部管理根除导致投诉的病因，对于汽车企业而言至关重要。请思考：客户投诉的类型应该怎样划分？根据品牌与客户特征信息，怎样完成投诉预判及对策分析？

182　汽车客户关系管理

任务准备

(一) 课前热身

深入学习投诉预判与准备技巧,能提升洞察力,有助于准确预测和识别潜在的投诉问题。在工作中,这种能力有助于更好地预防和处理投诉,同时更全面地了解与满足客户的需求和期望。为了更全面地掌握投诉预判与准备的技巧,请通过扫描二维码,观看"投诉预判与准备"系列微课。

微课
投诉预判与准备

(二) 任务分析

案例参考

背景:客户王先生购买了一辆新车,行驶约 80 km 后发现右前轮胎起包。他对此非常不满,并要求退车。在接下来的 3 天里,我们的服务顾问(Service Advisor,SA)和客户关系经理(Customer Relationship Manager,CRM)需要处理这个投诉,并说服王先生接受更换轮胎的解决方案。

目标:拒绝客户退车要求(新车行驶 80 km 后右前轮胎起包),3 天内说服客户更换轮胎,必要时给予适度优惠

要点: 1. 使客户了解此次轮胎起包的原因,消除对产品质量的疑惑,告知客户驾驶注意事项。 2. SA 与 CRM 合作,解决客户因新车就出现轮胎起包的情感上不接受的因素,说服客户及时更换轮胎。 3. CRM 与市场部避免媒体风险

要点	实施步骤
要点 1:使客户了解此次轮胎起包的原因,消除对产品质量的疑惑,告知客户驾驶注意事项	详细了解客户驾驶习惯及停车位置等信息
	准确鉴定轮胎起包原因,排除产品质量的问题
	SA 协同 CRM 并结合实物,向客户讲解轮胎起包的原因,告知客户驾驶注意事项
要点 2:SA 与 CRM 合作,解决客户因新车就出现轮胎起包的情感上不接受的因素,说服客户及时更换轮胎	SA 告知客户避免轮胎起包的事项
	CRM 配合 SA 讲解时,注意控制客户情绪,及时安抚
	CRM 协调相应资源与客户进行谈判,给予解决方案。 方案 1:客户自费更换轮胎(工时费、材料费)。 方案 2:客户自费更换轮胎(材料费),经销商承担工时费用,并提供 500 元维修代金券。 方案 3:客户自费更换轮胎(材料费),经销商承担工时费用,并提供与轮胎费用同等价格的代金券 2 000 元。 方案:4:为客户免费更换 1 条轮胎,经销商承担全部费用,前提是客户需要接受轮胎是自己驾驶原因造成
	与客户签订协议,并为车辆更换轮胎,完成维修

要点	实施步骤
要点3：CRM与市场部避免媒体风险	CRM监控客户情绪变化并关注是否有媒体跟进，必要时启动危机应对流程
	市场部对本地媒体进行监控和必要预防
	必要时向主机厂申请支援

任务实施

根据任务描述，对照下方的要求完成"客户投诉分析表"任务。

步骤一：了解背景信息。

背景：客户李女士在购买了一辆新车型，提车后行驶不到 100 km 时，车辆突然出现故障，无法正常起动。李女士对此非常不满，要求退车并赔偿相关损失。在接下来的3天里，我们的售后服务团队需要处理这个投诉，并尽可能地满足李女士的需求。

步骤二：找出关键要点，完成实施步骤。

提示：参考任务准备的案例参考，找出关键要点并完成实施步骤。

要点	实施步骤
要点1：	
要点2：	
要点3：	

任务评价

小组派出代表，汇报本小组对客户忠诚度调查的情况，展示分析成果，并完成客户投诉分析评价表5-1-1。

表 5-1-1 客户投诉分析评价表

评定指标		权重	评价				
			第1组	第2组	第3组	第4组	第5组
总体评价	1. 准确识别不同类型的客户投诉 （数据完整性、信息准确性、分析客观性）	5					
	2. 根据品牌与客户特征信息，对投诉进行预判，并制定应对策略	7					
	3. 分析投诉事件，提出解决对策 （分析准确、结果有效、建议合理）	15					
	4. 任务整体完成质量 （任务完成进度、作品质量）	8					
	5. 成果展示汇报效果 （展示风采、清晰传达）	5					
过程评价	1. 计划完整，准备充分，执行有序	3					
	2. 相关信息、数据记录完整、整洁	4					
	3. 问卷设计合理、话术设计恰当	7					
	4. 与客户沟通，言行举止规范到位	4					
	5. 能抓住客户反馈信息的关键	7					
	6. 对客户满意情况分析全面、合理	7					
	7. 小组分工合理，合作能力强	7					
合计							
主要收获	（本组在本任务训练过程中的主要收获或经验）						
问题与建议	（本组在任务完成过程中所遇到的问题、原因分析及改进建议）						

知识链接

（一）投诉处理事前准备

在接待客户之前，需要做好充分的投诉处理事前准备，主要包括预见和应对客户异议的策略制定，这样才能在面临客户异议时从容应对，给出满意的答复。事前无准备，可能会让我们在关键时刻惊慌失措，无法应对。以下是需要遵循的具体程序：

（1）集思广益、广泛收集：把每天遇到的或可能遇到的客户异议列出来，这样可以让我们全面了解客户可能提出的问题，从而做好应对准备。

（2）分类统计、优先排序：将收集到的客户异议进行分类统计和比较，按照发生频率进行排序，这样我们可以知道哪些问题是经常出现的，以便优先解决。

（3）集中讨论、编制话术：以集体讨论的方式，编制合理、有针对性的应答语，大家可以共同参与，充分发挥团队智慧，提高应对客户异议的能力。

（4）修改定稿、熟练备用：针对练习过程中发现的问题，通过讨论进行修改和提高，对修改过的应答语进行再练习，并定稿备用，这样我们在实际应对客户异议时就能更加得心应手。

此外，在事前准备阶段，还需要关注以下几点：

（1）深入了解公司车辆车款、销售与服务流程，熟悉产品技术特点、优势和劣势，熟记常见问题处置政策，这样我们才能在面对客户提问时给出准确、专业的答案。

（2）了解客户性格、业务情况及对异议的需求特点，预测客户可能提出的问题，并设计好回答这些问题的解决方案，这样我们才能更好地满足客户需求，化解客户异议。

（3）掌握市场动态，了解同类产品行情、竞争对手情况，以及自己所销售产品的供求趋势，这样我们才能在应对客户异议时，给出有说服力的解释和应对策略。

通过以上七个方面的准备，我们可以更加从容地应对客户异议，提高客户满意度，为企业创造更好的口碑，只要我们做好事前准备，就能在关键时刻化解危机，赢得客户信任。

（二）投诉热点预判分析

客户投诉是服务行业中不可避免的现象，但客户抱怨和投诉的原因却不尽相同。根据某机构的研究，不满意的客户中只有4%会抱怨，也就是说，25个人当中只有1个人会向你抱怨。这究竟是为什么呢？

1. 客户投诉的原因

我们需要深入理解客户投诉的原因，因为这是提升服务质量和客户满意度的关键。最根本的原因是客户没有得到预期的服务，即实际情况与客户期望存在差距，这种差距可能导致客户感到不满或失望，进而产生投诉行为。

1）服务质量问题

我们的产品和服务已经达到了良好的水平，但如果未能满足客户的期望，投诉的可能性仍然存在。因此，了解并满足客户的期望是至关重要的。为了更好地理解客户投诉的原因，需要探究其背后的细节和因素。

客户投诉的原因多种多样，其中最常见的是服务质量问题，这可能涉及服务的及时性、准确性、专业性和可靠性等方面。例如，如果客户的请求被延误或处理不当，他们可能会感到不满并选择投诉。

2）规章制度问题

规章制度的问题也是客户投诉的一个重要原因。客户可能对公司的政策、规定或条款感到困惑或不满，或者认为这些规定不公平或不透明。若要解决这些问题，则需要公司对规章制度进行定期审查和更新，以确保其合理性和适应性。

3）服务技能和态度问题

服务技能和态度也是客户投诉的常见原因之一。如果员工缺乏必要的技能或态度不专业、不友善，则可能会影响客户对公司的印象和满意度。为了解决这个问题，公司需要提供充分的培训和发展机会，以帮助员工提升技能和态度。

4）管理问题

管理问题也是客户投诉的一个重要原因。这可能涉及公司的组织结构、领导力、沟通等方面的问题。如果公司的管理不善导致服务质量下降或客户不满情绪增加，客户可能会选择投诉。

5）承诺不兑现问题

承诺不兑现问题也是客户投诉的一个重要原因。如果公司承诺提供某种服务或产品，但未能兑现承诺，则可能会导致客户感到失望和不满。为了解决这个问题，公司需要确保其承诺是可信的，并且采取措施确保承诺得到履行。

6）自身情绪问题

自身情绪问题也可能是客户投诉的原因之一。有时候，客户可能会因为个人情绪问题而将不满发泄到所接触的公司或服务上。虽然这种情况相对较少见，但仍然值得注意，特别是对于那些与客户建立长期关系的公司而言。

2. 客户投诉的心理

客户投诉的心理是一个多层次、多维度的复杂现象。为了有效应对并满足客户的心理需求，企业需要深入挖掘每一个投诉背后的真实动机和期望。

首先，当产品质量成为客户投诉的焦点时，客户往往期望得到不仅仅是问题的修复，更是希望得到一种补偿或赔偿，以此来弥补他们因产品缺陷所遭受的损失和不便。这背后反映的是客户对尊重和重视的渴望，他们希望自己的声音能够被企业真正听到和重视。

其次，当规章制度或服务态度成为投诉的对象时，客户所期望的往往不仅仅是问题的解决，更希望看到企业对于流程与规定的改进和优化。他们希望自己的反馈能够促使企业反思并改进，以确保类似的问题不再发生。这背后反映的是客户对于公正、公平和合理对待的期待。

再者，管理问题引发的投诉往往涉及更深层次的信任和合作问题。客户希望通过投诉能够引起企业对于其意见和反馈的高度重视，并期待看到企业针对这些问题进行实质性改进，他们希望自己的声音能够成为企业改进和进步的驱动力。

此外，情绪问题引发的投诉往往是一种情感宣泄和表达。客户在这种情况下需要的可能不仅仅是一个解决方案，更是一个能够倾听和理解他们情感需求的出口，他们需要的是一个能够给予他们情感支持和安慰的伙伴。

最后，当承诺未能兑现时，客户往往感到失望和愤怒，他们期望得到的是一个合理的解释和补救措施，以重建他们对于企业的信任和忠诚。

为了更好地满足客户的心理需求，企业需深入解读客户投诉背后的动机。对于产品质量引发的投诉，除了修复产品，更应思考如何给予客户适当的补偿或赔偿，以抚慰其受伤的心灵；对于规章制度及服务问题，企业应优化相关流程与规定，确保客户的权益不受侵犯；对于管理问题的投诉，企业需重视客户的反馈，积极调整管理策略，提高其满意度；而对于情绪问题引发的投诉，企业应耐心倾听并提供心理支持，帮助客户走出困境；对于未能兑现的承诺，企业应真诚解释原因并积极寻求解决方案，以重建客户的信任。

总之，客户的投诉不仅是表面问题的反映，更是其内心诉求的呼声。企业应以客户的视角，深入理解其需求与期望，为其提供更加贴心、满意的服务。如此，方能在激烈的市场竞争中赢得客户的信任与忠诚。

3. 客户想要什么

当我们面对客户的不满时，首先要做的是深入了解客户到底想要什么。客户的不满往往不仅仅是针对某个具体问题的解决或赔偿，他们的需求是多元的，涉及对服务态度、尊重程度、解决问题的速度和效果等多个方面。

（1）客户期望得到认真的对待。这意味着我们需要以专业的态度对待客户的投诉或问题，不能轻视或忽略他们的感受。我们应该认真倾听客户的声音，了解他们的需求和期望，从而为他们提供更好的解决方案。

（2）客户希望得到尊重。每个人都希望自己的意见和需求被重视，而这种尊重往往是通过我们的言谈举止来体现的。我们应该避免使用冷漠或傲慢的语言，而是以友善和耐心的态度与客户沟通，让他们感受到我们的诚意和关心。

（3）客户期望能够立即采取行动。他们不希望自己的问题被拖延或忽视，而是希望我们能够迅速地为他们解决问题。因此，我们需要建立高效的客户服务体系，确保在客户提出问题后能够迅速做出反应，采取适当的措施解决问题。

（4）客户还期望得到合理的赔偿或补偿。当问题发生时，客户不仅希望问题能够得到解决，还希望能够得到一定的赔偿或补偿，以弥补他们的损失或不满。我们应该根据实际情况，为客户提供合理的赔偿或补偿方案，以增强客户的信任和满意度。

（5）客户还希望能够让某人得到惩罚。当问题是由人为错误或疏忽造成时，客户往往会希望有关责任人受到一定的惩罚，以示警戒。我们应该对于确实存在问题的员工或部门进行严肃处理，从而向客户表明我们对问题的重视和决心。

（6）客户期望问题能够得到根本性的解决，避免再次发生。我们应该深入分析问题的根源，采取有效的措施消除问题，并建立长效机制，确保问题不再发生。这需要我们不断地完善自身的服务体系和管理制度，提高服务质量和客户满意度。

因此，在处理客户投诉时，我们需要认真对待每一个客户的投诉，了解他们的需求和期望，尽可能地满足他们的要求。只有这样，我们才能真正地提高客户满意度，增强客户忠诚度，从而在激烈的市场竞争中获得更多的优势。

（三）投诉处理时机把握

解答客户异议的时机选择通常有以下四种：

（1）在客户异议尚未提出时解答。这种方法是消除客户异议的最好方法，做到了防患于未然。客户服务经理在察觉或预见到客户可能提出某种异议时，应在客户提出异议之前就主动提出来并给予解释和处理意见，如主机厂企业的召回制度。这样可使企业变被动为主动，从而避免在纠正客户看法或反驳客户意见时引起更大的异议或舆情事件。

（2）收到客户异议后，立即回答。绝大多数的客户异议需要立即答复，否则客户会因没有受到应有的尊重，导致情绪波动，造成双方沟通、协调非常困难，洽谈根本无法进行。相反，在客户提出异议后马上处理，比较容易引起客户的注意，使其对产品产生浓厚的兴趣。如果在销售过程的结束阶段，销售员能够圆满、及时地处理客户的异议，往往可以直接促成客户的购买行为。

（3）异议提出后，过一段时间再回答。遇到以下几种异议，需要客户服务人员暂时保持沉默：

①异议显得模棱两可、含糊其词，让人费解。
②异议显然站不住脚，不攻自破的。
③不是三言两语就可以辩解清楚的。
④超过了客户服务人员的能力水平的。

（4）遇到以下几种异议，客户服务人员是不需要回答的：

①客户提出的异议会随着洽谈的深入而逐渐消失的。
②客户提出的异议实际上是一些借口或是自我表现性的问题。
③容易造成争论的话题。
④明知故问的发难。
⑤可一笑置之的戏言，等等。

不回复客户异议时，可采取以下技巧：一是保持沉默；二是假装没有听见，按自己的思路进行下去；三是答非所问，转移对方的话题。

【典型案例】

错失良机

在遥远的古代，有一位富甲一方的商人，他的名字叫作赵一。他拥有一辆无比豪华的马车，这辆马车不仅是他的交通工具，更是他身份和地位的象征。然而，在一次长途旅行之后，那辆豪华马车却出现了故障。

无奈之下，赵一将马车送到了当地的一家马车修理铺。修理铺的老

动画
错失良机

板钱二是一个技艺高超的技师,但他对赵一的马车并没有给予足够的重视。他只是随意地检查了一下,发现是一个小零件的问题,但却没有立即为赵一更换零件。

几天过去了,赵一多次催促钱二修理马车,但钱二总是以各种理由推脱,声称零件还未到货。赵一非常生气,因为他的行程已经被严重耽误了。

又过了几天,钱二终于为赵一的马车更换了零件。然而,由于耽误了太多时间,赵一的生意已经遭受了重大损失。他愤怒地质问钱二为何不及时修理,钱二却毫不在意,认为这只是一个小问题。

赵一感到非常失望和愤怒。他觉得钱二对待他的马车并不认真,完全不重视他的需求和时间。从此以后,他再也没有光顾钱二的修理铺,而是选择了其他可靠的修理技师。

这个故事深刻地告诉我们,在服务行业中,及时响应和积极解决问题是多么的重要。如果钱二能够认真对待赵一的马车并及时解决问题,他可能还会赢得赵一的信任和生意。但是,由于他的疏忽和大意,他失去了一位重要的客户。

(四) 投诉处理原则控制

在追求投诉处理目标的过程中,我们有必要遵循一些基本的行为准则,这些准则被称为应对投诉的基本原则。

1. 真诚而非傲慢

在处理客户投诉时,应保持真诚的态度与客户沟通,切勿因客户的行为或言语不合理、不专业而轻视之,进而表现出居高临下的姿态,无法理解客户的负面情绪。比如:某客户因为产品出现故障前来投诉,客服人员小张没有因为客户情绪激动而轻视他,而是真诚地倾听客户的抱怨,并耐心解释解决方案,最终赢得了客户的信任和理解。

2. 担当而非回避

首先,在客户投诉,尤其是客户情绪激动时,不应因此丧失信心、回避客户。其次,当客户反映的问题确为经销商过错时,要男于承担责任,避免推诿。比如:某客户反映在购买产品后出现了质量问题。面对客户的投诉,销售经理小李没有回避责任,而是积极与售后部门联系,跟进处理情况,并及时向客户反馈解决方案,最终顺利解决了问题。

3. 自信而非卑微

作为专业人士,在遇到客户投诉时应保持自信,因为我们用专业的知识和态度帮助客户解决问题,不应因社会地位、职位或经济状况等因素而自我贬低,丧失信心。自信越足,处理客户投诉的效果越好。比如:某客户对售后服务不满意,向客服部门投诉。客服主管小刘在处理投诉时,没有因为客户的指责而感到自卑或失去信心,他凭借专业的知识和经验与客户进行沟通,最终让客户的问题得到了满意的解决。

4. 知因而非糊弄

处理客户投诉时,要了解事件背景、经过和根本原因等具体情况,并在与客户沟通时准确说明。若经销商确有过错，不能刻意隐瞒或欺骗客户。比如：某客户反映在使用产品后出现了异常情况。技术人员小赵在处理投诉时，没有简单地将问题归咎于客户使用不当，而是深入了解情况，仔细检查产品，最终发现是产品本身存在设计缺陷，他及时向客户道歉并提供解决方案。

5. 需求而非乱猜

对待投诉客户的需求，不能主观臆断或盲目猜测，更不能产生负面看法，如认为客户想占便宜、敲诈或整人等，应主动与客户沟通，了解需求及产生需求的原因。比如：某客户对售后服务不满意，向客服部门投诉。客服人员小周在处理投诉时，没有根据自己的主观臆断去猜测客户的需求，而是主动与客户沟通，了解客户的真实需求和期望，最终提供了令客户满意的解决方案。

6. 客观而非虚夸

在讨论投诉经过、车辆故障或处理方案时，应以客观事实为依据，既不夸大也不缩小。比如：某客户对产品的性能表示质疑。销售代表小强在与客户沟通时，没有夸大产品的性能或忽视客户的疑虑，而是客观地解释产品的性能和局限，最终让客户对产品有了更清晰的认识和期望。

7. 用权而非越权

在处理客户投诉时，每个岗位的人员都应在职责范围内承担责任，积极解决问题。遇到重大投诉时，应迅速行动，积极预警，但不得超越职责权限擅自发表言论、采取行动或随意承诺。比如：某客户对退款政策表示不满，向客服部门投诉。客服人员小李在处理投诉时，没有擅自做出超出自己职责范围的决定，而是及时向上级汇报并得到授权后，与客户协商并提供了合理的解决方案。

8. 上报而非怠慢

当客户投诉触发预警条件或事态发展超出个人权限范围时，应立即按预警流程向相关部门、人员发出预警，或向直属上级说明情况，寻求支持。比如：某客户反映在购买产品后遇到了质量问题并要求退货，客服部门在接到投诉后，立即按预警流程向相关部门和上级汇报情况，相关部门迅速响应并采取措施解决问题，最终让客户满意地解决了问题。

【课后测试】

试题
任务 5－1
课后测试答案

【选择题】

1. 客户投诉预判是指在客户投诉发生之前提前进行什么？（　　）
   A. 分析投诉原因　　　　　　　　　B. 回应客户投诉
   C. 改善产品质量　　　　　　　　　D. 提高客户满意度
2. 客户投诉的根本原因通常是什么？（　　）
   A. 产品质量问题　　　　　　　　　B. 价格不合理
   C. 售后服务不周到　　　　　　　　D. 缺乏沟通和理解
3. 在客户投诉处理中，及时回应客户投诉的重要性体现在哪些方面？（　　）
   A. 减少负面影响　　　　　　　　　B. 提高客户满意度

C. 保护品牌形象　　　　　　　　　　　　D. 增加重复购买

4. 客户投诉的处理流程通常包括以下哪些步骤？（　　）

A. 接受投诉、调查问题、解决问题、跟进反馈

B. 忽视投诉、转移责任、回避问题、关闭反馈

C. 拖延回应、抵赖责任、忽略问题、忽视反馈

D. 接受投诉、忽视问题、关闭反馈、不做处理

5. 客户投诉预防的关键是什么？（　　）

A. 提供优质产品　　　　　　　　　　　B. 建立良好的沟通渠道

C. 培训和提升员工技能　　　　　　　　D. 提高售后服务质量

【判断题】

1. 客户投诉预判是指在客户投诉发生之前提前分析投诉原因和提供改善措施。（　　）

2. 及时回应客户投诉可以减少负面影响，提高客户满意度和保护品牌形象。（　　）

3. 客户投诉的处理应该遵循积极倾听、及时回应客户的原则。（　　）

4. 投诉率是衡量客户投诉处理效果的指标之一。（　　）

5. 客户投诉预防的关键是提供优质产品、建立良好沟通渠道、培训和提升员工技能。（　　）

【填空题】

1. 客户投诉预防的关键是建立良好的_____渠道和提供优质的产品或服务。

2. 在客户投诉处理中，及时回应客户投诉可以减少负面影响、提高客户_____和维护品牌形象。

3. 客户投诉的处理应该遵循积极倾听、及时回应客户和_____责任的原则。

4. 客户投诉的主要来源包括社交媒体、客户_____和销售渠道。

5. 客户投诉的处理流程通常包括接受投诉、_____问题、解决问题和跟进反馈。

任务5-2　投诉分析与处理

任务背景

在汽车销售服务与售后维修的过程中，随着消费者对服务和产品品质期待的不断提升，企业必须更加注重客户的声音，及时响应并处理他们的投诉与反馈。当工作中碰到客户提出各种各样的异议时，应如何机智地说服客户？及时有效地处理好客户的异议，不仅可以挽回客户和企业的直接利益，也是提升企业形象和竞争力的关键。

任务描述

某客户在4S店买了一辆车,但提车当天开出1 km后发动机就开始漏油,经过15天的耐心交涉,回应却从退款、换车,变成"只换发动机",客户无奈只能坐在汽车发动机舱盖上哭诉痛斥。仅仅是因为客户的诉求得不到合理的解释,4S店回应的巨大反差,促使该事件持续发酵登上热搜,最终4S店与投诉人达成和解协议。请分析,面对客户的投诉,如何完成投诉案件的跟踪处理?如何合理实施客户投诉处理的流程?

任务准备

(一)课前热身

培养对投诉问题的分析处理能力,能够使我们更深入地洞察问题核心。通过系统学习投诉处理知识,我们能更准确地识别问题本质,从而制定有效的解决方案。这种能力不仅有助于提高当前处理投诉的效率,还能为未来的工作挑战做好准备。为了更全面地掌握投诉分析与处理的方法,请通过扫描二维码,观看"投诉分析与处理"系列微课。

微课
投诉分析与处理

(二)任务分析

1. 基本信息(见表5-2-1)

表5-2-1 基本信息

案件编号	20××××	客诉来源	到店	开案时间	2024-×-×
车主姓名	张先生/女士	车型	BMW5系	开案人姓名	李××
申诉人姓名	孙先生/女士	VIN代码	××××××××××	销售顾问	王××
申诉人电话	1391234××××	购车日期	半年前	服务顾问	李××
车牌号码	湘A11111	行驶里程	4 500 km		

2. 客户描述

（1）车辆购买1周，我本身对于味道比较敏感，就觉着驾驶室味道太大，到店简单检查了一下，你们给出的说法是：新车都这样，让我回去多开窗通风。

（2）又开了1个月，驾驶室的味道没什么变化，又出现了非常浓的潮味，检查后告诉我是空调水漏到车里面了，需要更换一个部件。我又提出了味道大的问题，你们说给我做一个室内清洁和除味就会好多了。我只知道换了一个什么东西的塑料件，服务顾问告诉我味道就是因为潮湿而导致的。

（3）又开了不到10天，味道还是没变化，我觉得车里面有响声，你们检查后告诉我说：仪表台有些松动，紧固一下就好了，也没跟我说为什么松，就说是偶发的小毛病。

（4）车又开了2周，又发现仪表没有显示了，到店检查告诉我：是仪表坏了，可以按照保修更换一个新的仪表，不过那个时候车里还是有味道，服务顾问还是说用用就好了。

（5）到今天我还是觉得车内味道大，你们说：这个味道是正常的，一般开半年到八个月就会淡了。我认为你们对我不负责任，一个仪表台就出了这么多问题，而且车内味道问题也一直没有解决，根据"三包"，这次问题必须解决，否则下次再出现问题就必须给我退车。

3. 客服回访反馈

客服回访反馈：新车做过一次回访，可是并没有提到异味问题，而且对销售过程还是满意的；之后有两次售后维修记录，客户都提到了车内有味道，信息已经传递给了服务部门。

4. 处理部门意见

必须向客户解释清楚车内味道的问题并签字。

5. 调查结果

（1）第1次回访车内味道确实比其他的车大一点，怀疑应该与客户使用习惯有关系，由于客户认为空气污染严重，从买车开始基本很少通风，所以建议客户要多开窗通风。

（2）空调漏水是因为蒸发箱壳体有问题，空调水漏到脚垫上了，换了一个新的，也对被水泡过的地方进行了擦干和晒干处理。

（3）仪表台松旷是因为技师没有安装好，问题不大，已经解决。

（4）仪表损坏应该与维修没有关系，走保修弄好了。

（5）此次问题，客户是直接投诉到客服部门，前台并不知道。

6. 处理方案

（1）为客户进行全车深度清洁，必要的情况下给予适度补偿。

（2）前台主管必须避免客户堵门、拉横幅和媒体曝光。

任务实施

根据任务描述，对照下方的要求完成"投诉跟踪处理表"任务。

步骤一：填写基本信息

提示：对于客户重大投诉处理，应详细记录整个处理过程，以便于结案后的分析与总结，也可用于在处理过程中各相关部门之间传递信息。

标题：_____车辆_____问题				编号		开始日期	完成日期
				案件类型	一般投诉		
					重要投诉		
投诉人信息	姓名		性别		职业		
	联系地址						
	手机号				与用户关系		
车名		车型号	牌照号码		车架号码	发票日期	销售方式
保修登记日		行驶里程	是否过保修期	故障日期	车辆现在位置	保险公司	保险金额（车损，自燃）

步骤二：情况概述及车辆损伤情况

提示：详细记录与客户谈判过程中的对话内容，特别是客户的话述，从中能正确分析客户的真实诉求，制定相应的应对方案。

情况概述：

车辆损伤情况：

步骤三：技术判断及应对办法

提示：依照任务分析给出的内容，思考并完成技术判断及应对办法。

技术判断：

应对办法：

学习笔记

任务评价

小组派出代表，汇报本小组对客户投诉处理的情况，展示分析成果，并完成客户投诉处理任务评价表5-2-2。

表5-2-2 客户投诉处理任务评价表

	评定指标	权重	评价				
			第1组	第2组	第3组	第4组	第5组
总体评价	1. 客户投诉信息收集及整理情况 （数据完整性、信息准确性、分析客观性）	5					
	2. 客户投诉原因情况分析 （准确、规范地完成产品相关特征分析）	7					
	3. 客户投诉影响情况分析 （分析方法正确、结果有效、建议合理）	15					
	4. 任务整体完成质量 （任务完成进度、作品质量）	8					
	5. 成果展示汇报效果 （PPT版面、展示风采）	5					
过程评价	1. 计划完整，准备充分，执行有序	3					
	2. 相关信息、数据记录完整、整洁	4					
	3. 问题设计合理、话术设计恰当	7					
	4. 与客户沟通，言行举止规范到位	4					
	5. 能抓住客户反馈信息的关键	7					
	6. 对客户特征分析全面、合理	7					
	7. 小组分工合理，合作能力强	7					
合计							
主要收获	（本组在本任务训练过程中的主要收获或经验）						
问题与建议	（本组在任务完成过程中所遇到的问题、原因分析及改进建议）						

知识链接

(一) 客户投诉事件分析

1. 客户投诉产生的原因

投诉一般是"对事不对人"。具体对汽车市场来说，可以从两个维度来分析客户投诉的原因：

一是从客户不满意的视角看：有产品质量引发的投诉、有销售服务引起的投诉、有售后导致的投诉、有企业管理引发的投诉，也有客户自身原因引发的投诉。

二是从客户期望值的视角看：理性方面的，有对车辆质量或维修质量不满、对交货时间或维修时间不满、对价格不满，等等；感性方面的，有未被理解、没有得到尊重、不受欢迎，等等。

2. 客户投诉的影响

从内涵上讲，客户投诉是客户对产品和服务不满的表达方式，是企业最有价值的信息来源，为企业发现管理问题、改进产品性能、改善服务质量提供了机会。

因此，利用客户投诉这一契机，及时有效地处理好客户投诉，不仅可挽回客户和企业的直接利益，也可有效提升企业形象和竞争力。

客户在购买汽车、享受服务之时，对汽车本身和企业服务都抱有良好的愿望和期望值，当客户所得到的结果和客户的期望值之间存在很大的差距时，就会失去心理平衡，导致客户不满意、不信任，由此产生抱怨和想"讨个说法"的行为。当这些问题没有得到妥善处理时，将导致客户抱怨、客户异议不断累积，造成客户投诉，引发重大舆论危机。

对主机厂的影响有：一方面是影响品牌形象，导致许多有购置车辆的新生客户缺乏品牌信赖，不愿意选择该品牌的车型车款；另一方面是客户投诉产生的负面影响，让已经购买的客户产生品牌焦虑，再次选择车辆或推荐车辆时会转向其他品牌。

对经销商的危害有：直接影响经销商的正常工作，直接降低经销商的客户满意度，直接降低经销商的利润。

对客户的危害有：增加客户心理负担和经济负担，造成客户时间、精力的损失。

3. 处理客户投诉的目的

处理投诉的目的不仅仅是处理某一个客户的异议或投诉，而是要通过投诉处理，挖掘客户不满意的原因，发现企业自身存在的问题，优化企业产品和服务，防止客户抱怨上升为投诉，缩小这个"差距"，提升客户满意度和信任感，从而杜绝类似情况再次发生。

所以处理客户投诉的挑战目标如下：

（1）重修旧好。希望能够进一步改善客户感知，加强客户体验，争取能够达到客户的期望值，让客户变成一个满意的客户。

（2）信任升级。我们的最终目标是通过妥善地处理投诉，让客户的满意度升级，超出客户的期望，使客户成为忠诚客户。

（二）投诉处理应对技巧

环节一：积极坦然地接受客户投诉。

积极坦然地接受客户投诉，这是心理的准备。一般情况下，客户的投诉并非是针对个人的，要敢于面对客户的投诉；那么作为投诉处理人，应把所有的客户投诉当作是提高自身处理问题能力及交新朋友的机会，而不是麻烦；不管客户采用何种投诉方式，都应当邀请客户与经销商协商解决，不要受客户情绪影响，心态应始终保持平和及冷静。

环节二：了解投诉的详情及客户需求，控制客户期望值。

了解投诉的详情及客户需求，控制客户期望值，这是听的艺术。在与客户接触前，先充分地了解客户背景、用车习惯及车辆维修保养历史等，做到"知己知彼，百战不殆"。

在处理投诉之前，一定要在确认客户需求以后再辨别是否合理。对于合理的要求，应及时承担责任并马上道歉；对于明显不合理的要求，应用礼貌和帮助的方式予以解释，力争得到客户理解并将焦点转移到其他方面，同时了解需求背后隐藏的原因到底是什么。对于不方便回答的问题或需求，可采用转移法等技巧，避免正面冲突。此外，我们也要为后续的跟进做好铺垫，不要轻易给客户承诺或是说"不"。对不合理的期望值应进行抑制，以便为以后的处理争取时间及空间。

记住：用耳朵取胜而绝不是嘴巴，我们应用"倾听－观察－领会"等技巧来了解投诉详情，明确客户需求，让客户充分地发泄、述说，我们做好积极的倾诉，做到适时、恰当的回应，从而缓和气氛。

环节三：分析需求，制定多个解决方案。

为了有效地处理客户投诉并满足其需求，需要明确相关责任人，并仔细分析投诉及需求的原因。在明确原因后，进行后续跟进工作的分工，确保每个环节都有专人负责，大家能够精诚合作，共同解决问题。如果需要提供商业方案，通常应以维修方案为基础。在整个处理过程中，我们应始终以帮助客户解决车辆问题为主线，确保客户的问题得到圆满解决。同时，合理利用投诉处理工具也是提升处理效率的关键。

环节四：与客户达成一致。

在与客户沟通时，应紧扣车辆问题展开对话，避免陷入误会，过早地给出商业解决方案。首先，要专注于修复车辆问题，确保客户的正常使用。在提供维修方案后，要仔细观察客户的反应，深入了解他们的顾虑，然后适时提出合理的商业解决方案，确保谈判一锤定音。我们追求的是快速结案，但如果情况需要，我们也要留有余地，考虑是否需要进行下一轮谈判。在制定解决方案时，要充分考虑客户的具体情况，确保方案真正符合他们的需求。谈判团队的构成方面，推荐采用"最优三角"模式，即技术专家、维修接待人员和客户关怀专员共同参与，以确保谈判的成功。通过这种方式，我们可以更好地理解客户需求，提供有针对性的解决方案，并最终达成共识。

环节五：彻底执行方案。

在执行方案阶段，我们的首要任务是确保车辆维修的准确性和及时性，同时保证维修质量。为了确保方案的顺利实施，我们将与客户签署相关的商业解决方案协议。在方案执行过程中，我们将保持与客户的沟通，确保他们了解方案的进展情况。如果遇到任何问题或需要进行调整，我们将及时与客户沟通，并做出适当的调整，以确保方案的顺利执行及客户满意。通过这种方式，我们能够确保方案的实施效果，同时也加强了与客户的关系，提高了客户的信任度。

环节六：案件分析总结。

在完成方案的执行和实施后，我们需要进行案件的改善和提升。首先，要确认问题是否已经完全解决，并对结果进行评估。通过将整个问题的解决过程记录下来，我们可以进行后续的分析和总结经验。通过这种方式，不仅可以评估解决方案的有效性，还可以发现并改进存在的问题，提高处理类似问题的能力和效率。同时，记录和总结经验也有助于我们更好地理解客户需求，优化服务流程，提高客户满意度。因此，进行案件的改善和提升是整个客户服务过程中非常重要的一环。

（三）客户投诉处理方法

1. 倾听

在客户提出投诉时，首要任务是倾听，通过此过程，我们能发现客户的真实需求，获取处理投诉所需的关键信息，故务必做好倾听的记录，并明确问题的本质和事实。案例：客户李先生来到某汽车服务中心，表示他的汽车制动系统存在问题。服务人员小张通过细心聆听，了解到李先生对安全问题的担忧。

2. 表达歉意

无论投诉原因如何，客户服务人员都应向客户表示歉意。冷漠、强硬或找借口只会加剧客户不满，适时道歉则有助于平息客户情绪，推动问题解决。此时：小张向李先生表示："非常抱歉让您感到担忧，我们会立即为您检查制动系统。"

3. 详细询问

引导客户阐述问题的核心，以便精准定位，找出双方共识，拉近与客户的距离，并发现解决问题的关键。此时：小张进一步询问李先生车辆的使用状况，如行驶里程、是否进行过维修等，以更准确地判断问题所在。

4. 记录问题

将客户反映的重要问题予以记录，以便后续问题的解决和分析。此时：小张在服务单上详细记录了李先生反映的问题、车辆信息及李先生的联系方式，确保后续跟进的顺利进行。

5. 解决问题

积极寻求解决方案，提出建议时务必征得客户同意。若客户不接受，需了解客户期望的解决方案。若客户服务人员无法决定，可推荐其他合适人员，并主动协助客户联系。此时：小张为李先生的车辆安排了紧急维修，并向李先生提供了备用车辆，确保他在等待期间的安全出行。

服务结束后，小张向上级汇报了此次服务过程，特别提到了在沟通中需要改进的地方，以便未来提供更优质的服务。

【典型案例】

城市之心：救援行动

在繁华的城市中，一位名叫李明的中产阶层人士拥有一辆他钟爱的汽车，陪伴他度过了许多美好时光。然而，某日，他的爱车在行驶过程中突然遭遇发动机故障，使他心情倍感焦虑。

李明立即将车辆送至当地汽车维修中心。数日后，维修中心通知他，由于需要更换发动机，维修时间将有所延长。这对于李明而言无疑是雪上加霜，因为他的工作与生活都对汽车有着极高的依赖。

在此困境之中，他想到了一直信任的汽车制造商。于是，他立即与该公司客户服务部门取得联系，反映了自己的困扰。客户服务部门的代表表现出诚挚的歉意，并承诺会尽快为他解决问题。

汽车公司迅速为李明的车辆安排了技术支持，并派出专业团队上门进行检查。经过仔细排查，他们发现的确需要更换发动机。为确保李明在维修期间仍能正常使用车辆，这家汽车公司还为他提供了一辆备用汽车。

在技术团队的共同努力下，李明车辆的发动机问题得以圆满解决。他对公司的专业和高效服务表示满意，并对汽车公司表达了高度赞赏。

自此，李明对这家汽车公司的产品和服务更加信任，成了忠实的支持者。他不仅向亲朋好友推荐该公司的产品，还在社交媒体上分享了自己的满意体验。

这个故事启示我们，无论企业规模大小，都应重视客户的投诉和反馈。及时、专业地解决客户问题，不仅能赢得客户的信任和满意，还能为企业树立良好的口碑和品牌形象。

（四）投诉处理战略实践

客户投诉管理的核心工作是如何处理好客户投诉、提高客户满意度、降低客户流失率。从客户投诉的预防、受理到处理，都是为企业挽留老客户的经营过程，再通过投诉信息分析挖掘出潜在的商机，寻找市场新的卖点。

1. 建立客户投诉管理体制

为了保证企业各部门处理投诉时能通力配合、快速反应，解决好客户投诉，企业应建立较为完善的客户投诉处理规范和管理度。首先，企业要有专门的制度和人员来管理客户投诉，根据企业自身的产品或服务特点明确处理投诉的业务流程，根据实际情况确定投诉部门与上级之间的汇报关系。此外企业还要做好客户投诉的预防工作，一旦出现客户投诉要及时处理，力争在最短的时间内对客户的投诉做出明确的回复。否则拖延或推卸责任将会增加客户的不满，使得客户与企业的关系继续恶化。在处理问题的时候要分清责任，确保问题的妥善解决。分清造成客户投诉的责任部门和责任人，明确受理投诉的各部门、各类人员的具体权限，提高企业在处理投诉时的响应速度。最后要对客户投诉及其处理进行详细的记录，将所获得的信息传递给其他部门，不断改进客户投诉处理流程。

2. 客户投诉事件预防

客户投诉管理工作中，最重要的环节在于投诉预防工作。对于企业来说，问题越严重，挽救成本越大，机会失去的概率越大。投诉预防应从识别并处理好客户抱怨做起。抱怨是客户不满的信号，企业应在发现的最初期就把它处理好，在与客户接触的每个环节中，调动企业员工的主观能动性，鼓励其处理好每一起接触到的客户不满或抱怨。如果企业致力于管理好客户的抱怨，则对企业来说，将可以在问题初期就挽回大部分不满客户的满意度和忠诚度，还可以降低解决客户投诉的成本。

3. 客户投诉处理流程

如何处理好每一个客户的投诉？用什么方式解决客户的不满？各个企业的做法不尽相同。有些企业只解决正式提出的投诉，这就忽略了其他95%的不满意，而这些未被重视的不满意会向外传播，从而导致企业失去客户，降低市场竞争力。而有些企业则采取措施鼓励客户表达不满，并对所表达的不满积极、认真地进行解决。这些被重视的不满意被解决后，即可留住客户，从而增强竞争力。

客户投诉处理流程一般说来包括以下几个步骤。

1）记录投诉内容

利用客户投诉记录表详细地记录客户投诉的全部内容，如投诉人、投诉时间、投诉对象、投诉要求等。

2）判定投诉是否成立

了解客户投诉内容后，要判定客户投诉的理由是否充分、投诉要求是否合理。如果投诉不能成立，即可以婉转的方式答复客户，取得客户的谅解，消除误会。

3）确定投诉处理责任部门

根据客户投诉的内容，确定相关的具体受理单位和受理负责人。如属运输问题，则由交储运部处理；属质量问题，则由交质量管理部处理。

4）责任部门分析投诉原因

投诉分析的目的是从众多具体的投诉中，发现一些规律性的问题或有价值的信息，挖掘客户的潜在需求。比如可以从客户投诉中检视产品或服务的错误，从客户投诉中寻找市场的商机。投诉分析可为企业提供持续改进的方向和依据，企业要充分挖掘投诉的价值，让客户投诉创造利润。因此要查明客户投诉的具体原因及具体造成客户投诉的责任人。

5）提出处理方案

根据实际情况参照客户的投诉要求，提出解决投诉的具体方案，如退货、换货、维修、折价、赔偿等。

6）提交主管领导批示

对于客户投诉问题，领导应予以高度重视，主管领导应对投诉的处理方案过目，及时做出批示，并根据实际情况，采取一切可能的措施，挽回已经出现的损失。

7）实施处理方案

处罚直接责任者，通知客户，并尽快地收集客户的反馈意见。对直接责任者和部门主管要按照有关规定进行处罚，依照投诉所造成的损失大小，扣罚责任人一定比例的绩效工资或奖金。同时,对不及时处理问题造成延误的责任人也要进行追究。

8) 总结评价

对投诉处理过程进行总结与综合评价,吸取经验教训,提出改进对策,不断完善企业的经营管理和业务运作,以提高客户服务质量和服务水平,降低投诉率。

快速解决客户投诉的问题是满足客户的最好方法,有效地处理客户投诉对保持现有客户关系起到促进作用。客户投诉的有效处理能使客户享受更好的服务和产品,有利于提高企业信誉,其也是企业提高市场竞争力的关键。

课后测试

【选择题】

1. 在处理客户投诉时,企业应首先采取的行动是( )。
   A. 记录投诉内容　　　　　　　　B. 确定处理责任部门
   C. 对客户表示歉意　　　　　　　D. 制定解决方案

2. 企业建立客户投诉处理体制的目的是( )。
   A. 减少客户投诉的数量　　　　　B. 提高客户满意度和忠诚度
   C. 降低企业运营成本　　　　　　D. 提高企业的市场份额

3. 在处理客户投诉时,以下哪项不是有效的应对策略?( )
   A. 倾听客户的投诉
   B. 避免与客户发生争执
   C. 尽快解决问题,而不是拖延
   D. 对客户的投诉表示不屑一顾

4. 客户投诉为企业提供了哪些有价值的信息?( )
   A. 客户对产品或服务的需求和期望
   B. 企业运营中的问题和改进方向
   C. 竞争对手的市场策略
   D. 客户的联系方式和地址信息

5. 在处理客户投诉时,企业应重点关注哪类客户?( )
   A. 新客户　　　　　　　　　　　B. 长期忠诚客户
   C. 高价值客户　　　　　　　　　D. 问题客户

【判断题】

1. 客户投诉处理的核心工作是解决单个客户的投诉或异议。( )
2. 企业建立完善的客户投诉处理规范和管理体制是为了提高企业的市场份额。( )
3. 在处理客户投诉时,企业应鼓励员工积极与客户沟通,寻找解决问题的最佳方案。( )
4. 客户投诉对企业的影响仅限于直接利益和品牌形象。( )
5. 在处理客户投诉时,企业应先确定责任部门和责任人,再提出解决方案。( )

试题
任务 5-2
课后测试答案

【填空题】

1. 在处理客户投诉时，企业应首先_____，再根据实际情况确定_____。
2. 为了有效地挽回流失客户，企业应建立完善的_____和_____。
3. 处理客户投诉的目的是缩小_____和_____之间的差距，提升客户的满意度和信任度。
4. 在处理客户投诉时，企业应仔细_____问题的重要信息，并_____处理投诉的具体方案。
5. 客户投诉对企业的影响包括_____、_____和_____等方面。

任务5-3　案件跟踪与回访

任务背景

跟踪与回访是汽车服务店客户服务中心日常工作的重要内容，也是与客户沟通的重要途径。它既可以帮助公司了解产品的不足，得到客户不同的意见和建议，减少客户投诉，同时也可以增进与客户的感情，提高客户满意度，解决问题，增加客户忠诚度和口碑，促进销售工作的开展。因此，企业需要充分重视跟踪回访的工作。

任务描述

案件跟踪与回访是企业用来进行产品或服务满意度调查、客户消费行为调查及客户维系的常用方法。案件跟踪与回访往往会与客户进行比较多的互动沟通，为企业减少负面影响、维护客户关系及后续促进销售提供基础。请分析案件跟踪与回访应遵循怎样的原则及如何设计一份合理的投诉回访话术。

任务准备

（一）课前热身

学习案件跟踪与回访的相关知识，有助于我们深入了解客户的反馈

微课
案件跟踪与回访

和需求，进一步优化服务，提升客户满意度。通过持续的跟踪与回访，可以全方位地洞察客户的体验感受，及时发现并解决存在的问题，确保服务水平满足客户的期望。为更系统掌握案件跟踪与回访的操作方法，请通过扫描二维码，观看"案件跟踪与回访"系列微课。

（二）任务分析

1. 案件跟踪与回访应遵循的原则

案件跟踪与回访是提升企业服务质量的关键环节，对于维护客户满意度、解决客户问题以及提升企业形象具有重要意义。在进行案件跟踪与回访时，务必遵循以下六项原则：

（1）及时响应：一旦接到客户投诉，必须迅速采取行动，及时跟进并进行回访，以免让客户感到被忽视或遗忘。及时的响应和回访有助于提高解决问题的效率，减少客户不满。

（2）真诚沟通：在回访过程中，要展现出真诚的态度，真正关心客户的感受和问题，让客户感受到企业的重视和关心。务必避免敷衍或虚假回应，以免损害企业形象。

（3）信息准确：在跟踪与回访时，务必确保所获取信息的准确性。对客户的投诉内容与解决方案要进行仔细核实和确认，以确保信息的真实性和准确性。

（4）保护隐私：处理客户投诉时，必须严格保护客户的隐私和机密信息。在回访过程中，不得泄露客户的个人信息或讨论其他敏感信息，以免引起客户不满或担忧。

（5）主动联系：企业应主动与客户保持联系，了解投诉处理的进展情况，并提供必要的帮助和支持。在处理完投诉后，也应主动回访客户，了解客户对解决方案的满意度，并积极收集客户的反馈意见。

（6）持续改进：客户投诉跟踪与回访是一项持续性的工作，企业应建立完善的回访制度和服务流程，不断优化和改进客户服务质量。同时，定期进行客户满意度调查和回访，以深入了解客户的真实感受和需求，为企业发展提供有力支持。

2. 案件回访话术设计要点及方法

1）案件回访话术设计要点

（1）理解客户情绪：在回访过程中，要充分理解客户的情绪状态。由于投诉通常意味着客户对企业或产品的不满，故他们的情绪可能较为激动或消极。话术设计应考虑到如何安抚客户情绪，表达对客户的理解和同情。

（2）明确问题核心：在回访中，要明确地了解客户投诉的问题核心，并确保对话中涉及的问题都与投诉内容紧密相关，不要偏离主题，以免让客户感到困扰或不满。

（3）提供解决方案：话术中应明确提供针对客户投诉的解决方案，包括明确的步骤和措施。这有助于展示企业的责任感和专业性。

（4）请求反馈：在回访结束时，应请求客户对处理结果给予反馈，并鼓励他们提出进一步的建议或意见。这将有助于企业持续改进。

（5）避免使用专业术语：在解释解决方案时，应尽量避免使用过于专业的术语。大多数客户可能不熟悉这些术语，这可能导致沟通障碍。

（6）保持礼貌和尊重：无论客户的态度如何，都应保持礼貌和尊重，不要与客户产生争执或冲突，以免进一步激化矛盾。

2）案件回访话术设计方法

（1）调研与分析：在设计回访话术之前，应进行充分的调研和分析，了解客户的需求、期望和常见问题，以制定更符合实际情况的话术内容。

（2）编写初稿：根据调研和分析的结果，可以开始编写回访话术的初稿。初稿应包括开场白、问题核心、解决方案和结束语等部分。

（3）内部测试与修订：完成初稿后，应在企业内部进行测试，让同事模拟客户测试话术的实际效果，并根据反馈进行修订。

（4）优化与定稿：经过内部测试与修订后，话术应得到进一步的优化和调整，确保话术内容简洁明了、逻辑清晰、符合实际需要，最终定稿后方可投入实际使用。

（5）定期审查与更新：市场和客户需求是不断变化的，因此应定期审查和更新回访话术，确保话术内容始终与市场和客户的实际需求保持一致。

（6）培训与指导：对于使用回访话术的员工，应进行充分的培训和指导，确保他们能够准确、流畅地使用话术，并理解话术背后的意义和目的。

（7）持续改进：在实际使用过程中，应持续收集客户的反馈意见和建议。根据这些意见和建议，进一步优化回访话术，提高客户满意度。

任务实施

根据任务描述，对照下方的要求完成"案件跟踪与回访话术设计"任务。

步骤一：阅读案例背景

客户因对车辆维修不满意而产生退车的需求，服务顾问在与客户沟通时强调了回厂检查的必要性，但客户对此表示疑虑并要求得到一个明确的承诺。服务主管在与客户沟通时也未能达成共识，最终决定上门与客户洽谈。在谈判过程中，客户提出了一系列问题和对过去维修过程的不满，服务顾问和主管尽力解释并给予了相应的解决方案。最终，客户接受了服务顾问提出的方案，并对未来的维修和售后服务表示满意。

环节	内容
客户表示	过去就是你们想怎么办就怎么办，这次如果你们不承诺我车一定会被修好，那么就必须答应我现在把车给我退了
服务顾问 向客户解释	退不退车现在还不是谈的时候，如果不回厂检查，问题怎么也解决不了
客户表示	过去你都没给我解决问题，修了那么多次也没跟我说清楚，换你们领导来跟我谈
服务主管 打电话表示	我们会非常重视客户的问题，但是如果不回厂，车辆就没法进行深入检测，也就无法谈及是否能彻底解决问题或退换车
客户表示	你们都检查了4次了，早就应该有结论了，还要检查什么，不要再敷衍我，我也不会再被你们欺负和牵着鼻子走，我需要一个承诺或者答案。服务主管又进行了关于回厂检测的邀请，但客户仍在坚持原则，此次沟通没有结果

之后服务主管将问题反馈至客户关怀部门和售后经理处，经内部协商决定上门与客户洽谈，客户关怀部门在电话与客户沟通后，客户同意上门谈判，并约定在客户家附近的咖啡厅。

环节	内容
客户关怀负责人与客户见面后表示	我们带着诚意来给您解决问题，但是需要您配合我们对车辆进行检测
客户要求	你现在要给我一个答案，之前你们几次检查是不是就没好好查，所以一直没有确定原因，这回要不是快到"三包"的退换标准，你们当领导的也不会重视
客户关怀负责人表示	车辆发生问题都是由服务顾问和维修技师解决，我们作为管理者也做不了什么更多的。这次车辆的问题，我们感到很遗憾，毕竟给您带来了这么多的麻烦，首先车辆距离退换车还有一次维修机会，我们会尽力解决问题
客户表示	你们不要再忽悠我了，买车的时候我就问过销售顾问，之前BMW出过"阻尼片"的问题，现在还有问题吗
销售顾问补充	已经解决了，现在已经不会有味道了
客户表示	销售顾问说："这就是新车正常会有的，过一阵子就消失了。"现在都过了这么久了还有味道，你们一定是欺骗我，车辆一定有问题。你们没有带着诚意来，一再的解释、解释、再解释，我需要的是答案和承诺

最后，在客户关怀部门与客户几次交流后，最终与客户商定，如果问题是产品质量导致，无论付出什么样的代价一定会被解决，如果只是正常的新车味道，会对车辆进行全面的清洁和除味，最终也一定会把问题解决掉。

客户同意对车辆进行检测和维修，并提出3个附加条件：
（1）问题必须被彻底解决，并保证不会再发生；
（2）需要知道故障的具体原因；
（3）过去车辆进行了多次维修，一直不清楚维修过程，我认为你们的维修技术有问题，你们必须给予我详细的说明。

三天后，车辆检查和维修完毕，客户关怀部门邀请客户回厂给出解释	
1	车辆的味道确实是新车固有的，并非类似于"阻尼片"的问题。经销商对车辆进行了全车除味、室内杀菌等工作，味道一定是小多了，但是并没有完全消失，因为每个人对气味的敏感度不同，所以我们会每个季度为客户提供一次免费的清洁和除味，以确保味道保持在客户可接受的范围内
2	过去的几次维修，问题都已经被解决了，所以追究过去没有意义了，我们保证以后不会再出现类似的问题。同时，客户关怀部门邀请客户去车辆上确定问题情况。经过客户确认，味道确实变小了，基本可以接受。但客户对问题仍有担心，最终客户关怀部门提出方案：针对问题除了每季度一次的免费除味外，还会对整车延保两年，以补偿过去维修给客户带来的影响，并赠送5 000元代金券

客户表示：只要你们不是欺骗我，我就接受你们的方案。

步骤二：设计投诉回访话术

序号	回访环节	回访话术

任务评价

小组派出代表，汇报本小组对客户投诉处理的情况，展示分析成果，并完成案件跟踪与回访话术设计任务评价表 5-3-1。

表 5-3-1　案件跟踪与回访话术设计任务评价表

	评定指标	权重	评价				
			第1组	第2组	第3组	第4组	第5组
总体评价	1. 客户投诉信息收集及整理情况 （数据完整性、信息准确性、分析客观性）	5					
	2. 客户投诉原因分析情况 （准确、规范完成产品相关特征分析）	7					
	3. 客户投诉影响分析情况 （分析方法正确、结果有效、建议合理）	15					
	4. 任务整体完成质量 （任务完成进度、作品质量）	8					
	5. 成果展示汇报效果 （PPT版面、展示风采）	5					

续表

评定指标		权重	评价				
			第1组	第2组	第3组	第4组	第5组
过程评价	1. 计划完整，准备充分，执行有序	3					
	2. 相关信息、数据记录完整、整洁	4					
	3. 问题设计合理、话术设计恰当	7					
	4. 与客户沟通，言行举止规范到位	4					
	5. 能抓住客户反馈信息的关键	7					
	6. 对客户特征分析全面、合理	7					
	7. 小组分工合理，合作能力强	7					
合计							
主要收获	（本组在本任务训练过程中的主要收获或经验）						
问题与建议	（本组在任务完成过程中所遇到的问题、原因分析及改进建议）						

知识链接

（一）跟踪与回访的内容

跟踪与回访在客户服务中的重要性不言而喻，它不仅是维护良好客户关系的重要手段，更是提升企业竞争力不可或缺的环节。以下是跟踪与回访在客户服务中的具体作用和影响：

首先，通过回访，企业能够向客户表达感激之情，让客户感受到自己的重要性。这种情感交流有助于建立和加强与客户的良好关系，使客户更愿意信任企业，从而增强客户的忠诚度。同时，回访也是对客户关怀的一种体现，让客户感受到企业的关心与关注。

其次，跟踪与回访有助于提升企业的服务质量和效率。通过回访，企业可以及时了解客户对服务体验的满意度，发现服务中的不足和问题。针对这些问题，企业可以迅速采取措施进行改进，从而提高服务质量和效率。同时，客户的反馈也是企业改进服务流程、提升服务水平的重要依据。

此外，通过收集客户的反馈，企业可以了解到产品或服务的优点和不足。这些宝贵的信息对于产品的持续改进和服务的优化至关重要。企业可以根据客户的意见与建议不断调整和完善产品或服务，提高市场竞争力。在这个过程中，跟踪与回访的作用不可忽视。

最后，通过回访，企业能够更深入地了解客户的需求和期望，这有助于企业提供更符合客户需求的产品或解决方案，实现客户需求的有效满足。同时，客户的真实需求和期望也可以为企业提供创新的方向和动力，推动企业不断进步和发展。

总之，跟踪回访在客户服务中发挥着至关重要的作用，它不仅是维护良好客户关系的重要手段，更是提升企业竞争力不可或缺的环节。因此，企业应该重视跟踪与回访工作，通过回访与客户建立良好的沟通与互动，不断提升服务质量和市场竞争力。

（二）跟踪与回访的流程

在进行客户回访之前，我们需要进行周全的准备工作，以确保回访工作的顺利进行并达到预期效果，如图 5-3-1 所示。

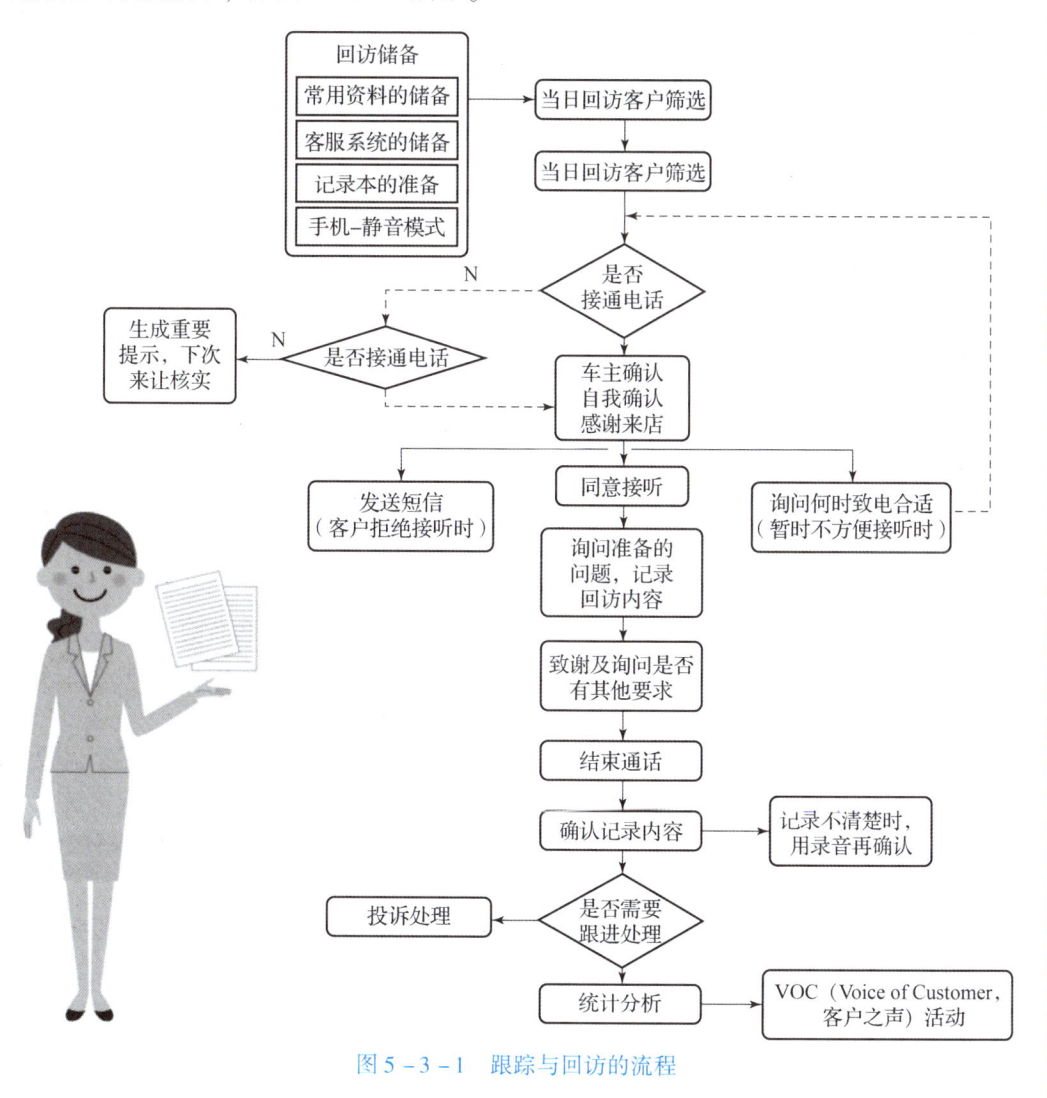

图 5-3-1　跟踪与回访的流程

以下是关键的准备工作要点：

（1）资料储备：客服人员应提前储备并熟悉常见资料，如产品介绍、公司简介和常见问题解答等。这样在回访中能迅速提供客户所需的信息，提升服务效率。

（2）技术保障：确保电话、网络等通信工具运行正常，这是保证回访工作顺利进行的基础设施。我们要尽量避免因技术问题影响回访效果。

（3）记录准备：为确保客户反馈和需求被完整、准确地记录，客服人员应携带并熟练使用记录本。这有助于后续对客户意见的整理和分析。

（4）静音模式：将手机置于静音模式能确保回访过程中不被打扰，让客服人员能全神贯注地与客户沟通。

（5）目标客户筛选：根据实际情况，筛选出需要回访的客户名单，可依据客户的购买记录、投诉情况等因素来选择，这样能更精确地满足客户需求和解决相关问题。

（6）执行回访：首先通过电话与客户取得联系，如果客户接听，则按照预设问题提问并记录；若电话未接，则通过短信简单沟通。无论哪种方式，都要保持礼貌、耐心，确保与客户保持良好的沟通关系。

（7）结束回访：在结束前向客户表示感谢，并询问客户是否其他需求或建议，为后续服务提供参考。礼貌地结束通话，给客户留下良好印象。

（8）后期处理：整理并确认回访记录，涉及客户投诉需明确是否需进一步处理。此外，将回访信息录入信息系统，以便后续的统计分析工作，为企业的营销活动提供数据支持。

这些是确保客户回访顺利、有效的关键准备工作，我们将严谨地遵循这些要点来为客户提供专业、贴心的服务。

（三）跟踪与回访的实施

在售后服务中，跟踪与回访是一个重要的环节，它可以帮助我们了解客户对维修服务的满意度，从而进一步提升我们的服务质量。在执行回访任务时，需要认真准备、细心沟通，确保回访工作的顺利进行。如图5-3-2所示。

第一，需要准备好客户资料及维修明细，以便在回访时能够准确了解客户的维修记录。这些资料可以通过内部系统或纸质文档获取，确保信息的准确性是至关重要的。

第二，在准备好资料后，就可以开始拨打客户的电话了。在电话接通后，需要确认对方是否为车主本人，以免打扰到非相关人员。通常可以通过礼貌的问候来拉近与客户的距离，例如："您好，我是×××店客服中心的××，请问您是湘×××的车主吗？"

第三，确认对方的身份后，需要向客户说明回访的目的和内容。通常可以使用专业、简洁的语言来描述回访的目的，例如："感谢您在××月××日选择了我们店，为您的爱车做了××项目，我们现在想针对这次的维修质量及服务做一次回访，大约耽误您3分钟左右的时间，您看方便吗？"

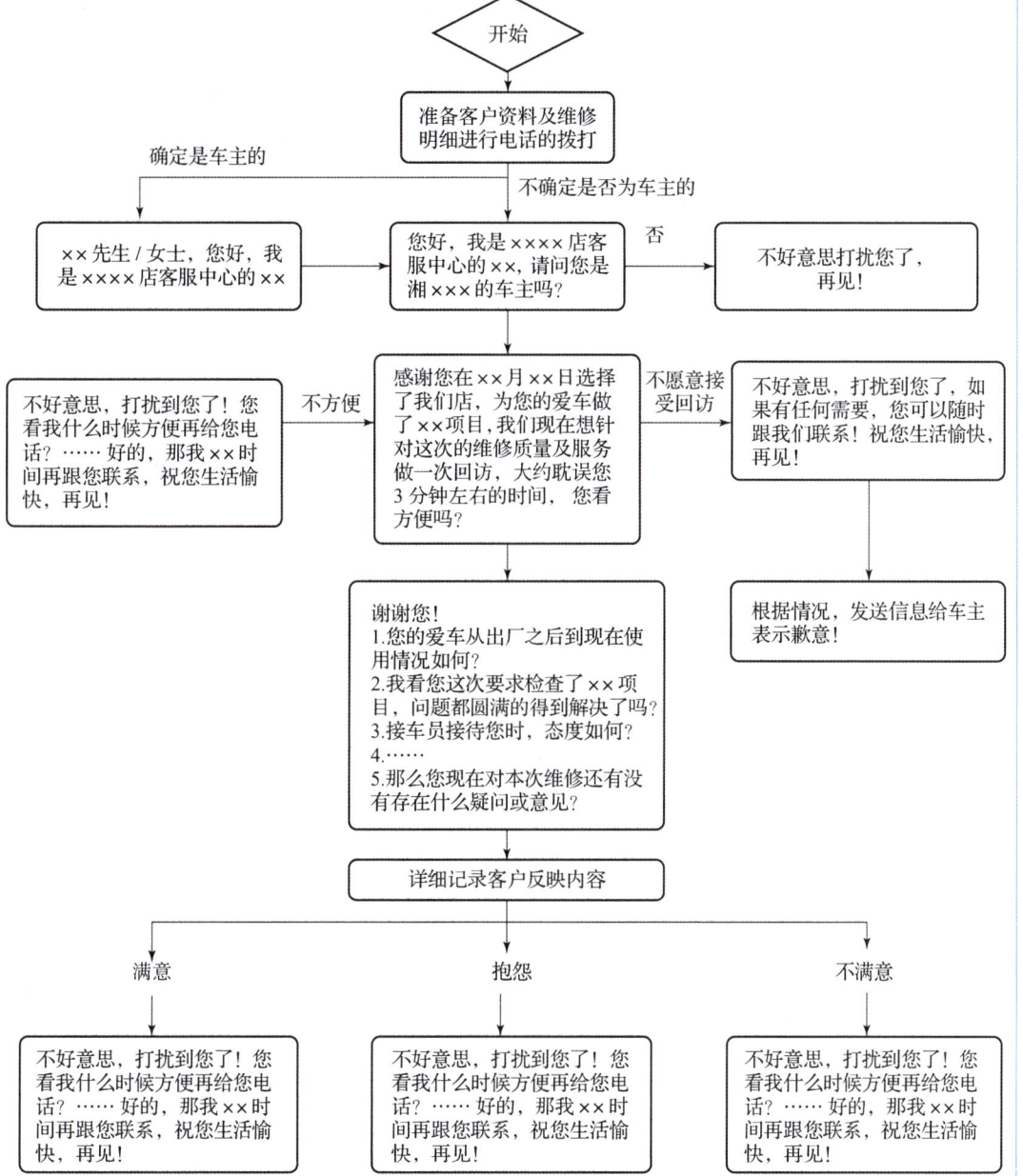

图 5-3-2 跟踪与回访的实施

第四，如果客户表示方便，就可以开始进行相关内容的提问。通常可以根据事先设计好的问题列表逐一询问客户，例如："您对我们维修技师的技术水平满意吗？""您对我们的维修质量满意吗？""您对我们的服务态度满意吗？"等等。

第五，在提问的过程中，需要认真倾听客户的回答，并做好记录。对于客户提出的问题或意见，需要进行分类和整理，以便后续的分析和改进。

第六，在结束回访前，需要再次确认客户的信息和意见，确保记录的准确性。此外，还需要向客户表示感谢，并邀请他们再次光临我们的店铺。

通过这样的跟踪回访流程，可以更好地了解客户的需求和期望，从而不断改进服务质量。同时，也可以通过客户的反馈来发现自身的不足之处，进一步提升专业水平和服务质量。

（四）跟踪与回访的技巧

在客户服务过程中，跟踪与回访是掌握客户满意度、需求及解决问题的关键环节。为实现回访效果的提升，以下提供一些实用的相关技巧。

1. 根据客户类型有针对性地选择回访问题

针对忠诚客户：此类客户高频次光顾门店，具有较好的品牌忠诚度，回访时可侧重于基本问候及对车辆状况进行了解。针对预约、接待、服务顾问、维修质量、休息室等环节，可有针对性地提问3~5个问题，助力门店提升服务质量。

针对摇摆客户：此类客户多为价值取向型，对维修质量和收费价格敏感。回访时需重点关注这方面的评价，否则可能导致客户流失。

针对流失客户：重点了解流失客户过去一年的用车情况及对门店的感受。若客户用车较少，可提醒保养的必要性；若客户流失至其他门店，则请教客户我方服务存在的不足，告知客户我方将努力改进，期待客户继续支持。

2. 掌握询问技巧

适度设置封闭式问题：采用限定回答的问题（如"您认为本店的接车员服务态度好吗？"），从特约店预设的基本问题入手。

合理设置开放式问题：提问能让客户自由发挥的问题［如"您的评价是（服务态度）不好（否），那么具体是哪些方面不好呢？"］，以便深入了解客户意见。

3. 针对客户不满的应对策略

从不满中挖掘客户心声，相较于提问挖掘意见更为直接。当客户表达不满时，应遵循以下询问方法：

（1）复述——重复对方话语，让客户安心，认为自己的不满被理解。

（2）转换说法——用另一种表述方式再次确认不满内容，避免误解。

（3）道歉及情感共鸣——在确认过程中表现出对客户不满内容的理解，尤其针对愤怒和担忧的情感，要让客户感受到强烈的共鸣。情感共鸣后，通过道歉和认同心情来转移情感。

4. 实施录音监听

定期对客服代表电话质量进行抽查，确保呼入和呼出电话接听质量。管理人员每日进行定量电话录音抽查，并对回访电话进行定量录音抽查，及时发现并解决问题，每周例会时进行分析，制定相应的改善方案。

课后测试

【单选题】

1. 在客户服务中，跟踪与回访的主要目的是什么？（　　）
   A. 提高客户满意度　　　　　　　　B. 增加企业收入
   C. 提升品牌知名度　　　　　　　　D. 扩大市场份额

2. 在跟踪与回访中,以下哪个环节最容易实现?(　　)
A. 深入了解客户需求　　　　　　　B. 提供个性化的解决方案
C. 建立长期稳定的客户关系　　　　D. 提高客户满意度
3. 在客户服务中,跟踪与回访的作用不包括以下哪个方面?(　　)
A. 增强客户信任度　　　　　　　　B. 提高客户满意度
C. 降低客户流失率　　　　　　　　D. 提升企业品牌形象
4. 在客户服务中,以下哪个因素对跟踪与回访的影响最大?(　　)
A. 企业规模　　　　　　　　　　　B. 产品或服务质量
C. 市场竞争状况　　　　　　　　　D. 企业文化
5. 在客户服务中,跟踪与回访的效果不取决于以下哪个因素?(　　)
A. 客户反馈的及时性　　　　　　　B. 企业对反馈的重视程度
C. 企业改进服务的质量和速度　　　D. 客户的文化背景和价值观

【判断题】
1. 通过回访,企业能够更好地了解客户需求。(　　)
2. 回访只是为了收集客户反馈,没有其他目的。(　　)
3. 在客户服务中,跟踪与回访的效果与客户的文化背景和价值观无关。(　　)
4. 在跟踪与回访中,最影响客户满意度的因素是企业形象。(　　)
5. 在客户服务中,跟踪与回访的效果与企业的投入成本无关。(　　)

模块3　客户流失与挽回

项目6　客户流失与恢复管理

项目概述

在企业的运营生态中,客户流失是一个不可回避的现象。客户的流失,不仅会对企业的商品市场占有率和销量带来直接冲击,同时也会对企业信誉和产品口碑产生深远的负面影响。我们必须正视这一现象,将其作为评估企业健康发展的重要指标。此外,其更提供了一个客观的视角,揭示了企业客户保留能力的真实状况。任何企业都难以确保所有客户始终保持忠诚,这也是客户流失存在的根本原因。因此,如何有效降低客户流失率,是每一家企业都必须认真对待和解决的重大问题。

学习目标

知识目标	能力目标	素养目标
1. 能描述客户流失的原因与影响; 2. 能解析客户流失预警机制; 3. 能描述流失客户的区分方法、挽留原则和挽留方法	1. 能根据客户信息,完成流失客户的区分与选择; 2. 能针对拟挽回客户,制定挽留方案; 3. 能依据相关流程,规范完成客户挽回的执行与跟进	1. 认同并始终执行"以客户为中心"的服务理念; 2. 有良好的环保、服务、质量意识和社会责任感; 3. 有较强的沟通表达能力、创新能力和协作能力; 4. 对品牌忠诚度高,发现、分析和解决问题能力强

学习框架

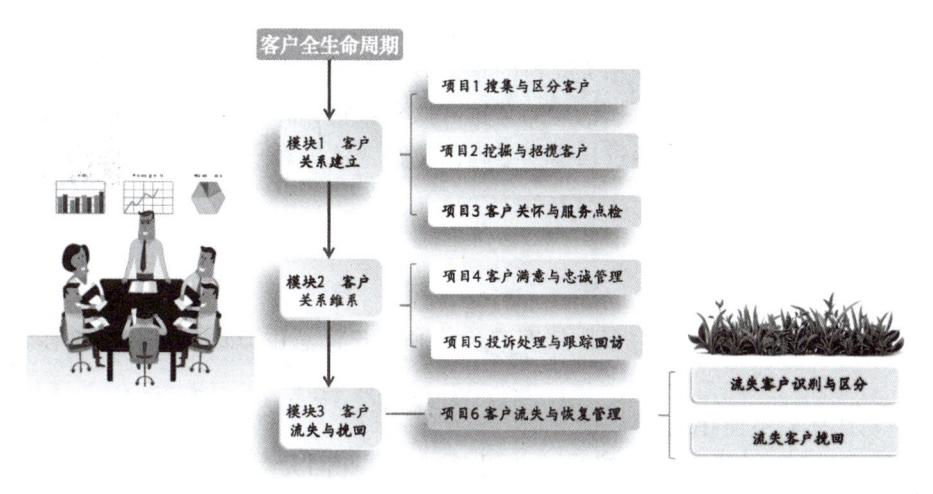

```
客户全生命周期
    │
    ├── 模块1 客户关系建立 ──┬── 项目1 搜集与区分客户
    │                    ├── 项目2 挖掘与招揽客户
    │                    └── 项目3 客户关怀与服务点检
    │
    ├── 模块2 客户关系维系 ──┬── 项目4 客户满意与忠诚管理
    │                    └── 项目5 投诉处理与跟踪回访
    │
    └── 模块3 客户流失与挽回 ── 项目6 客户流失与恢复管理 ──┬── 流失客户识别与区分
                                                  └── 流失客户挽回
```

任务6-1　流失客户识别与区分

任务背景

随着客户车辆生命周期的延续，客户流失似乎已成为一种必然趋势。如果我们不知道如何去关注和管理这部分客户，"流失"必将变为永久的"失去"。作为企业我们应当更加重视客户流失率，这个指标可以反映出业务运营的情况，也是衡量客户对产品/服务满意度的重要标准。

任务描述

对于4S店的维修保养业务，在保修期内，4S店的客户流失率相对较小。但过完保修期以后，客户流失数量随着时间推移越来越多。请分析，造成这种现象的原因有哪些？在保修期内和保修期外，客户流失的原因有分别有哪些？

项目6　客户流失与恢复管理　217

任务准备

（一）课前热身

掌握客户流失识别与区分相关知识的学生能够更好地理解客户需求和行为特征，为企业提供更加精准的营销和服务策略，降低客户流失率。具体如何来做呢？请通过扫描二维码，观看"流失客户识别与区分"系列微课。

微课
流失客户识别与区分

（二）任务分析

1. 客户流失的原因分析

企业客户流失的原因有很多，从客户价值和客户满意度方面来看，主要有以下几类原因：

1）初次体验不佳导致的流失

原因：客户在首次购车或接受相关服务时，可能因为对汽车性能、配置、价格、服务质量等方面的不满意而放弃该品牌。

分析：高度重视客户初次体验，从销售到售后服务都要确保提供高品质的产品和服务，以减少因初次体验不佳导致的客户流失。

2）易用性障碍导致的流失

原因：汽车的操作复杂、界面不友好或信息不清晰都可能导致客户在购车后选择其他品牌。

分析：注重产品的易用性设计，简化操作流程，提供清晰、准确的信息，提高用户满意度，降低因易用性障碍导致的客户流失。

3）竞品拉力导致的流失

原因：市场上其他汽车品牌可能因为更好的性能、更优惠的价格或更有效的营销策略而吸引客户。

分析：关注市场动态和竞品情况，优化自身产品、服务和营销策略，提高竞争力，以减少因竞品拉力导致的客户流失。

4）员工离职导致的流失

原因：汽车销售和售后服务人员的离职可能带走一部分客户，或者员工的服务质量不高、态度不佳导致客户不满和流失。

分析：应重视员工培训和管理，建立良好的企业文化和激励机制，提高员工忠诚度。同时，优化客户服务流程和标准，提高客户满意度。

5）自然流失导致的流失

原因：随着时间的推移，客户的购车需求和偏好可能会发生变化，他们可能因为换购新车、购买其他品牌车型或选择不购买新车而流失。

分析：关注长期客户关系管理，通过提供个性化的产品和服务解决方案，以及持续的市场营销活动，降低自然流失率。

6）细节的疏忽

原因：在工作中由于细节的疏忽往往会导致客户的流失。例如，不及时的保养提醒、不专业的维修服务、不完善的客户信息管理、不合理的收费等都可能导致客户的不满和流失。

分析：应关注服务细节，确保提供专业、周到的服务。同时，建立完善的客户信息管理系统，及时收集和处理客户反馈，改进服务流程和标准，以减少因细节疏忽导致的客户流失。

2. 汽车企业如何判断用户流失

在汽车销售与服务的世界里，客户的心意飘忽不定，如同流水般难以捉摸。然而，细心的观察者会发现，当客户开始考虑离开时，总会有些许预警信号悄然浮现。它们是客户流失的先兆，也是挽回客户的关键契机。

1）维修保养次数减少

当某位车主的定期维修保养次数悄然减少时，这不仅仅是一个简单的数字变化，它可能意味着客户正在考虑另觅良驹。对于我们这些身处汽车销售与服务行业的人来说，这无疑是一个强烈的警报，提醒我们必须迅速采取行动，了解客户的真实需求，以免失去这个宝贵的客户。

2）保险到期未续费

如果某位车主的保险到期后迟迟未续费，这可能意味着他们对当前的保险方案或服务商产生了疑虑。保险，作为车主权益的重要保障，它的变化往往牵动着车主的心。一旦车主选择暂停续费，这很可能是他们对现有服务不满的直接体现。

3）长期未联系

如果某位车主在一段时间内未曾与我们联系，这往往意味着他们可能已在考虑更换品牌或转向其他服务渠道，这样的沉默往往比激烈的抱怨更让人担忧，因为它代表了客户的离去可能已成定局。

4）在保险期内未回厂维修

在保险期内未回厂维修，或在保险期内出现事故却未告知我们，这些细节都揭示了车主可能对我们的服务产生了保留意见。客户的沉默和疏远，无疑是最大的警钟。

5）保险期内出现事故未通知

如果某位车主选择从传统的经销商渠道转向其他购车方式，这无疑是一个强烈的信号，表明他们对当前的购车体验或品牌产生了不满。对于我们而言，这是一个急需关注的问题，因为它关系到客户的信任和我们的业务发展。

总而言之，每一个预警信号都值得我们密切关注。只有通过细致的观察和及时的处理，我们才能避免客户的流失，保持我们的业务持续发展。这不仅是出于商业利益的考量，更是对客户信任的尊重和珍视。在变化莫测的市场中，唯有用心观察、真诚服务，我们才能与客户的信任并肩前行。

3. 流失客户的防范

为确保客户不流失，企业应重视提升核心客户的满意度，进而塑造客户忠诚度。具体措施如下：

1）实施全面质量管理

全面质量管理是提供优质产品与服务的关键所在。在关系营销中，核心目标在于实现客户满意度的最大化，为客户创造更多价值，并提供有品质的产品或服务。为建立持久的客户关系，企业必须有效控制影响质量的全环节与因素，确保产品或服务能够满足甚至超越客户的期望。

2）重视客户抱怨管理

客户抱怨是反映企业产品或服务问题的直接信号，这些抱怨表明企业的管理和服务存在缺陷。企业不应敌视或忽视这些抱怨，因为客户的抱怨有助于企业发现自身的问题，推动企业进行改进，提高客户满意度。

3）提高内部客户满意度

员工满意度与产品或服务质量息息相关。海底捞火锅的成功经验表明，提高员工满意度能够促使员工提供更优质的服务，从而提高客户满意度。企业管理者应认识到，员工是直接与客户接触的关键人员，提高员工满意度有助于增强企业的竞争力。

4）建立以客户为中心的组织结构

与客户建立持久忠诚的关系是企业的重要目标。为实现这一目标，企业需要构建一个以客户为中心的组织结构，确保各部门和员工都能以客户满意为导向，为客户提供更好的体验和价值。

5）建立客户关系评价体系

对客户关系进行定期评价是防范客户流失的重要环节。通过评价，企业可以识别出客户关系中最稳固和最薄弱的部分，以及最易接纳的客户关系和需要加强的部分。这有助于企业及时采取措施，加固客户关系，防止客户流失。

任务实施

根据任务描述，对照下方的要求完成"流失客户分析表"任务。

步骤一：分析客户流失原因

提示：找出用户流失的真正原因，可以通过问卷调查、用户访谈、数据分析等方式获取用户反馈，了解用户的真实需求和期望。

序号	客户流失原因分析	如何判断客户流失
1	例：产品或服务质量差	维修保养次数减少

步骤二：设计流失客户防范

提示：设计改善措施，即在了解用户流失原因的基础上，需要设计相应的改善措施。这需要根据不同的原因采取不同的策略，例如优化产品设计、提升服务质量、加强用户体验等。

序号	客户流失原因	防止客户流失（建议）
1	例：产品或服务质量差	提高产品质量和服务水平，加强与客户的沟通和反馈

任务评价

小组派出代表，汇报本小组所选定的流失客户分析情况，展示分析成果，并完成客户流失分析任务评价表6-1-1。

表6-1-1 客户流失分析任务评价表

	评定指标	权重	评价				
			第1组	第2组	第3组	第4组	第5组
总体评价	1. 流失客户信息收集及整理情况 （数据完整性、信息准确性、分析客观性）	5					
	2. 客户流失的原因分析情况 （准确、规范地完成产品相关特征分析）	7					
	3. 客户流失的改善方案设计 （方法正确、结果有效、建议合理）	15					
	4. 任务整体完成质量 （任务完成进度、作品质量）	8					
	5. 成果展示汇报效果 （PPT版面、展示风采）	5					
过程评价	1. 计划完整，准备充分，执行有序	3					
	2. 相关信息、数据记录完整、整洁	4					
	3. 问题设计合理、话术设计恰当	7					

续表

评定指标		权重	评价				
			第1组	第2组	第3组	第4组	第5组
过程评价	4. 与客户沟通，言行举止规范到位	4					
	5. 能抓住客户反馈信息的关键	7					
	6. 对客户特征分析全面、合理	7					
	7. 相关方法运用熟练	7					
	8. 对客户等级评估合理	7					
	9. 能抓住客户的心理，并提出建议	7					
	10. 小组分工合理，合作能力强	7					
合计							
主要收获	(本组在本任务训练过程中的主要收获或经验)						
问题与建议	(本组在任务完成过程中所遇到的问题、原因分析及改进建议)						

知识链接

（一）客户流失的概念

简单来讲，客户流失是指企业失去原有客户，导致他们转向购买其他企业的产品或服务。

客户流失与客户保持是相对的概念。当企业无法保持原有的客户关系时，客户就会转向其他的供应商，那么从企业角度来看，就是发生了客户流失。

有关调查显示，一个传统企业平均每年有10%～30%的客户在自然状态下流失，电商平台企业则更多。但很多企业并不知道失去的是哪些客户、什么时候失去的，也不知道为什么失去，更不知道这样会给他们的销售收入与利润带来多大的影响。根据美国营销学者赖克海德与萨瑟的理论，一个企业如果将其客户流失率降低5%，利润就能增加25%～85%，如图6-1-1所示。可见，对于企业来讲，认真分析研究，积极采取措施，防止客户流失具有十分重要的意义。

图6-1-1　一个忠诚客户带来的营业额分析

由于当今市场竞争激烈以及客户消费的个性化，许多企业管理者都会把这种流失看作是自然而然的现象，并没有给予高度重视。事实上，客户流失对于企业来讲，就像摩擦力对于机械系统的作用，摩擦力损耗着机械系统的能量，客户流失则不断消耗着企业的人力、物力、财力，如图6-1-2所示。如果没有引起管理层的高度重视，一个成功的企业也会慢慢遭遇危机。

图6-1-2　客户流失的损失（摩擦系统）

（二）客户流失的识别

企业应该如何识别客户流失呢？一般可借助下列指标进行定量分析。

1. 客户指标

客户指标是指以客户为基础的测量方法得出的指标，主要包括客户流失率、客户保持率和客户推荐率等。

1）客户流失率

客户流失率是客户流失的定量表述，是判断客户流失的主要指标，它直接反映了企业经营与管理的现状。

客户流失率的计算公式为

客户流失率 = 客户流失数/消费人数 × 100%

2）客户保持率

客户保持率是客户保持的定量表述，也是判断客户流失的重要指标之一，它反映了客户忠诚的程度，也是企业经营与管理业绩的一个重要体现。

客户保持率的计算公式为

$$客户保持率 = 客户保持数/消费人数 \times 100\%$$

客户流失率与客户保持率分别从企业客户保持状况的两端进行衡量，这两个指标之间是此消彼长的关系，呈反方向变动，二者之和恒为1。

客户保持率与客户流失率的关系为

$$客户保持率 = 1 - 客户流失率$$

3）客户推荐率

客户推荐率是指客户消费产品或服务后介绍他人消费的比例。客户流失率与客户保持率、客户推荐率成反比。企业管理人员可以通过客户调查问卷和企业日常记录等方式获得客户指标信息。

2. 市场指标

市场也是衡量客户流失程度的有效手段。简单来讲，市场扩大意味着客户流失相对较少，市场缩小意味着客户流失相对较多。市场指标主要包括市场占有率、市场增长率、市场规模等。通常，客户流失率与此类指标成反比。企业管理人员可通过市场调查与预测统计部门获得市场指标信息，如图6-1-3所示。

调查问卷

Q1：请问您有多长时间未到本店保养维修了？
　　□7~9个月　　□10~12个月　　□1~1.5年　　□1.5~2年　　□2年以上
Q2：请问您不选择我店进行保养维修的原因是什么？
　　□服务差维修　　□质量不好　　□维修价格高　　□配件油品质量差
　　□地点不方便　　□公司指定　　□等待时间长　　□其他
Q3：请问您有定期保养的习惯吗？　　□有　　□没有
Q4：请问您通常到哪里维修？
　　□同品牌其他4S店　　□其他品牌特约维修站　　□大型社会修理厂　　□个体修理店　　□连锁维修店
Q5：您认为这些地方配件和维修质量有保证吗？　　□有　　□没有
Q6：您愿意继续收到我们发出的优惠宣传短信吗？　　□愿意　　□不愿意
Q7：什么情况下您会选择回我店保养维修？
　　□4S店进行了邀约　　□外面无法处理的疑难故障　　□4S店在我家附近有维修点
　　□4S店维修价格下浮　　□保险公司强制要求
Q8：以下方面您希望服务店做到哪点？
　　□地理位置更便捷　　□维修技术能力更强　　□服务态度更优秀
　　□工作效率更高　　□与车主的联系更密切　　□其他建议

图6-1-3　市场调查统计

3. 财务指标

财务指标也是衡量客户流失程度的指标之一。财务指标主要包括收入利润指标，如销售收入、净利润、投资收益率等。通常，客户流失率与此类指标成反比。企业管理人员可通过营业部门和财务部门获得财务指标信息。

4. 竞争力指标

在激烈的市场竞争中，一个企业所流失的客户必然是另一个企业所获得的客户。因此，想要判断企业的竞争力，就需要了解该企业的客户流失率。通常，竞争力强的企业，客户流失的可能性要小些。企业管理人员可借助行业协会所开展的各类活动（如排名、达标、评比等）或权威部门和人士所发布的统计资料获得竞争力指标信息。

（三）对不同级别客户流失的态度

在面对客户流失的情况时，企业需要保持理性，明确并非所有流失的客户都是企业的核心客户。如果企业花费大量时间、精力和费用去挽回无法为企业带来盈利的客户，这并不符合企业的长远利益。在资源有限的环境下，企业应基于客户的重要性进行资源分配，以最大程度地提升挽回效益。

具体而言，针对不同级别的流失客户，企业应采取相应的基础态度和策略。

1. 对关键客户的流失要极力挽回

一般来说，流失前能够给企业带来较大价值的客户被挽回后也将给企业带来较大的价值。因此，能够给企业带来较大的利益或价值的客户称为关键客户，他们是企业的基石，失去他们，轻则会给企业造成重大的损失，重则伤及企业的元气。所以企业要不遗余力地在第一时间将关键客户挽回，而不能任其流向竞争对手，这也是企业必须做和不得不做的事情。

2. 对普通客户的流失要尽力挽回

普通客户的重要性仅次于关键客户，而且普通客户还有升级的可能，因此，对普通客户的流失要尽力挽回，使其继续为企业创造价值。

3. 对小客户的流失可见机行事

由于小客户的价值低，对企业要求又很苛刻，数量多且很零散，因此，企业对这类客户可采取冷处理，顺其自然的态度。如果不用很吃力，或者是举手之劳，则可以试着将其挽回。

4. 彻底放弃根本不值得挽留的流失客户

以下情形的流失客户就根本不值得挽回：不可能再带来利润的客户；无法履行合同规定的客户；无理取闹，损害了员工士气的客户；需要超过了合理的限度，妨碍企业对其他客户服务的客户；声望太差，与之建立业务关系会损害企业形象和声誉的客户。

【典型案例】

流失之水，归来之途

在一个古代的王国里，有一座以精美的陶瓷制品而闻名的村落。村里的陶工们技艺高超，他们的作品受到了商人和游客们的青睐。然而，随着时间的推移，村子里的陶瓷制品质量逐渐下降，商人们开始转向其他地方采购更高质量的陶瓷制品。村子的销量急剧下降，陶工们的生活变得困难。

动画
流失之水，归来之途

村子的村长深感危机，他明白只有重新赢得商人们的信任，才能挽救村子的陶瓷业。于是，他采取了一系列措施。首先，他组织了一次陶瓷制品展览会，邀请商人们前来参观，展示村子的优秀作品。同时，他也聘请了一位陶瓷大师来指导村里的陶工，提升他们的技艺。

在村长的努力下，村子的陶瓷制品质量得到了显著提升。商人们重新发现了村子的优秀制品，纷纷重返这个村子进行贸易。村子的销量逐渐恢复，陶工们的生活也变得富裕起来。然而，村长并没有因此满足，他深知要保持长久的繁荣，必须不断关注市场需求和趋势。于是，他组织了定期的市场调研，了解商人们的需求，并根据市场的变化调整陶瓷制品的设计和风格。他还鼓励陶工们进行创新，开发出更多独特的陶瓷制品。

这个故事告诉我们，客户流失是一个严重的危机，需要我们及时采取措施。只有不断提升产品质量、关注市场需求，才能重新获得客户的信任。

总之，对有价值的流失客户，企业应当竭力、再三挽回，最大限度地争取与他们"破镜重圆""重归于好"。对其中不再回头的客户也要安抚好，使其无可挑剔、无闲话可说，从而有效地阻止他们散布负面评价而造成不良影响，而对没有价值甚至是负价值的流失客户，则抱放弃的态度。

（四）改善客户流失的策略

通过客户流失防范措施，企业可以最大限度地避免客户的流失。但是，仍会有一些客户离开，导致客户关系破裂。当客户流失已成既定事实，企业不应该气馁，应积极采取措施，尽最大努力挽留有价值的流失客户，争取他们的有效回归。

1. 分析流失原因，缓解客户不满

首先，企业要积极与流失客户联系，访问流失客户，诚恳地表示歉意，以缓解他们的不满情绪；其次，要了解客户流失的原因，弄清问题究竟出在哪里，并虚心听取他们的意见、看法和要求，让他们感受到企业的关心，为他们提供反映问题的机会。

2. 采取对应措施，挽回流失客户

对于具有重要价值的流失客户，即使数量有限，企业也必须给予充分关注，并采取相应的挽回措施。这些措施主要包括：一是与特定客户进行一对一的沟通或对话，深入了解其需求和不满；二是向这些客户提供恢复业务关系的优惠条件，以吸引他们重新建立合作关系。针对不同流失原因，企业应采取相应的策略，以便最大限度地恢复客户关系。在解决客户不满的同时，应尽量满足其个性化需求，以尽早挽回流失客户，确保企业业务的稳定发展。

3. 做好分类分层，区别对待客户

对不同级别的客户流失采取不同的态度。企业应该根据客户的重要性分配投入挽留客户的资源，挽留的重点是那些最能盈利的流失客户，这样才能达到挽留效益的最大化。针对不同级别的流失客户，企业应当采取的基本态度：对重要客户要极力挽留；对关键客户要尽力挽留；对普通客户的流失可见机行事；基本放弃对小客户的挽留。

在产品的早期阶段（0~3个月），需密切关注客户流失与产品采用情况。在此阶段，流失的客户通常较难挽回，他们可能未充分使用我们提供的工具或服务。

在中期阶段（3~12个月），客户流失通常源于企业的售后服务没有跟进，客户缺乏对企业的信任。为应对此问题，我们需要与客户保持定期互动，确保他们了解实现目标的过程与进度。

在后期阶段（12个月之后），客户流失可能是由于他们找到了更好的选择、未看到产品或服务的扩展价值，为避免这种情况，我们应持续关注升级和发展这些客户，同时思考如何为此类客户提供附加价值，以提高其忠诚度。

4. 甄别客户价值，学会勇于放弃

通过甄别客户价值，企业应该勇于放弃一些流失客户，不值得挽留的流失客户有以下几种：不可能带来利润的客户；无法履行合同规定的客户；损害员工士气的客户；声望太差，与之建立业务关系会损害企业形象的客户。对于这些不值得挽留的客户，企业要果断放弃。

【选择题】

1. 在面对客户流失时，企业最应该采取的策略是（　　）。
   A. 极力挽回所有流失的客户　　　　B. 冷处理，顺其自然
   C. 识别关键客户并尽力挽回　　　　D. 不采取任何措施
2. 以下哪种客户流失是企业应当极力挽回的？（　　）
   A. 普通客户　　　　　　　　　　　B. 小客户
   C. 关键客户　　　　　　　　　　　D. 无理取闹的客户
3. 当企业资源有限时，以下哪种做法最合理？（　　）
   A. 平均分配资源给所有客户　　　　B. 优先考虑关键客户的需求
   C. 放弃挽留无价值的客户　　　　　D. 对流失的客户不闻不问
4. 对于流失的客户，以下哪种做法是正确的？（　　）
   A. 立即放弃，不再关注
   B. 尝试了解流失原因，并采取相应措施
   C. 对所有流失客户一视同仁
   D. 只关注大客户的流失
5. 当客户表达不满时，企业应该（　　）。
   A. 忽视客户反馈
   B. 及时回应并解决客户问题
   C. 试图转移话题
   D. 减少与客户的沟通
   E. 减少广告投入

【判断题】

1. 企业应该花费大量资源去挽回所有流失的客户，无论其价值如何。（　　）
2. 在面对客户流失时，企业应该首先分析流失原因，并采取相应措施。（　　）
3. 普通客户和小客户的流失对企业影响不大，不需要特别关注。（　　）

4. 企业应该对所有流失的客户都进行深入分析，以了解流失原因。（　　）
5. 客户流失是企业发展中不可避免的现象，因此不需要采取任何措施。（　　）

【填空题】
1. 在客户关系管理中，_____是指企业未能满足客户的需求或期望，导致客户对企业不满并转向其他竞争对手。
2. 企业挽回流失客户的成功与否，关键在于能否有效地识别和区分不同级别的客户流失，并采取相应的策略。其中，_____是企业最应该关注的客户群体。
3. 对关键客户的流失要_____。
4. 对普通客户的流失要_____。
5. 对小客户的流失_____。

【简答题】
1. 请简述企业如何识别和区分不同级别的客户流失，并给出相应的挽回策略。
2. 为什么挽留有价值的流失客户对企业至关重要？请给出理由。

任务6-2　流失客户挽回

任务背景

当客户对产品或服务产生不满或失去兴趣时，他们往往选择离去，这对企业的发展构成了严峻的挑战。客户流失率是企业特别关注的一个指标，直接关系到企业的盈利情况和市场地位。为确保客户的忠诚度和满意度，企业必须采取一系列有效的措施来挽回流失的客户，从而确保企业的持续发展。

任务描述

对于4S店的维修保养业务，在质保期后，大量汽车客户转移至价格低廉的维修站。经分析，4S店在配件价格、维修工时上并不占优势，4S店所用配件一般为原厂配件，价格较高、工时费透明，与一般维修站比起来价格高昂，导致中、低档汽车大量转移至非授权修理厂，从而导致客户流失。针对这种情况，4S 店如何采取有效的策略和方法挽回客户呢？

任务准备

（一）课前热身

学习流失客户挽回知识内容，可以更深入了解挽回流失客户的策略和实践方法，培养在实际情境中应用理论知识的能力。在客户挽回的过程中，我们需要分析客户流失的原因，并制定相应的解决方案。具体如何来做呢？请通过扫描二维码，观看"流失客户挽回"系列微课。

微课
流失客户挽回

（二）任务分析

您可能会思考，为何我们需要计算流失率。在不少人眼中，企业在经营过程中流失客户似乎是常态，但这并不意味着我们应该忽视客户流失的重要性。事实上，客户流失对企业的影响是非常关键的，获取新客户的成本往往高于保留现有客户的成本。一个微小的客户保留率增长，例如5%，便有可能带来至少25%的利润增长。回头客在与我们的交易中，其花费较初次购买可高出67%。由此，我们得以降低为获取新客户所投入的运营成本。对老客户而言，我们无须再费心说服他们选择我们而非竞争对手，因为他们已经做出了选择。

（一）客户关系恢复的措施

在市场竞争不断加剧的同时，客户的忠诚度也在持续下降，而获得新客户的成本却在不断上涨。以获得新客户和保持现有客户为主的传统的客户关系管理必须通过客户关系恢复来提高客户的市场占有率。如何通过客户关系恢复管理来实现企业的高收益是企业开展客户关系管理必须解决的问题。一般来说，企业可以通过以下措施来恢复客户关系。

1. 访问流失的客户，争取把流失的客户找回来

其具体方法包括以下几点：

（1）设法记住流失客户的名字和地址。

（2）在最短的时间内用电话联系或直接访问。访问时，应诚恳地表示歉意，送上鲜花或小礼品，并虚心听取他们的看法和要求。

（3）在不愉快和不满消除后，记录他们的意见，共同商议满足要求的方案。

（4）满足其要求，尽量挽回流失的客户。

（5）制定措施，改进企业工作中的缺陷，预防问题再发生。

（6）想尽一切办法比竞争对手做得更多、更快、更好一些。

2. 正确处理客户投诉，提高解决客户投诉问题的效率

其具体步骤包括以下几点：

（1）道歉。让你的客户知道，你为给客户带来不便而抱歉，即便这并不是你的过错，也不管这是谁的过错，你所要做的第一件事就是向客户道歉。你还需要告诉他们，你将完全负责处理客户的投诉。

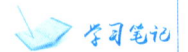

(2) 复述。用自己的话把客户的抱怨复述一遍，确信你已经理解了客户抱怨之所在，而且对此已与客户达成一致。如果可能，请告诉客户你愿想尽一切办法来解决他们提出的问题。

(3) 移情。当与客户的交流达到一定境界时，你会自然而然地理解他们提出的问题，并且会欣赏他们的处事方式。你应当强调，他们的问题引起了你的注意，并愿意给你改正这一问题的机会，对此你感到很高兴。

(4) 补偿。尽所能满足客户，只要不是拿走整个商店，你可以提供给客户他想从你这里、需要从你这里、期望从你这里得到的任何东西。在你解决了客户的抱怨后，你还可以送给他们其他一些东西，比如优惠券、免费礼物及同意他廉价购买其他物品等。

(5) 跟踪。客户离开前，看客户是否已经满足。然后，在解决了投诉的一周内，打电话或写信给他们，了解他们是否依然满意，你可以在信中夹入优惠券。一定要与客户保持联系，尽量定期拜访他们。

(6) 想方设法一定要比竞争者做得更多、更快、更好一些，这样才会给客户留下深刻的印象，客户也才会投给企业更多的货币选票。

(二) 着眼于长远的永久性措施应打好八张牌

1. 理念牌

理念牌，即树立客户满意理念。近年来，成功企业经营实践表明：客户满意是企业活动的基本准则，是企业获取竞争优势的锐利武器。

2. 产品牌

产品牌，即提供令客户满意的产品。这就要求销售人员能识别自己的客户，调查客户的现实和潜在的要求，分析客户购买的动机、行为、能力，从而确定产品的开发方向与生产数量，进而提供适销的产品来满足或超越他们的需求和期望，使其满意。

3. 服务牌

服务牌，即提供令客户满意的服务。

4. 员工牌

员工牌，即充分调动企业员工的积极性、主动性和创造性，使其充分参与企业的经营管理活动，从而激发其成就感、事业感和自豪，最终实现由员工满意向客户满意的转变。

5. 形象牌

形象牌，即在客户和社会公众中树立、维持和提升企业形象。良好的企业形象既可以创造客户消费需求，增强企业筹资能力，又可以改善企业现状，开拓企业未来。

6. 管理牌

管理牌，即通过加强内部自身管理和外部客户管理，来赢得更多的客户与市场，获得更大的经济效益与社会效益。管理是现代企业前进的两大车轮之一，管理也是生产力。

7. 创新牌

创新牌，面对瞬息万变的市场环境，面对个性化、多样化的客户需求，面对优胜劣汰的游戏规则，企业唯有不断地创新，才能持续地发展与壮大。

8. 客户联盟战略牌

客户联盟战略牌，即与客户建立一种互相依赖、长期稳定、利益共享、风险共担的战略联盟关系。

任务实施

根据任务描述，对照下方的要求完成"挽回客户流失计划"任务。

步骤一：挽回此类型流失客户的措施

序号	客户流失的原因	挽回的措施
例1	客户对品牌形象不满意	加强品牌形象建设及品牌知名度

步骤二：挽回客户的策略流程

挽回客户的策略流程		
序号	挽回客户流失流程	挽回的策略
例1	识别流失客户	分析客户数据，识别流失客户

项目6 客户流失与恢复管理

步骤三：客户特征做综合性分析，并给出挽回方法

客户特征综合性分析	挽回方法

任务评价

小组派出代表，汇报本小组所选定的流失客户分析情况，展示分析成果，并完成客户流失管理任务评价表 6-2-1。

表 6-2-1 客户流失管理任务评价表

	评定指标	权重	评价				
			1组	2组	3组	4组	5组
总体评价	1. 流失客户信息收集及整理情况 （数据完整性、信息准确性、分析客观性）	5					
	2. 客户流失的原因分析情况 （准确、规范地完成产品相关特征分析）	7					
	3. 客户流失的改善方案设计 （方法正确、结果有效、建议合理）	15					
	4. 任务整体完成质量 （任务完成进度、作品质量）	8					
	5. 成果展示汇报效果 （PPT 版面、展示风采）	5					

续表

评定指标		权重	评价				
			1组	2组	3组	4组	5组
过程评价	1. 计划完整，准备充分，执行有序	3					
	2. 相关信息、数据记录完整、整洁	4					
	3. 问题设计合理、话术设计恰当	7					
	4. 与客户沟通，言行举止规范到位	4					
	5. 能抓住客户反馈信息的关键	7					
	6. 对客户特征分析全面、合理	7					
	7. 相关方法运用熟练	7					
	8. 对客户等级评估合理	7					
	9. 能抓住产品的心理，并提出建议	7					
	10. 小组分工合理，合作能力强	7					
合计							
主要收获	(本组在本任务训练过程中的主要收获或经验)						
问题与建议	(本组在任务完成过程中所遇到的问题、原因分析及改进建议)						

知识链接

（一）客户恢复的概念

客户关系恢复管理是企业旨在挽救客户关系或争取与流失客户恢复业务而采取的各项措施的计划、实施和控制。目标是充分挖掘客户的潜力，尽可能降低不满意客户的流失给企业带来的不良影响，认真分析客户流失的原因，总结经验教训，改进企业的产品和服务，最终与这些客户重新建立正常的业务关系。

客户关系恢复管理一般可以分为三个阶段：前期分析、中期实施、后期考核。

1. 前期分析

在客户关系恢复的前期分析阶段，企业首要的工作就是要对客户流失的原因和价值进行分析，并根据分析的结果对流失的客户进行细分，以针对特定的客户采取相应的措施。接下来，企业要结合客户流失原因分析和客户价值分析，来确定哪些客户关系是可以放任流失的，而哪些客户关系是需要重新争取并尽量与之恢复业务关系的。

2. 中期实施

通过前期分析阶段判断出哪些流失的客户对企业来讲是有必要重新争取并积极恢复关系的，这是客户关系恢复的第一步，此外，企业还要结合自身的情况"对症下药"，这就进入了第二个阶段：中期实施。企业可以通过以下一些措施来开展中期实施的工作。

（1）针对大量流失的客户，企业可以通过全面提高质量管理和重视客户抱怨管理的措施来促进客户关系恢复。

（2）针对有价值的个别流失的客户，企业可以通过与特定客户进行个别沟通或对话或向特定客户提供恢复业务关系的优惠条件来进行客户关系恢复。

3. 后期考核

为了保证资源利用的合理性，并获得较好的收益，企业有必要对客户关系恢复的管理工作进行后期考核，即对企业开展客户关系恢复管理的成本和效益进行分析。

在后期考核阶段，通过对成本和效益进行分析，企业可以对客户关系恢复管理工作进行考核，统计客户关系恢复的成功率，并计算客户关系恢复管理的收益与成本之间的比率。考核的结果不仅可以对本次过程进行评价，更重要的是可以为将来的客户关系恢复管理提供参考、总结经验，并提高客户关系恢复的成功率，最大限度地降低成本。

【典型案例】

重返辉煌之道

遥远的古代，曾有一家名为锦绣阁的丝绸商行，以精湛的工艺和卓越的品质闻名遐迩。然而，岁月流转，锦绣阁渐失往日光辉，几近破产。

锦绣阁的店主初时认为客户流失仅为个别现象，认为即使客户流失了，商行的口碑和品质也足以能挽回流失的客户。然而，事与愿违，越来越多的客户选择了其他商行，锦绣阁的生意每况愈下。

动画
重返辉煌之道

随着时间推移，店主开始意识到问题的严重性。他发现商行销售额急剧下滑，客户投诉和不满情绪日益加剧，店里的伙计士气低落，丝绸销量下滑。同时，他发现竞争对手在市场上迅速崛起，锦绣阁的市场份额逐渐被蚕食。

在生死存亡的关头，一位智者告诉他，欲挽回客户，必先了解客户流失的原因。经过深入地了解情况，分析发现客户流失的主要原因：一是竞争对手推出了新款丝绸，吸引了年轻客户；二是商行价格较高，部分客户认为性价比不高；三是部分客户对商行服务不满，认为服务态度冷漠。

面对如此严峻的问题，店主做出了一系列改进。他组织丝绸织工研发新的丝绸品种，推出了一些具有特色的新品丝绸，使得一些追求新颖独特的年轻客户开始重新光顾锦绣阁。他为了提高性价比，调整了定价策略，推出了更多中档丝绸品种，满足了价格敏感顾客的需求。他还加强了与丝绸织户的合作，确保丝绸质量稳定可靠。经过努力，终于摆脱了困境，重新站上了行业的巅峰。

这个故事告诉我们，不同的客户要有不同的挽回策略，需针对他们的需求和痛点，制定出个性化的解决方案。

（二）客户流失的分类

客户流失的分类方法有多种，可以从不同维度进行划分。以下是按时间、原因、价值和状态等维度分类的方法。

1. 按时间分类

（1）短期流失：短期内未进行购买或使用服务的客户。
（2）长期流失：长时间未与品牌或服务有任何互动的客户。

优点	• 时间分类简单直观，容易掌握。 • 短期流失可能意味着客户遇到了某些问题或不满，长期流失则可能涉及更深层次的原因
缺点	• 时间段的设定可能因行业和客户群体而异，需要灵活调整。 • 无法准确反映客户流失的真正原因，如服务质量、产品缺陷等

2. 按原因分类

（1）自然流失：由于毕业、搬家等原因导致的流失。
（2）竞争流失：选择了其他品牌或服务。
（3）服务流失：对某次服务或售后体验不满。
（4）经济流失：财务压力导致无法继续。
（5）产品流失：对产品性能或特点不满。

优点	• 可以深入了解导致客户流失的原因，为改进提供方向。 • 有助于培养批判性思维，学会分析数据和案例
缺点	• 分类工作可能较为烦琐，需要大量数据支持。 • 不同原因之间的界限可能不清晰，存在重叠和交叉

3. 按价值分类

（1）高价值流失：高净值客户的离开。
（2）低价值流失：低净值客户的离开。

优点	• 高价值流失可能对组织产生更大的影响，应优先关注。 • 有助于理解不同价值客户的贡献和潜在价值
缺点	• 价值评估可能存在主观性和误差。 • 低价值客户也可能在未来成为高价值客户，需要关注其潜在价值

4. 按状态分类

（1）主动流失：客户主动选择离开。

（2）被动流失：由于组织策略调整或市场变化导致的流失。

优点	• 可以了解是客户选择还是外部因素导致的流失。 • 有助于思考如何更好地满足客户需求和期望
缺点	• 状态判断可能存在主观性和模糊性。 • 需要更深入地了解客户的行为和态度变化，才能准确判断其状态

企业可以根据自身情况和需求选择合适的分类方法，也可以综合运用多种分类方法来全面了解客户流失情况。通过合理的分类和针对性的应对措施，可以有效降低客户流失率，提高客户忠诚度和企业的竞争能力。

（三）计算客户流失率

客户流失率是指在某一时间段内，从某品牌转投其他品牌，或者完全停止使用品牌的客户所占的比例。这个指标可以用来衡量客户的忠诚度和品牌价值。客户流失率可以通过以下公式计算：

$$客户流失率 = (流失客户数量/总客户数量) \times 100\%$$

"据市场研究机构 J. D. Power（君迪）发布的 2022 年中国汽车销售满意度研究 SM（SSI）显示，入店前就已放弃购买的消费者比例已从 2017 年的 10% 上升到 53%。这也是该数字连续第五年呈上升态势。这表明，随着中国汽车市场正式步入存量市场阶段，入店前的客流变得越来越珍贵。消费者在购车早期阶段的流失率逐年增加，这应当引起汽车品牌和经销商的高度重视。"

另外，据统计，在汽车行业中，客户流失率通常为 20%～30%，这表明每销售 100 辆汽车，可能会有 20～30 辆的客户流失到其他品牌或选择不再购买新车。

客户流失率的高低可以反映品牌的竞争力和客户满意度。高客户流失率可能意味着品牌或产品存在不足之处，或者竞争对手提供了更好的服务和产品。因此，企业需要采取措施改善产品和服务质量，提高客户的满意度和忠诚度。同时，企业也可以通过客户关系管理（CRM）系统等工具来识别和挽回流失客户。

（四）流失用户的召回

（1）对流失用户进行召回需要企业在多个方面采取行动，在汽车行业中，以下是一些常见的策略：

①优惠促销：给予流失用户一定的价格优惠或赠品，吸引他们重新考虑购买。例如，理想汽车在销售理想 ONE 时，承诺前期购买的汽车乘客可以享受三电终身免费。

②个性化营销：根据流失用户的偏好和需求，提供定制化的产品或服务。例如，根据用户的购车历史和喜好，推荐适合他们的新款车型或配套服务。

③会员营销：针对长期用户或忠诚度较高的会员，提供额外的优惠或特权，以保

持他们的满意度和忠诚度。例如，日本汽车雷克萨斯为了提高销量，承诺为其汽车提供免费的日常保养服务。

④客户关系管理（CRM）：利用CRM系统建立与流失用户的长期关系。通过定期发送邮件、短信或打电话，保持与用户的联系，了解他们的需求和反馈，并提供相应的解决方案。

⑤客户关怀活动：组织客户关怀活动，如车主俱乐部、车友会等，增强用户的归属感和参与感。这些活动可以提供交流平台，让用户与其他车主分享经验，同时也让企业有机会与用户建立更紧密的联系。

⑥口碑营销：鼓励满意的用户向亲朋好友推荐自己的汽车品牌，提供推荐奖励或积分兑换等激励措施，激发用户的口碑传播。

⑦跨界合作：与其他相关行业进行合作，共同推出优惠活动或联合营销，扩大品牌知名度。例如，汽车品牌可以与保险公司、金融机构、旅游公司等进行合作。

⑧产品质量提升：针对因产品质量问题而流失的用户，努力改进产品，提高质量标准和性能。通过解决产品质量问题，重新赢得用户的信任和满意度。

⑨售后服务优化：重视售后服务的质量和效率，提供及时、专业的维修和保养服务。通过改进售后服务流程，提高用户满意度，降低用户流失率。

（2）不同类型客户的挽回建议。

①针对6~12个月未到店的意向流失客户：这类客户并非实质性的流失群体，只需工作人员采取保养提醒的策略进行吸引，着重强调定期保养的益处、预约的便捷性和优惠政策，如图6-2-1所示。

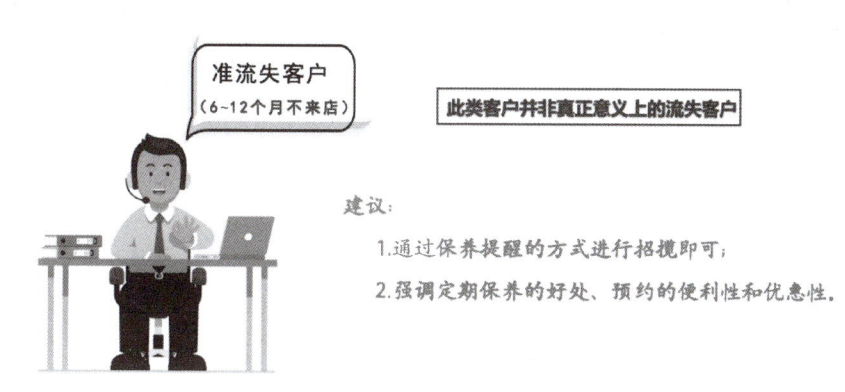

图6-2-1 准流失客户建议

②对于1~2年不来店的流失客户：建议通过店内活动邀请他们回店。例如，针对拥有3年以上车辆的客户，由于半轴、减震器、制动器等部件磨损较大，服务店可针对这些零部件开展优惠促销活动。此外，可通过群发短信的方式通知此类客户，告知他们在特定时间内回店维修保养可享受相应优惠。同时，也可举办感恩节等大型活动，诚邀流失客户光临门店。如图6-2-2（a）所示。

③对于2年以上不来店的彻底流失客户：建议通过生日祝福、节日问候（及节日小礼品）、续保、检车、自驾游等服务与客户进行情感联络，利用赠送全车检测，免费添加玻璃水、防冻液之类的服务，吸引客户来店消费。消费后还可按金额赠送礼品或

项目6 客户流失与恢复管理 237

养护券。例如消费满 500 元赠送玻璃水一瓶，消费满 1 000 元赠送车用香水和空气滤芯等，促使客户下次来店。如图 6-2-2（b）所示。

（a）

（b）

图 6-2-2 流失客户和彻底流失客户建议

客户挽留要建立在准确甄别客户价值的基础上，既要全力挽留每一个有价值的流失客户，也要区别一部分无法履行合同规定、损害员工士气、损害企业形象等不值得挽留的客户（针对这一类客户，企业要果断放弃）。

课后测试

【选择题】
1. 以下哪个分类方法是根据时间来划分的客户流失？（　　）
   A. 按原因分类　　　　　　　　　　B. 按价值分类
   C. 按状态分类　　　　　　　　　　D. 按时间分类
2. 在汽车行业中，客户流失率通常的范围是多少？（　　）
   A. 10%~20%　　　　　　　　　　B. 20%~30%
   C. 30%~40%　　　　　　　　　　D. 40%~50%

试题
任务 6-2
课后测试答案

3. 对于流失用户进行召回，以下哪个策略是错误的？（　　）
A. 优惠促销　　　　　　　　　　B. 个性化营销
C. 跨界合作　　　　　　　　　　D. 口碑营销
4. 以下哪个分类是按客户流失的原因进行的？（　　）
A. 按时间分类　　　　　　　　　B. 按价值分类
C. 按状态分类　　　　　　　　　D. 按原因分类
5. 在客户流失的分类中，主动流失指的是什么？（　　）
A. 客户因为服务不满意而离开
B. 客户因为产品性能不满意而离开
C. 客户主动选择离开品牌
D. 客户因为经济压力而离开

【判断题】
1. 客户流失率是衡量品牌忠诚度和价值的唯一指标。（　　）
2. 在汽车行业中，客户流失率逐年上升，表明汽车品牌和经销商不需要关注这个问题。（　　）
3. 对流失用户进行召回只需要采取单一策略即可。（　　）
4. 客户流失率是衡量品牌忠诚度的唯一指标。（　　）
5. 对流失用户进行召回只需要关注单一的策略即可。（　　）

【填空题】
1. 在汽车行业中，_____和_____是常见的客户流失原因。
2. 在客户流失的分类中，短期流失指的是_____内未进行购买或使用服务的客户。
3. 在客户流失的分类中，根据价值可分为_____流失和_____流失。
4. 在汽车行业中，客户流失通常是由于_____、_____、_____、_____和_____等原因造成的。
5. 客户按流失原因分类可分为自然流失、_____、_____、_____和_____。

参 考 文 献

[1] 赵彬侠.CRM在汽车营销企业中的开发与应用[J].时代汽车,2024(01):180-182.
[2] 王斌.基于客户需求的汽车营销策略创新措施探析[J].时代汽车,2023(23):187-189.
[3] 李红岳.GH奔驰4S店客户关系管理[D].河北工程大学,2023.
[4] 张春燕.汽车售后服务质量管理与客户忠诚的关系[J].内燃机与配件,2021(12):152-153.
[5] 赵艳丰.宝马4S店如何做好客户关系管理[J].汽车与驾驶维修(维修版),2021(01):12-15.
[6] 张迎燕,陶铭芳,胡洁娇.客户关系管理[M].南京:南京大学出版社,2021.
[7] 栾港.客户关系管理理论与应用[M].北京:人民邮电出版社.2015.
[8] 许巧珍.客户关系管理[M].杭州:浙江大学出版社.2014.
[9] 李莲花,孙晶,白仲琪.客户关系管理[M].广州:华南理工大学出版社.2014.
[10] 李海芹.客户关系管理[M].北京:北京大学出版社.2013.
[11] 王广宇.客户关系管理[M].北京:清华大学出版社.2013.